满天星斗

苏秉琦论远古中国

苏秉琦 著

赵汀阳
王星
选编

生活·讀書·新知 三联书店

Copyright © 2022 by SDX Joint Publishing Company.
All Rights Reserved.
本作品版权由生活・读书・新知三联书店所有。
未经许可，不得翻印。

图书在版编目（CIP）数据

满天星斗：苏秉琦论远古中国 / 苏秉琦著；赵汀阳，王星选编 . -- 北京：生活・读书・新知三联书店，2022.6
 ISBN 978-7-108-07313-6

Ⅰ . ①满… Ⅱ . ①苏… ②赵… ③王… Ⅲ . ①考古—中国—文集 Ⅳ . ① K87-53

中国版本图书馆 CIP 数据核字 (2021) 第 229693 号

责任编辑	张	惟
装帧设计	罗	洪
责任校对	张	睿
责任印制	卢	岳

出版发行　生活・讀書・新知 三联书店
　　　　　（北京市东城区美术馆东街 22 号 100010）
网　　址　www.sdxjpc.com
经　　销　新华书店
印　　刷　北京隆昌伟业印刷有限公司
版　　次　2022 年 6 月北京第 1 版
　　　　　2022 年 6 月北京第 1 次印刷
开　　本　635 毫米 ×965 毫米　1/16　印张 24.5
字　　数　263 千字　图 99 幅
印　　数　0,001- 5,000 册
定　　价　89.00 元

（印装查询：01064002715；邮购查询：01084010542）

目 录

1 写在《满天星斗：苏秉琦论远古中国》前面的话
3 《满天星斗：苏秉琦论远古中国》选编代序

001 **第一章**
问题与综述：中国文明的初始秘密

002 **百万年连绵不断的中华文化**

006 一、绕出两个怪圈
009 二、区系类型说的主要论点
011 三、中原文化不是中国文化唯一来源
012 四、中华文明发展有自己的道路
016 五、中原文明是次生型文明
018 六、文明要素与文明因素之辨
019 七、"黄河是中华民族的摇篮"的说法不确切
021 八、长城是各民族文化的熔炉
023 九、多源一统、历久不衰的原因
024 十、中华文明的精华
027 十一、世界必将走向"大同"

重建中国古史的远古时代

- 030　一、旧石器时代
- 033　二、新石器时代
- 039　三、史前时代社会的分工和分化
- 044　四、文化的分区与重组
- 046　五、古史传说

关于重建中国史前史的思考

- 050　一、中国史前史的性质与任务
- 053　二、中国史前史的内容和时、空框架

迎接中国考古学的新世纪

- 067　一、关于"重建"的回顾
- 073　二、区系类型考古的实践与理论
- 085　三、从区系的中国到区系的世界与世界中的中国

文化与文明

- 099　一、背景——历史的反思
- 101　二、中国考古学新时期的两个标志
- 105　三、中华文明起源的几种形式
- 109　四、我们学科的目标

111	**第二章** **满天星斗格局**
112	**象征中华的辽宁重大文化史迹**
112	一、中华文明曙光的象征——红山文化坛、庙、冢
113	二、中华民族的象征——辽西古长城
115	三、中华统一国家的象征——秦汉"碣石宫"
118	**中华文明的新曙光**
131	**关于辽河文明**
139	**关于环渤海—环日本海的考古学**
149	**仰韶文化研究与中国文化起源问题**
149	代序言
153	两种"小口尖底瓶"
153	两种花卉图案彩陶盆
154	两种动物图案彩陶盆（鱼、鸟）
158	仰韶文化的去向
160	仰韶文化的源流问题探索的启示

164	**关于仰韶文化的若干问题**
164	一、引言
165	二、什么是半坡类型和什么是庙底沟类型
173	三、庙底沟类型主要文化特征的分析
179	四、半坡类型主要文化特征的分析
181	五、庙底沟类型和半坡类型的关系
187	六、年代和分期
192	七、社会发展阶段
199	八、分布和分区
203	九、同其他原始文化的关系
211	十、结语

215	**仰韶文化同历史传说的关系**
215	神农氏时代
216	黄帝尧舜氏时代
218	夏代

222	**谈"晋文化"考古**
224	一、作为中原古文化一个组成部分的晋文化
226	二、作为北方古文化一个组成部分的晋文化
235	三、中原和北方两大古文化区系间的重要纽带

243	**关于陶寺发掘报告编写及有关问题**
243	一、关于陶寺遗址的文化特点
248	二、关于发掘资料的整理和报告编写
261	三、关于晋南的考古学课题
264	**楚文化探索中提出的问题**
264	一、楚文化探索的对象和目的
266	二、探索楚文化的特征和渊源问题
273	三、社会发展的阶段性、文化面貌的阶段性变化和诸地区间文化关系的变化
277	**关于"几何形印纹陶"**
277	一、写作背景
278	二、关于起名
279	三、图形分类
279	四、区系分片
280	五、江西北部地区的几何形印纹陶
291	六、江西北部几何形印纹陶的发展阶段
296	七、与邻近地区的关系问题
299	八、结论

301	**第三章** **方法与器物**
302	**试论传说材料的整理与传说时代的研究**
307	一、引言
311	二、传说材料的整理
318	三、传说时代的研究
330	四、结论
333	**地层学与器物形态学**
334	一、地层学
341	二、器物形态学
349	**瓦鬲的研究**
349	一、斗鸡台出土瓦鬲的形制与年代
353	二、瓦鬲的分布与演变
364	三、瓦鬲的发生
369	四、瓦鬲的消灭
373	五、结论

写在《满天星斗：苏秉琦论远古中国》前面的话

张忠培

苏秉琦先生为中国考古学做出的贡献及所取得的成就铸成了一座巨大的丰碑。这座丰碑是中国考古学跨入成熟期、进入新时代的标志，其内涵是治中国考古学文化的区、系、类型的理论与方法，他从这一理论与方法得出了中国古代文明起源与形成的多中心或多元说和政权统一、文化多元说（即"满天星斗"）；以及文明形成的"原生型""次生型"和"续生型"的三种类型说，"古国—方国—帝国"的国家发展的三阶段说。这就是他的"一个中国"史观的基本理论和两个学说。

无论是秉琦师的治中国考古学文化的这一基本理论，还是他释读中国文化和历史进程的这两个学说，都植根于中国大地，是从中国考古学文化遗存与中国历史的研究中得出的认识。对考古工作者来说，不对具体的遗迹、遗物做全面深入细致的考察、分析，就不可能发现考古学文化的发展序列，也不可能发现生产技能的提高、社会关系的变动、生活习俗和艺术创作等上层建筑领域的变化；不对各文化的总貌、历史地位和相互关系有所研究，对具体遗迹、遗物的研究势必只见树木不见森林，揭示历史的本来面貌也只能是一句空话。苏秉琦先生把微观研究和宏观研究很好地结合了起来,正是在做了大量微观研究的基础上,又进行了概括各考古学文化共性与差异性的宏观研究。这本文集既收录了《百万年连绵不断的中华文化》《文化与文明》这样形而上的研究著作,也收入了《关于"几何形印纹陶"》《瓦鬲的研究》这样形而下的文章,使读者更易于理解,由苏秉琦先生创立的治中国考古学的基本理论、考古学文化的区系类型研究说和中国古代文明起源与形成的多中心或多元说以及政权统一、文化多元说(即"满天星斗")是在什么样的方法论基础上,在积累了多少实际材料的条件下和经过了多么长期的分析探索后才出现的。

苏秉琦先生在1981年正式提出考古学研究中的"中国学派"已经出现这一认识。他说:"在国际范围的考古学研究中,一个具有自己特色的中国学派开始出现了。"这个"中国学派",按照我的理解,即是在科学发掘的基础上,运用由中国学者所发展的考古类型学方法,分区、分系、分类型地研究各考古学文化的发展过程,通过考察中国考古学文化的谱系来研究中国这一以汉族为主体的多民族国家的形成过程,并研究这一总过程中各考古学文化的相互关系及其发展的不平衡性。苏秉琦先生的理论已经成为中国考古学的主流,引导着中国考古学的正确方向,是今天的中国考古学走向前方的一面旗帜。是以为跋。

2016年7月21日

《满天星斗：苏秉琦论远古中国》选编代序

赵汀阳

王星邀请我一起合作选编这本《满天星斗》，我深感荣幸。我一直从事哲学研究，既非考古学家，亦非历史学家，如果说与苏秉琦先生有一些缘分的话，那就是我从苏秉琦先生的思想中获得过许多启示和教益，而此思想缘分与李泽厚先生的指路直接相关。

20世纪90年代后期，我开始以哲学方法去反思"天下"概念，进而又分析"中国"概念，试图解释在"天下"和"中国"的历史性之中所蕴含的哲学意义，此项研究需要参照实证知识，不能仅仅依靠古典文本去理解中国的历史路径和格局。李泽厚先生身兼哲学家与历史学家，实为求学问道之近水楼台。讨论中，李泽厚先生屡屡提及王国维、陈梦家、苏秉琦、张光直、裘锡圭、徐苹芳、李伯谦等考古学家的成就。虽然时隔已久，我仍然记得李泽厚先生给我的三个态度鲜明的建议：（1）"物之所言比言之所言更有力，所以一定要重视考古学的证据"；（2）"中国文明的初始秘密就藏在新石器时代的物证里"；（3）"要特别注意苏秉琦的思想"。应该说，前两点基本上是显而易见的共识，而第三点却是一个具有特别意味的方向指示。李泽厚先生对苏秉琦先生思想的"特别注意"很可能与他的哲学思维有关——他终究同时是或根本上是个哲学家，因此更关注物证所能够开发的思想，而这也是苏秉琦先生的学术风格：在实证知识的基础上，展开几近哲学的分析和推想。

苏秉琦先生的"满天星斗"论点就是一个具有思想性的历史解释模型。按照传统的历史叙事，中国的政治权力核心或者说政治中心的形成甚至可以追溯到三皇五帝，距今约5000年或更早；但现代考古学和史学研究表明，那种传统叙事其实是将后世中央王朝政治制度倒映为远古格局的想象，是一种基于认祖归宗的历史叙事与政治合法性追认。尽管这种现实倒映为历史的政治追认早已被证明为一个神话，但许多人却又接受了另一种替代性的文明起源中心的想象，即相信中原自古就是中国文明的核心，黄河中游地区是中国文明的"摇篮"，中原文明代表了自古一直领先发展的中国文明。这种广为接受的历史想象并不完全是错误的，但其中却包含某种一厢情愿。苏秉琦先生提出的"满天星斗"的解释模型纠正了这种理解偏差，简单地说，新石器时代的中国，甚至到夏商时期，其实同时存在着发展水平相近的众多文明，散布在中国的四面八方，犹如天上群星之星罗棋布，而中原文明只是众星之一，而且并非众星之核心。满天星斗时期大约持续了2500—3000年或更长，占去中国文明发展史的一半或一半有余的时间，应该是中国文明的奠基阶段。在今天，满天星斗模型已经广为人知，应该说是关于中国新石器时期的最优解释模型,尽管并非没有异议,但其基本解释力却难以撼动。

苏秉琦模型中比较容易引起异议的是他关于中原文明是"次生型文明"这个不符合传统情感的论断。其实苏秉琦先生的论点在实质上并没有"次生型文明"这个说法显得那么激进,他并没有否定中原文明有其本地根源,而只是指出,中原文明的形成具有明显的合成性质,有着来自东西南北各个方向的文化因素,尤其是来自北方"原生型文明"的影响,其中,北方文明的南下影响形成一个Y型通道,即辽西文明和内蒙古高原河套文明通过山西晋地到达晋南的通道,这个Y型路径被认为是中华文明多根系中的关键性"直根"。苏秉琦先生的论点自有其说服力,我是这样理解的:把远古中原文明看作是农耕文明,其实也是一种把后世情形倒映为远古情形的想象。尽管商周以后的中原文明越来越具有农耕文明的风格,但在此前的数千年间,牛耕和铁犁尚未出现或尚未广泛使用,农耕的生产力有限,不足以形成农业为本的经济生活,中国各地的生活都是渔猎、游牧和农耕三合一的混合经济生活,尚未分化为后来所谓的农耕部族和游牧部族,就是说,后来所谓的胡汉之分,在分化之前原本是同类人。在早期中国,从内蒙古、辽西到中原,人们的生活技艺大体相似而各有所长,在实用知识和技术上互相学习也是自然而然的。古代传说中的黄帝对中原核心地位的形成有着决定性的作用,而黄帝部族就是渔猎、游牧和农耕三合一的典型,历史记载,黄帝部族流动地移营而居,看起来更接近蒙古高原南部地区的生活方式。假如把黄帝理解为一个象征性符号，那么，以黄帝为代表的早期中国人很可能就是后世的北方游牧族群和中原族群的共祖，或者说，是 Y 型通道所形成的中国核心文明的共祖。

满天星斗模型可以引出许多值得进一步思考的问题。尽管每个文明世界无一例外地都存在着冲突和战争，而且不可能完全解决这种矛盾，而中国文明却有着更明显的和平倾向以及以和平观念为基础的思想体系，或是一种能够尽量减少冲突的文明。不过，和平思想是形成中国文明格局的"第二步"，而并非"第一步"。中国何以能够形成以和平原则为基础的文明？这是一个尚未得到充分解释的问题，而这应该是发生于满天星斗时期的事情（西周时期的和平观念已经非常成熟）。我们也许可以推想，在众多文明之间存在着"恰当"距离的满天星斗时期，人们在理性选择上更容易倾向于和平交往而非你死我活的零和博弈。"恰当距离"的形成基于若干自然和历史条件：地理的广阔，各处皆有足够大的安家立业空间，不至于造成生存空间竞争；各地资源都足够支持一个群体的生存所需，而不至于形成经济学所谓的资源稀缺所导致的零和博弈；各地的文明发展程度相近而在技术上各有所长，不至于因财富的巨大差距而导致难以抑制的嫉妒；尤其重要的是，各个文明之间的距离不远也不近，这使得技术传播与交往成为可能，同时使发动战争的成本高于受益，因此，除非出现怒不可遏的偶然仇怨，战争的积极性通常低于和平交往和互相学习的吸引力。

基于满天星斗格局，假如确实存在着各个文明地点之间的"恰当距离"，那么，商周之前早期中国的各地文明之间对技术学习的兴趣大于战争就应该是合情合理的。古人相信远古是个"竞于道德"的时代，看来也并非无稽之谈。当然，即使在"竞于道德"的时代，战争也时有发生，比如炎帝、黄帝与蚩尤之战，我只想说，在众多文明之间有着恰当距离的满天星斗时期，战争并非谋生的最优策略。在远古时期，发动远距离战争或大规模战争恐怕非常困难，在拥有车马之前，以步行去发动远距离或大规模作战，后勤补给、通信和组织都是不堪重负之事。因此，在很长时期里，远距离的大规模征服是无比艰难的事情，而与之相较，远距离的文明交往却能够通过无数聚落之间跳板式的逐步传递而得以实现。可以想象，文明交往优于战争的和平模式维持的时间如此之长，或许有助于形成和平主义的思维定式。许宏先生的《大都无城》一书说明了早期中国众多方国的都城尚未发展出具有战争防御功能的城墙，这似乎意味着那时各地部族有着基本的安全感，并非处于时刻备战的紧张状态，因此也暗示着当时并不经常发生致命的部族决战或大规模战争。总之，各地文明之间存在着恰当距离的满天星斗格局使得知识和文化学习交流的诱惑大于战争的冲动，这有可能是中国文明得以形成和平主义基因的一个客观条件。当然，另一个决定性因素是中国文明没有发展出一神教，因此没有理由去制造不共戴天的文化敌人，也难以形成文明的冲突，因而倾向于多元合作；于是，古代中国的权力追求是世俗权力，而不是有我无他的精神独裁。这一点不知与满天星斗格局是否有某种关系，但满天星斗格局持续了数千年，这个长时段很可能是中国文明形成其多元性质的有利条件，至少肯定不是发展一神教的有利条件。

这里只是些许续貂猜想，是否合理，还有待专家明鉴。是为代序。

2016 年 7 月 2 日
于中国社会科学院哲学研究所

第一章

问题与综述：
中国文明的初始
秘密

百万年连绵不断的中华文化[1]
——苏秉琦谈考古学的中国梦

苏秉琦自述，他至今六十年的研究过程可分为两段，前三十年主要精力花在两个方面：一是绕出两个怪圈，即根深蒂固的大一统观念和把社会发展史当作全部历史；二是找到新的起点。其中第二阶段可以1975年开始提出区、系、类型学说为起点。苏秉琦认为，自己在这二十多年中又走出了两步：一是从宏观角度，围绕中国文明的起源问题，用区系观点选择田野工作重点并做理论探索，最终是为阐明把亿万中国人凝聚到一起的基础结构；二是从微观角度，应用分子分析方法，围绕中国文明起源问题对中国文化传统中长期起积极作用的因素，找到它们从星星之火变成燎原烈火、从涓涓细流汇成滔滔江河的"破密"的钥匙。

问：香港《明报月刊》总编辑古兆申先生曾拜访您，就《明报月刊》读者关心的一些问题向您请教。但他公务缠身，匆匆回港，委托我继续做这件事，我代表《明报月刊》编辑部向您致谢。

苏秉琦（以下简称苏）：我正式从事考古发掘、研究已六十三

---

1 原载香港《明报月刊》1997年7期，此篇文章中节标题为编者所加。——编者注

年，算得上是考古界一个老兵，把所知、所得公之于世，是我的职责。

问：第一个问题是，1986年您在辽宁"兴城座谈会"上的"文化与文明"讲话中提到，对中华文明的思考，今天已不像"五四"时代那样简单，而是要构想如何建设同五千年文明古国相称的现代化文明，引申出来的思考就是：中华文明的民族灵魂是什么？精神支柱是什么？这其实也是当今中国人都十分关心的问题。由于当时您讲话的对象是考古界，着重谈了中华文明起源的几种形式，对后面的问题未做详述。现在希望您具体谈一下这方面的想法。

第二个问题是，您主编的《中国通史·第二卷》序言中说，中国远古史涉及两个重大问题，一是从猿到人，二是从氏族公社到国家。中国考古学半个多世纪的发掘与研究，证实这两个阶段的文化一脉相承，否定了20世纪初中国人种、中国文化外来的看法。从旧石器时代到今天，中国文化的发展连续不断，是世界上独一无二的。那么，关键性的原因是特殊的文化生态环境，抑或是特殊的物质文化造成的特殊意识形态？是世界观起了决定性的作用，还是由多种原因造成？

第三个问题是，人类社会进入文明阶段是以什么物质文化条件的出现为标志？西方考古学的论点是以文字、城郭、金属生产工具的出现为重要标志，但中国考古学界近二十年的讨论冲击了这种认识。牟永抗、吴汝祚两先生在《水稻、蚕丝和玉器——中华文化起源若干问题》一文中，以水稻、蚕丝和玉器作为中国原生文明的重要特色。他们认为，对说明中华文明起源来说，宗庙比城墙更重要,而玉器作为一种礼器,也达到了很高的意识形态层次。我们是否一定要用文字、城郭来标志文明呢?中华文化作为一个连续发展的文化体系,可否归纳出标志自己文明起源的特质呢?

第四个问题是,"玉器时代"的提法能否成立?"玉器时代"相对于"石器""铜器""铁器"三个时代而言,似乎更能体现中国文明的特色。这一提法,和其他三种时代的提法,出发点有无不同?学术界有无争议?

第五个问题是,您以"区、系、类型论"指出,中国新石器时代已出现了六大区系文明,上古的神州是多民族、多源文化并进发展的格局。秦统一后,中国仍是多民族国家,但是秦始皇提倡书同文、车同轨,又统一度量衡,使中国文化走向一体化。那么,此后先秦时的多源文化是否仍摄其中?秦汉的统一对中国文化往后的发展有什么影响?会不会改变从前那种多姿多彩的面貌?一体与多元有没有矛盾?统一的作用是积极性多,还是消极性多?

第六个问题是,您提出的"区、系、类型论"已成为当今中国考古学的基础理论。但用这一学说来论述秦以后的中国文化发展是否依然适合?就我所知,即使对论述新石器时代也仍有争议,如安志敏先生在《论环渤海的史前文化——兼评"区系"观点》一文中所述。您对此有何评议?

苏:古先生提出这样一些问题,说明他对中国考古学的现状很了解。他所提的六个问题,大致可以概括为三个大题,即考古学文化区系类型理论在史学、考古学等学科研究中的作用;中国文明的起源与发展,即中国国家形成、中华民族形成的特点与道路；中国文化传统的精华（即精神支柱、民族魂）是什么？对于这三个问题的研究和探索，是我一生奋斗的中心。1994年，当我八十五岁生日时，我的学生写了几十个字祝寿说："历史已逝，考古学使他复活。为消失的生命重返人间而启示当今时代的，将永为师表。"他们就是这样理解我的。

在具体说明这些问题前，先叙叙家常，算作背景材料吧。我的学生和朋友编辑、出版了我的第二本论集《华人·龙的传人·中国人——考古寻根记》。我写了一篇不足两千字的自序，题目是《六十年圆一梦》。我的梦就是考古学的科学化和大众化。这个愿望现在已实现了很多，《明报月刊》的来访及所介绍的读者的关心，也说明了这一点。科学化、大众化是这门学科的发展方向和必然归宿。我六十年的研究过程，可分为两段。前三十年主要精力花在两个方面：一是绕出两个怪圈，即根深蒂固的大一统观念和把社会发展史当作全部历史；二是找到新的起点，即从对一种古器物（瓦鬲）的研究到对一种古文化（仰韶文化）的研究。这个新起点，对以后中国考古学研究的新进展是具有相当意义的。

第二阶段可以从1975年开始提出区系类型学说为起点（"文化大革命"的十年，也是我不停思考这个学说的十年）；1980年时我又说"在国际范围的考古学研究中，一个具有自己特色的中国学派开始出现了"，此时这个思想已经成熟。"文化大革命"以后的二十多年，是中国考古学迅速发展的好时期，区系类型理论得到普遍应用、检验，日益完善，成为我国大多数考古学者的共识，发挥着基础理论的作用。我在这二十多年中又走出了新的两步：一是从宏观角度，围绕中国文明的起源问题，应用区系观点选择田野工作重点并做理论探索,最终是为阐明把亿万中国人凝聚到一起的基础结构;二是从微观角度,应用分子分析的方法,围绕中国文明起源问题,对中国文化传统中起长期积极作用的因素,找到它们从星星之火变成燎原烈火、从涓涓细流汇成滔滔江河的"破密"的钥匙。这是在前一阶段工作基础上合乎逻辑的发展。我和许多朋友已经走过了第一步,正在用心地走第二步,《明报月刊》读者关心的三大问题,我就是在这样一个过程中逐渐得到现有认识的。

一、绕出两个怪圈

问:能否简要地讲一讲您是如何绕出"怪圈"的?

苏:1934年我从北师大历史系毕业,进入北平研究院史学研究所工作,副院长李书华把我安排在考古组,从此开始了我的考古生涯。当年即随徐炳昶老师到了陕西宝鸡,目的是找先周、先秦的遗存。先发掘斗鸡台,后来又沿渭河做了调查。关中地区的考古工作到抗战开始后被迫停顿,我受命把这批发掘资料运到大后方。1939年初,在昆明的黑龙潭安顿下来。我一个初学者面对百十多座墓葬的"哑巴"材料,就像学读"天书"一样,如醉如痴地摩挲、端详,苦思这批从未有人认识的陶器、陶片及其他随葬品在文化上的意义。不知经过多少个日夜,终于从几十件瓦鬲中找到破译"天书"的"密码"。瓦鬲是中国独有的,分布地区广,时间延续又长(距今五千至两千多年),可以说是中国文化的"标准化石"。我按照发生学原理把瓦鬲分为四种基本类型,描绘出各自的"谱系",进行了分期,并推出变化过程。研究的结果使我明白,相当于商王朝时期周人已在西部关中兴起,殷人的瓦鬲和先周时代的周人瓦鬲共存。从宝鸡地区的瓦鬲上又可看出,先周文化有两个来源,一是西北方向来的姬姓成分,一是关中土著的姜姓成分,到了周王朝时期,秦人已在关西兴起。当秦人东进到宝鸡地区时,带来了素面袋足鬲、屈肢葬、铁器等文化因素。这就使原已有的商周秦不同源、各有文化发展脉络的想法(王国维已有类似意见),得到了考古学实证。1940年我写了十万字的《陕西宝鸡斗鸡台所得瓦鬲的研究》,得到同在后方的李济、梁思永、吴金鼎、石璋如诸位先生的肯定和鼓励。稿子交由香港商务印书馆去出版,后因香港沦陷,书稿下落不明,直到1948年发掘报告才由北京大学出版社出版。瓦鬲研究的基本结论,是我绕出根深蒂固的大一统怪圈的重要尝试。至于另一个怪圈,则是20世纪50年代后期至60年代前期才绕出的。

新中国成立后,我有幸参与了文物考古事业的最初筹划。1950年成立了考古所。当时百废待兴,大规模的基本建设急需大量考古人才进行工作,仅仅一个考古所是不够的。裴文中、梁思永等人,还有我,策划了考古工作人员训练班。1952年至1955年间,共办了四期。这期间,从考古学科的长远建设考虑,1952年又决定在北京大学设立考古专业,由我与向达先生共同组织、主持。我把相当多的精力投入这项工作,认真思索学科建设和教学、科研的方向问题。当时,"向苏联学习"的口号高唱入云。我们向苏联莫斯科大学索要了考古教学大纲,请来苏联专家讲学,按苏联模式办学。当时考古界忙于挖坑发掘、整理资料、发表报告。

大学生们则思想活跃。1956年在"向科学进军"的号召下，特别是在1957年至1958年的政治风云涌动下，学生们慷慨激昂地提出，在考古教学、研究中要"贯穿红线""见物又见人"。我请了老朋友、考古界的老革命家、考古所尹达副所长来北大做了以"建立马克思主义考古学体系"为突出内容的报告。后来又施行教学革命，师生一起写书，参与中国历史博物馆新馆的陈列设计。当时以为一手拿着马克思主义的经典理论，一手拿着考古实物资料，两者一结合，就会成为马克思主义的中国考古学。大家努力了，但结果谁都不满意，于是产生了困惑。我经反复思考后感到，马克思主义的历史唯物论与考古学专业理论属于不同层次；发展中国考古学并没有现成模式，只有开辟自己的路。

机会来了，1958年至1959年，有两个年级的学生在陕西华县泉护村、元君庙仰韶文化遗址发掘实习。我在指导整理材料的过程中，从大量文化因素中提取了在八百里秦川各仰韶遗址中普遍存在的三类六种陶器，作为仰韶文化的"分子"；并由此重新界定仰韶文化的"类型"，认识到仰韶文化的半坡和庙底沟是各自发展而又相互依存的两个主要类型。这是认识仰韶文化基本特征、社会发展程度、分布和源流等方面的基础。当时得到的认识，集中反映在《考古学报》1965年第1期《关于仰韶文化的若干问题》一文中。

我通过解剖仰韶文化这只"麻雀"，顿悟到考古学研究必须对仰韶文化遗存做分子分析，并在不同遗存间进行文化分子的比较研究，确定哪些遗存属于同一文化共同体，每一文化共同体各自经历怎样的发展过程，又受何种动力驱使，如何一步一步地前进。

仰韶文化的典型解剖启发我们，在九百六十万平方公里的中华大地上，不知存在过多少这样的文化区系。我就是这样绕出了把考古材料硬套社会发展规律教条的怪圈。绕出这两个怪圈，也就找到了新的起点：中国古代文化是多源的，必须按实际存在的不同系统寻其渊源、特征及各自的发展道路。这一认识为我以后的研究奠定了新基础，孕育了考古学文化区系类型的学说。

二、区系类型说的主要论点

问：请简要介绍一下区系类型理论的主要论点及其指导意义。

苏：1975年我在考古所给吉林大学同学讲中国史前文化的总体分析，首次提出了考古学文化区系类型学说。此后数年中，应中央民族学院研究部、钢铁学院、北京大学以及北京史学会等单位之邀，做了反复阐述。这一理论的主要之点是，在中国古文化大系内部，可分为六个大的文化区：一、以燕山南北、长城地带为重心的北方区；二、以山东为中心的东方区；三、以关中、晋南、豫西为中心的中原区；四、以环太湖为中心的东南区；五、以环洞庭湖与四川盆地为中心的西南区；六、以鄱阳湖—珠江三角洲为中轴的南方区。这六大区系又可以秦岭—淮河为界分为南北各三区的两半，或为面向东南海洋和面向欧亚大陆的两半。六大区并非简单的地理划分，而是着眼于考古学文化渊源、特征与发展道路的差异。我最初把"区"称为"块块"。这三南、三北或三东南、三西北的六大"区"或六个"块块"，直到今天的现实生活中仍未完全消失，20世纪五六十年代时的行政大区划分，并非偶然，而是有其历史渊源的。我把"系"又称为"条条"，这是一个探索古文化源流的新概念、新范畴。我国古文化的起源与发展是错综复杂、连绵不断、丰富多彩的，追本溯源时要考虑文化的分解与组合，以及与之有关的社会发展程度对文化发展所起的作用，特别是其中阶段性的突变；还有不同文化间的相互作用。这就是"系"所包含的内容。所谓"类型"，则指各大区系内部的不同分支，或称为"小块块"。"类型"之间存在着发展的不平衡性，能明确显现其渊源又有充分的典型特征和完整发展道路的，往往只是一二小块（类型）。也就是说，每一大区系中各有范围不大的文化发展中心区域（常常是后来春秋、战国时期大国的中心区域）。当然，古代文化区系并非一成不变，更不像今天行政区划那样界限分明，各大文化区系之间也还会有一些交汇带。由于区系类型的理论反映了历史的真实，因而并不深奥难懂。依我看，全国曾经存在过的几百个"地区"建制，相当多的部分就与考古学文化中类型的分布范围差不多。

正因区系类型研究的最终结果可建立中国古文化的基础结构，一经提出，即得到广泛响应，并被视为考古学的基础理论之一。大家认识到，要研究中国史前社会，就必须有明确的"区""系"概念，如果像以往的历史书那样，把全国各地的考古材料凑到一起，用"红线"串起来，显然与有血有肉、丰富多彩的中国史前史相去甚远。这除去客观原因（如考古资料不如今日丰富）外，更重要的是因为把史前中国，特别是三代时期的中国，看成是铁板一块。

三、中原文化不是中国文化唯一来源

关于中国文明起源的问题,历来有一些学者认为,不论在原始农业、制陶业还是文化的其他方面,中原从来就是最先进的;或认为中国文明起源于中原一地,然后才光被四夷,其结论就是中原中心论。在中华民族形成问题上则导致了汉族中心论,把汉族以外的兄弟民族视为"非我族类",有了诸如"五胡乱华"之类的观点。合理的态度就是应认真按区系类型理论,对中国文化起源、中国文明的起源与发展(以国家的形成和发展、中华民族的形成和发展为主体)的系统性、阶段性和多样性这样一些中国历史中头等重要的问题,做出更为接近史实的回答。

我还经常指出,这是一种辩证的方法论。我常举"庖丁解牛"的故事。庖丁讲,初学解牛,所见"皆牛也",即都是全牛;经过一段解牛的实践,再看到牛,则"无全牛";最后达到"游刃有余"的高超境界。以此类比,初级的能力只把古代中国视为"全牛",而以区系类型理论当作解剖刀,就能认识"古代中国"这个"牛体"内部复杂的结构及其间的有机联系,达到"无全牛"的认识高度。有了这样眼光的考古学的"庖丁"们,便能逐渐进入"游刃有余"的境界。如果把认识一直停留在"皆牛也"的阶段,岂不只是一个放牛娃!

可以再举一个例子来说明。我曾提出"环渤海考古"是一个重要课题。古人所谓的"海"即是渤海,正如古人所谓的"河",是专指黄河一样。"环渤海"既指注入渤海的辽河、滦河、大小凌河、海河和黄河下游等流域,又指辽东、山东、朝鲜三个半岛的广大海域周边及其腹地。还可以将其中的京、津、冀看作一片，辽河东西是一片，鲁北和胶东半岛又是一片。从另一种意义上说，如把"环渤海"看成是一个"区"，也并非无理，就像现在所说的"环渤海协作区"一样。由其自然地理和人文、历史关系而言，既可统属广义的北方，又可归于我国面向太平洋的重心位置。渤海又是当之无愧的中国大门。中国古人认识这一点，比西欧人认识地中海更高明些。它是打开东北亚（包括我国大东北）的钥匙，又是连接整个东南沿海的龙头。"环渤海考古"指上述广大区域诸文化区系间相互关系的研究，要把山东、辽东、渤海西岸的古文化同东亚、东北亚的大文化区联系起来考察。如果对此还有争论，我看不必理会。区系类型理论不只可用于分析远古中国，也是认识秦汉以后的中国，甚至是整个古代世界的理论。

四、中华文明发展有自己的道路

问：您是否认为，中国古代文明史的核心问题是从氏族公社如何转变为国家及国家发展的道路、民族的形成以及文化传统问题？若是，能否先就前一问题谈一谈主要论点？

苏：20世纪80年代中期，区系类型理论已经经受住了相当的实践考验，成为我国大多数考古学者的共识。在这一条件下，如要把学科建设再推进一步，就应深入探讨各区系内部的文明进程，其核心就是国家的起源与发展。中国的历史，自公元前841年起，有文字记载的编年史就没有中断过。三千多年前的商代文明特别是发达的青铜器，堪称世界古代文明中最突出的成就之一。

然而，有人则以为中国文明始自商代，并认为是近东两河流域成熟了的文明的再现与发展。考古证明这些推断不符合事实。璀璨的中华文明有自己的个性、风格和特征，需要找到自己的渊源。

对于中国国家起源与发展的认识，我概括为：从氏族公社向国家转变的典型道路——古文化—古城—古国；

国家发展的三部曲——古国—方国—帝国；

国家形成的三模式——北方原生型、中原次生型、北方草原续生型。

所谓"古文化"，指原始文化；"古城"指城乡最初分化意义上的城和镇，而不是普通含义的城市；"古国"指高于部落的、稳定的、独立的政治实体。形成这些认识，得益于辽西考古在20世纪80年代前期的突破性收获。最重要的三项：

一是公元前3000多年红山文化的石砌祭坛、女神庙和积石冢遗址群（即习惯简称的"坛、庙、冢"）的发现；

二是公元前2000年左右夏家店下层文化的赤峰大甸子墓地、英金河沿岸链式城堡群的发现与深入分析；

三是作为秦帝国国门的绥中—秦皇岛大型宫殿基址群的发现与宏观认识。

在这些收获的基础上，1985年我做了《辽西古文化、古城、古国》的讲话，是想通过探索辽西地区文明的起源、发展过程和方式，来推动中国考古界对文明起源问题的思考。由于传播媒体的参与，出乎意料，一时间竟形成了"中国文明起源热"。但由此也明白，这实在是值得关心的大问题。

再说辽西的"古文化、古城、古国"。辽西古文化有兴隆洼—查海、赵宝沟文化等,或称之为前红山文化。

红山文化的极盛期在公元前3000年左右,也就是产生"坛、庙、冢"的时期。"坛、庙、冢"遗址群所在的建平、喀左、凌源三县交界的数十平方公里范围内,没有发现日常生活居址,这里显然是某个较大社会实体的宗教活动中心。既然有大型的"积石冢",就必定有了阶级、阶层的分化;既然有祭坛和神庙,当然有神职人员;既然发现不少真玉制作的礼器、神器,肯定已经存在着专业玉匠;还发现了冶铜遗迹,而铜器的铸造从采矿、冶炼到浇铸,是复杂的工艺过程,必然存在一种有组织的协作劳动。可见,辽西地区的古文化到红山文化时期出现了新的劳动领域,更新了技术,促进了社会分工及其专业化。社会的分化除出现贵族、军事首领外,还表现为祭司或巫师的存在。

当社会分工与分化达到一定程度时,必然导致"城"的出现,"城"是一种表示经济、社会文化发展程度的概念,不一定有"垣"。早在九千年前无陶新石器时代的聚落中,西亚就出现了石砌的"垣",而商代殷墟遗址至今也还未发现城垣。辽西那个拥有"坛、庙、冢"祭祀中心场所的社会实体,应该已是凌驾于氏族公社之上的、有高一级的社会组织形式了。与大面积宗教活动场所相应的生活聚落,想必也会表现出相当程度的分化,应具"古城"性质,甚至可能已是一个原始的国家——"古国"了。从红山文化中看到的这种基于社会分工、分化而形成的"古国",我归类为"原生型文明"。这是中华大地上最早的原生文明,所以又称之为"中华文明的曙光"。

辽西的材料也表现出了"古国—方国—帝国"这一国家发展的三部曲。

在红山文化、后红山文化那种文明初期的古国群的基础上，公元前2000年初期，辽西地区发展起一支早期青铜文化——夏家店下层文化，辽西历史上又到了一个文化昌盛期。在一处"大甸子"墓地中，一些贵族大墓随葬了许多象征特殊身份的器物，如权杖的铜杖首、成组的精美玉器、仿中原铜器的陶器以及大量有复杂纹样的彩绘陶器。这种彩绘陶器，绝非日常用具，而是礼仪重器，与其他区系的青铜礼器有类似性质。如做综合考虑，当时的社会结构肯定要比红山时期复杂。这一文化还有另一突出特征是，密集分布在河谷地带的聚落几乎都有防御设施，一大几小的城堡构成有机的群体；在英金河两岸又有呈链式排列的城堡带。战国秦汉的长城大致与其平行，后来的长城显然受到了它的启示，似乎已具"原始长城"的性质。这就意味着当时已建立起统辖多个古国、独霸一方的"方国"，进入了国家发展的第二阶段。

夏家店下层文化之后是"夏家店上层文化"等多种文化的交错共存。由夏家店上层文化到西周分封以前，直到西周时期的燕文化，其国家形态都还处于方国阶段，只是发展程度有低有高罢了。燕文化及其共存的其他文化，在周朝的八百年中，为进入下一个更高的国家发展阶段准备好了条件。

下一个阶段就是秦汉帝国。辽西地区原有方国（群）已成为帝国的组成部分。秦汉在辽西打上了帝国的烙印。史书记载，秦统一后，营建了阿房宫、骊山大墓，同时也提到碣石。我们在渤海湾西岸，绥中的止锚湾和秦皇岛的金山嘴一带，发现了自秦始皇到汉武帝时营建的两处大型宫殿建筑群。两处遗址群连成的东北—西南的直线，恰恰和渤海湾中由辽东旅顺至山东北隍城岛一线相对应，而又面对着矗立于海水中的"碣石"。遗址群分列左右的形势，宛如宫城的双阙，从这里远眺可把辽东半岛、胶东半岛及其所环抱的海域连为一体。史书记载，秦始皇最后两次东巡到海边，确曾有过择地作"东门"（国门）的设想。秦皇岛—绥中的两组一体的建筑群确似"国门"，颇具秦汉统一大帝国的气势。

这样，解释辽西这三大文化古迹及其内在的逻辑联系，就从一个实例体现了中国国家起源（古文化—古城—古国）的原生型与国家发展的典型道路（古国—方国—帝国）。

对于中国六大文化区系来说，国家的起源与发展，都走过了这样的道路，虽各有特色，却是殊途同归。

五、中原文明是次生型文明

黄河中游的早期文明是"次生型文明"。公元前4000年前后是特别值得看重的里程碑阶段，氏族制度发展到了极盛期，成为往国家方向发展的转折点。但这里古国的出现比北方的红山文化晚一些，大约距今4500年。典型遗址是山西襄汾陶寺。陶寺有一处墓地，性质已超出了原始氏族—部落阶段。大型墓葬的墓制与随葬品，绝不只是一般意义上的"丰富"，朱绘龙纹陶盘及成组彩绘陶器、成组漆木器，特别是巨型土鼓、鼓和特大石磬等成组乐器，颇带"王气"，绝不是普通百姓的日用品，应是象征王权的礼器。

我把中原文明说成是"次生型",有两个基本理由。一是因为陶寺遗存有华山、泰山、北方三个主根,还有来自太湖及其他区系的文化因素,更难排除北方红山文化早期文明的影响。另一是洪水期与治水事业。治水事业大大促进了原始部落间的接触与联合,强化了管理公共事业的国家职能,在这里,国家的出现既有社会分工、分化而来的内部动力,又有北方原生文明的影响以及治理洪水带来的文化交融。因而就比最早出现的北方的"原生型文明"起点高、基础广。四面八方的文化成果汇集中原,形成了最初的"中国",又经数百年发展,继续吸纳各地文化精华,终于产生了中国历史上第一个载入史册的夏王朝。《左传·哀公七年》"哀公七年"谓"禹合诸侯于涂山,执玉帛者万国",夏王朝只不过是"万国"中的一个"方国",类似春秋的"盟主"。后经商、周时期,到秦始皇才完成了统一帝国的大业。需要指出的是,夏、商、周、秦并不是一脉相承的王朝更替,而是不同族源的方国间的替代。夏、商、周、秦各有起源与开国史。其中秦的建国史最完整,经历了襄公(古国)、缪公(方国)、始皇帝(帝国)三部曲。

在我国全部古史中,"古国—方国—帝国"的公式多次重复,立体交叉。秦汉帝国解体之后的一二千年间,一直是北方草原民族大迁徙的时代。所谓的"五胡",各有各的开国史;辽、金、元亦无不如此,直到清帝国。女真—满族就曾经是一个比较落后、长期处于"四夷"地位的民族。由努尔哈赤上溯六世,为"肇基王业之祖",在女真社会内部分散的部落政权(相当于"古国")间进行了无数次兼并、重组,直到1616年才在沈阳东北的新宾设立帝王之位，建立后金国，成为一方大国（方国）。自努尔哈赤到皇太极又进行了大量兼并征战，1636年改后金为大清，建立了满、蒙、汉三个八旗，为入主中原做了充分的政治、军事、文化和人才的准备，终在1644年完成清帝国的统一伟业。在这里，我想提一提清朝创业中一位了不起的女性——庄妃。她不仅以民族利益为重，成为统治阶级内部凝聚的核心，而且能吸收、继承中国历史上传统的治国之道，集结、吸引各族优秀人才（如她对洪承畴的说服），为推翻明政权的准备立下了大功。可以说，一部清帝国的建国史，仍然是"古国—方国—帝国"这一公式的重复。

上述北方民族的文明起源与发展，显然不完全是由本族自然成长的文明因素的积累，相当程度上是因受到汉族文明的影响，依靠历史的借鉴和特定的历史环境才以较快速度走了国家发展的捷径，因此，我把这种发展模式的文明称为"续生型文明"。

六、文明要素与文明因素之辨

问：有一些西方学者曾把"城市""文字""青铜器"视为"文明三要素"。国内也有人使用过这种提法。但有的学者不同意三要素之说，而提出了另外的几要素。您能否就这一问题谈一谈？

苏：刚才我讲了，古城、古国是社会变革的产物，是数种文明因素交错存在、互相作用的综合体。各区系自有各区系特有的文明因素，以及这些因素出现的不同条件（契机）。因此，很难说进入文明时代在物质文化方面有什么统一的标准，或者说是有相同的物化形式。城市、文字、青铜器这三者固然是文明因素，但不必把它们说成是"三要素"。"要素"者,缺一不可。世界各地和中国的考古发现一再说明,有一些文明是"三缺一",甚至缺得更多,却有其他现象说明当时社会已经完成了由氏族公社到国家的转变。因此,我常说,不要从概念出发,还是要"具体情况具体分析"。有什么文明因素就是什么文明因素,然后分析其综合发展程度能否说明当时已进入文明阶段,看看各区系的文明因素经过"辐辏""辐射"的交流,有哪些逐渐变成中国古代文明的共同因素。这是一个由浅入深、由个别到一般的研究过程。正如不必急于把"坛、庙、冢"说成是"中国文明因素"一样,也不必急于把"稻谷、蚕丝、玉器"说成是"中国文明因素",更不必在中国史前史上另划出一个"玉器时代"。当然,也不要贬低甚至否定"坛、庙、冢"或"稻、丝、玉"在中国文明发展史上的地位。它们最终都成了具有中国特色的古代文化、文明的重要因素。

七、"黄河是中华民族的摇篮"的说法不确切

问:关于中华民族形成的途径,也是读者关心的重大问题,能否展开谈一谈?

苏:我多次讲过,中华民族是大熔炉的产物,而各文化区系也都是熔炉。这和以往所说的"黄河是中华民族的摇篮"有着明显差异。过去把黄河中游称作"中华民族的摇篮"并不确切,如果把它看成是在中华民族形成过程中起到重要凝聚作用的一个熔炉,可能更符合历史真实。因此,对研究民族的组合与重组、中华民族的形成过程来说,区系类型的研究仍是重要基础。中国古

代文明多源一统的格局铸就了中华民族经久不衰、历时不散的生命力。

在中华民族的形成过程中,"古国"阶段是各先远支系形成期,也是多源一体格局的奠基期,距今四五千年间最为明显。

"方国"阶段是夷夏关系互为消长和夷夏共同体重组、新生的阶段,大约在战国时期,多源一体格局初步形成。

"帝国"阶段把初步形成的多源一体格局从政治上固定下来,并不断得到强化。

当万年之前农业发生后,由于自然地理环境的不同,形成了三大经济文化区:华南水田稻作农业经济文化区,华北和东北南部旱地粟作农业经济文化区,东北北部、内蒙古高原、新疆、青藏高原狩猎采集经济文化区,这是文化区系的第一次组合。

约在公元前6500年到公元前5000年间,在三大经济区的基础上逐渐形成了若干区域性的考古学文化。如黄河流域的老官台—大地湾文化,磁山—裴李岗文化,后李—北辛文化,内蒙古东南、辽西的查海—兴隆洼等文化以及长江中游的彭头山—城背溪文化,等等。公元前第4千纪间,由于农业的继续发展和人口的增殖,在一些地区形成了殖民垦荒浪潮,出现考古学文化的大传播和不同文化间的接触、影响、融合。如庙底沟类型的大举西迁到甘青之间,向北涌入河套地带;大汶口文化通过胶东半岛渡海移民到辽东半岛;等等。这是文化区系的第二次组合,约在公元前3000年,各区系稍有先后进入所谓"早期龙山""龙山"阶段。各地分别以快轮制陶、养蚕缫丝、专业治玉、漆器工艺、烧制石灰、夯筑技术、冶金技术等等促进了社会的发展,而这些新技术一旦出现，就会有一个推广过程，即匠人流动、文化传播的过程。同时也就促进了经常性的交换、贸易；刺激了掠夺、战争的经常化和武器的改进；出现并不断强化防御工事；引起了社会的大动荡、大改组，进入"古国"时代。这是文化区系的又一次大重组，表现为考古学文化分布图的大改观，也是中华民族中汉民族形成之前最重要的一次重组，由此奠定了多源并趋向一体的基本格局。

进入"方国"时代，亦即夏、商、周三代已有文字记载，出现了"四夷"与"华夏"的区分。如果说，夏、商两代还是"诸夷猾夏""诸夷率服"那种夷夏较量而互为消长的话，周王朝时期则是"以夏变夷"为主流，在周初的大封建中，将"殷民六族"分封给鲁公时，要求"使帅其宗氏，辑其分族，将其类丑，以法则周公"；将"殷民七族"分封给康叔时，要求"皆启以商政，疆以周索"；将"怀姓九宗"分封给唐叔时，要求"启以夏政、疆以戎索"。这都是按当地传统办事，有一点类似今天的"特区特办"。这正是孔子赞叹"郁郁乎文哉！吾从周"的一个原因。西周之后又历经东周五百年的夷夏融合，夷夏共同体——汉民族终于形成。秦汉帝国能使多源一体的中华民族得以形成、巩固，可说是水到渠成。

八、长城是各民族文化的熔炉

在中国古代史上，南北朝时期又是一个极其重要的民族大迁徙、大融合时期。陕北、晋北、冀北及内蒙古南部这个大体东西向的燕山南北、长城地带，从史前到三国时代是北方畜牧文化与黄河流域农耕文化接壤、过渡地带。长城内外的两种经济类型、两种文化传统的民族（群）长期接触、共存，既经常冲突，又需要互补而互为依存。它是一条很宽的"带"，直到近世仍是"那达慕"盛会分布的地带。"那达慕"的主要功能之一就是组织农工产品与牧业产品的交流。长城是农区与牧区的分界，长城地带也是一个活跃的民族熔炉。在历史大动荡时期，这一地带经常起到缓冲的作用。建立北朝的北方民族正是通过这一地带的若干"口岸"南下的。北方民族入主中原，即所谓的"五胡乱华"，与欧洲的所谓"蛮族入侵"不完全一样。"五胡"是牧人，他们虽也带来战乱，但还有北方民族充满活力的气质与气魄。北朝的文化十分昌盛，其遗物、遗迹显现了草原文化与中原文化结合的光彩。北朝文化在都城建筑以及农业、科学技术、艺术等方面都留下了可称为瑰宝的遗产。大唐盛世的诸多业绩源于北朝，北朝经济的发展也并不比南朝逊色。总之，北方草原民族不仅为中华民族注入了生命活力，还带来了欧亚大陆草原民族文化，在中西文化交流上起到了重要作用。

北方民族南下的另一后果，则是造就了大批中原人南迁形成的"客家人"式的新群体，至于客家人在发展我国南方和东南亚的经济、文化等方面的作用，当然无须多说。所以，只有用新观点、新方法，才能从浩瀚的文献和考古史料中发现既有中国特色，又符合一般规律的民族形成的历史脉络，重建一部内容丰富而又符合历史真实的中华民族史。

九、多源一统、历久不衰的原因

问：先生能否更深一层地谈一谈中国历史地形成了这样一个多源一统的国家、中国文化又历年不绝的主要原因？

苏：多源一统的基础结构是多种因素综合的产物。有地理的因素，如多样的天时、广阔复杂的地利，造就了原始经济的多样性、文化的多源性。但中国的黄河与长江流域，没有难以逾越的地理阻隔，有利于族群与文化的流动、接触和多次重组，我在前面已谈到，从距今万年到距今四千多年的三次大的文化组合与重组，就是在这样一个舞台上演出的。如果说，最早的三大经济类型区中所见各自的共性，还主要是因经济类型的一致而引起的，那么距今七八千年的黄河流域，自西至东，从陇山到渤海，老官台－大地湾文化、磁山－裴李岗文化、后李－北辛文化虽然各有起源、各有特征，但在经济类型、日用陶器的制法、某些器别（如支座、磨盘、磨棒）甚至器形等多方面所表现出的一定共性，至少暗示着曾经存在过的联系。再如，在距今五六千年前，仰韶文化的庙底沟类型有着强大的扩散能力，其影响从关中向北达到黄河河套，向西直达甘青之交，向南至于长江沿岸，向东抵今山东省腹地。特别是到了距今四五千年的所谓"龙山时代"，几乎整个黄河、长江流域各区系考古学文化的面貌，呈现了相当的一致性，以灰、黑陶的三足器、圈足器、袋足器为共同特征。上述诸例，意味着文化的交流、族群的组合与重组，是在六大区系之间交互进行的，发展的方式也各不相同，或裂变，或撞击，或融合。特别是到"龙山时期"八方文化精华辐辏中原之后，出现了以传说中尧、舜为代表的"中国"。此后,这个"中国"就再也没有真正地分解过。当然从尧、舜的"中国"到秦皇、汉武的"中国",又经历了多次重组。意识形态上与之相应的则经历了由共识的中国到理想的中国而达现实的中国。

这里所谓共识的中国,指在"万邦林立"的条件下,中原的古国由于治水、居中的地利以及个人等因素,万邦诸侯"朝觐、诉讼之中国"的"中国",这个"中国",只是一种共识。理想的中国,就是《诗经·小雅·北山》中"溥天之下,莫非王土;率土之滨,莫非王臣"那种"中国",大一统"中国"的愿望虽已明确,也只是周王朝的理想。真正成为现实的,则是秦汉帝国。所以中国多源一统的格局的形成,既有天时地利的环境条件,更有源远流长的族群、文化融合的历史趋势以及思想上的共识等原因。

十、中华文明的精华

问:您提到中国的文化传统问题,不论是历史学者、其他学者还是一般读者,都非常感兴趣、非常关心。

苏:回顾历史,中国文化与中国文明起源问题被提出和受到重视的背景是中国近代历史上的两个转折点。五四运动前后,国家、民族面临危亡,社会上出现了对中国文化的反思:中国文化落后了,需要向西方学习什么?答案之一就是"德先生"和"赛先生"。到20世纪七八十年代之交,即中国共产党十一届三中全会之际,对中国历史的反思又一次被提了出来:要开放,要建设现代化,建设什么样的现代化?日本式的、新加坡式的和欧美式的，当然不行。我们要建设的是与五千年文明古国相称的具有中国特色的现代化。这就自然而然地提出五千年文明的精华是什么，民族灵魂是什么，精神支柱是什么的问题。中国文明起源、中国文明特色、中国文化传统等问题，正是社会转折时所引起的历史反思的组成部分。这两次历史反思的社会思潮也就是引发我梦想最初萌发和更为完整的契机，也是中国考古学20年代产生和80年代走向成熟的时代背景。

各国历史有各国特点，各民族有各民族特点。特点就是差异，既有体质上的差异，也有民族气质、思维方式、价值观念、生活习惯等方面的差异。有些文化传统可能随社会的变化而消失，或被新的传统取代，唯构成民族特性的传统精神往往世代相传。在中国历史上长期起积极作用的传统，我多次提到过的有：

精于工艺，善于创造。这一特点可以上溯到中国猿人那里。他（她）们采集劣质的石材（例如脉石英），却打造出小型石器。这一传统在其后数十万年中一直传承。如良渚玉器的细雕工艺、丝绸、漆器、瓷器、"四大发明"以及流传至今的数百种民间手工艺，总体的精巧水平在世界上似无与伦比。中国农业亦以精耕细作闻名于世，直到今天还以占世界7%的耕地养活了占世界22%的人口。这一传统与勤劳、朴实、自强不息的美德融为一体，几乎可称为是创造中华文明的基因之一。

极富兼容性和凝聚力。中华民族的形成主要不是由于外力、武力，而是通过一次又一次的交融、组合与重组，并在思想上形成了越来越强的认同趋势。当"中国"产生之后，君权（王权）的大一统政策促进了民族的融合；汉民族之外的少数民族入主中原，给中原民族注入新鲜血液，促进了中华各民族的进一步融合，由此产生了更强的凝聚力。自秦汉建立了统一的多民族国家以来，从总体来说，分裂是短暂的，统一是主流。在维系中华民族的纽带中，方块字发挥了巨大的凝聚作用。方块字以形、意为主，能克服各地方言障碍，在不同方言区域内，比较容易进行经济、文化交流和推行统一的政治，大大加强了中华民族的兼容性和凝聚力。

玉代表了一种崇尚高洁、坚贞、温良的美德，体现着中国传统的道德标准、价值观念。人类从会制造石器起，就有机会与玉石打交道，后来又把令人赏心悦目的"美石"选出来制作装饰品和贵重用具。真正把玉与一般石材区分开而用来制作珍贵饰物是万年以内的事。例如距今七八千年前的辽宁阜新查海遗址出土了十多件真玉器物，除一件玉锛外，均为装饰品。玉的一个特点是"温"，冬天摸玉，有温润感。玉又有特点为"坚"，除金刚石以外，几乎无物能克。中华民族把玉所具"温润""高洁""坚硬（贞）"等特点，转化到人文观念中，纳入社会生活。玉器体现的美德是中国民族特有的文化现象，又是自史前时期以来一直承袭着的传统。

近期我曾反复思考，中国传统文化的核心——对"天、地、君、亲、师"的崇拜与敬重，是中国人传统信仰的最高、最集中的体现。

中国除了有些政教合一的少数民族以外，从来没有高于王权的宗教，也就是没有国教。一些外国人不能理解，于是想出来一个中国人自己并不认可的宗教——"儒教"，没有教主，没有教规，没有教义,也没有宗教意义上的经典。但在中国传统文化中确有最高崇拜的对象,这就是"天、地、君、亲、师"。

我国古人对"天、地"赋予了超自然的属性。这里的"天",是一种抽象的权威象征,一种不可抗拒的超自然正义力量。大家熟悉的明、清两代的天坛,就是皇帝通天对话的神圣之地,可是在祈年殿里并没有设置一般宗教庙宇里的那种偶像。这是由于任何偶像都不足以代表天的伟大。从祈年殿到圜丘之间的天街东侧,有所谓的"七星石",实际上,那应是泰山的象征。对于"地"的崇拜,反映了追求人与自然的协调。至于对"君"的崇拜,则反映着对于社会秩序化即国泰民安的追求。对于"亲"的崇拜,我看至少包括"祖先崇拜"以来至现实生活中的"父慈子孝""兄友弟恭"等内容,是维系、协调人际关系的重要纽带。对"师"的崇拜,则是要求对文化、知识的尊重与继承。

如果今人能够对这一思想体系赋予这时代的新含义,就能够更好地去对待自然,重视和协调人与自然和人际的关系。敬老爱幼,尊师重教,继承发扬这样的文化传统,就能对现代化建设做出更大的贡献,具有中国特色的科学化、大众化的当代中国考古学,也就能站到现实社会中应有的位置上。

十一、世界必将走向"大同"

问:谢谢!最后还请您作为中国考古学会的理事长,在世纪之交,向《明报月刊》的读者展望一下中国考古学的远景。

苏:人生短暂,我已是八十八岁的老人。我不讳言老,我很欣赏英国哲学家罗素讲的哲理。他说一个人的生命历程应该像一条河——开始涓涓细流，在狭窄的堤岸间行进，冲过岩石，跳过瀑布；其后水量变大，堤岸后退，流速湍急；最后，没有明显的停顿，汇入大海。我意识到和年轻的考古同人在一起，似乎融入其中，与事业合为一体，生命将在事业的发展中得到延伸。1994年我的第一本考古论文选集获得首届国家图书奖一等奖，朋友们前来祝贺。我平静地回答大家："同喜！同喜！事情是大家干的，这是学科的荣耀。考古学是人民的事业。"

承香港商务印书馆美意，不久将出版一本我的大众化的著作，把我一生所知、所得，简洁地说出来。这不仅是给考古同行做个交代，也希望使史学、民族学界以及其他对中国古史有兴趣的海内外朋友们，理解最近二十多年来许多中国考古学者奋斗的目标和成果。我的愿望是希望大家清醒地看到，我们已取得的成绩是很有限的，仅如一部大书的序言，未知数是大大的。跨世纪、21世纪的考古学新局面是不会自然而然地出现的，事在人为，老一代人当然应该继续发挥作用，但终究有赖于年轻一代的拼搏、开拓。不仅学科整体如此，就是一个重要课题也往往需要一代接一代地像接力赛那样传递下去。

今天当我们站在新的起跑线上迎接21世纪时，需要同时完成双接轨的任务。一个是"古与今"的接轨，也就是如何循古代中国的发展脉络来看未来的中国，如何使中国文化传统中的积极因素变成建设有中国特色的现代化的一种动力。另一个就是中国考古学与世界考古学的接轨，要求在认识上把"区系的中国"上升为"世界区系中的中国"。中国东部、东北部、东南部的史前文化与东亚、东北亚、东南亚乃至环太平洋文化圈有着广泛的联系。例如作为饕餮纹祖型的那种眼睛部位突出、夸张的神人兽面纹艺术风格、有段石锛等就与环太平洋文化圈中的同类因素可能有源流关系。进入成文历史时期之后,"四夷"的概念在不断变化,秦汉以后的"四夷"主要指汉民族以外的边疆四隅的兄弟民族。这"四夷"正是中国同外部文化的连接点与桥梁,很难把中国与世界文化截然分割开,这是其一。还有,在中国,从旧石器时代起,从来就不是封闭的、孤立的,这已被许多考古发现证实。中国历史上诚然有过"中华帝国无求于人"的闭关锁国时代,但"闭关锁国"只不过是封建统治者的主观愿望。事实上的中外交流几乎一天也没有停止过。陆上丝绸之路、海上丝绸之路、陶瓷之路、香料之路如此,不见经传的条条通路更是如此。史不绝书的沟通中外的功臣的业绩,只是中外交流银河中的一些明亮之星。这是其二。或许是最重要的一点,则是世界上没有其他文明古国能像中国这样,既有如此广阔的文化区域,又有如此长久的文化传统。研究这样一种文化实体,无疑将不断概括出新的理论认识,对世界文明史取得越来越多的发言权。中国的历史、世界的历史都告诉我们,人类必将对"地球村"的过去和未来取得共识,现实世界必将走向"大同"!

访问整理:邵望平(中国社会科学院考古研究所教授)

修订:俞伟超(中国历史博物馆原馆长)

重建中国古史的远古时代[1]

> 正像达尔文发现有机界的发展规律一样，马克思发现了人类历史的发展规律。
> ——恩格斯在马克思墓前的讲话，1883 年 3 月 17 日

一、旧石器时代

中国的远古历史涉及两个重大的理论问题，一是从猿到人，二是从氏族到国家。二者虽都是世界范围的课题，但都与中国远古历史密切相关。

1859 年达尔文发表《物种起源》，明确提出人是从猿进化而来的，打破了上帝造人的神话；1884 年，恩格斯发表《劳动在从猿到人转变过程中的作用》，科学地论证了猿之所以能变成人的根本机制。从那以后，古人类学获得了长足的进展，其中包括中国境内一系列人类化石的发现及其研究成果。

---

[1] 本文为由白寿彝总主编、苏秉琦主编的《中国通史·第二卷·远古时代》（上海：上海人民出版社，1994 年）序言，开篇略有删节，文中的节标题为本书编者所加。——编者注

1929年在北京周口店第一地点发现了著名的北京猿人。魏敦瑞在仔细地研究了大量北京猿人的化石后指出,其体质特征至少有12项与蒙古人种有联系,铲形门齿就是最显著的一项。现在中国境内发现的人类化石,无论是比北京猿人更早的元谋猿人(距今约175万年)和蓝田猿人,还是大体同时乃至更晚的早期智人与晚期智人化石,无一例外都是铲形门齿。在新石器时代和现代中国人的标本中,铲形门齿占有极高的比率,高于其他任何种族。其他许多体征也有类似的现象。吴汝康在概括地比较了这些特征上的相似性以后写道:

"上述这些在现代蒙古人种中出现率特高的性状,在中国发现的直立人直到晚期智人中都经常出现。显示它们与黄种人和现代中国人之间存在着连续性,有着亲缘上的继承关系。自然,在这漫长的人类发展过程中,必然也与其邻近地区不断有基因的交流。"[1]

所谓发展的连续性或亲缘的继承关系,换一个说法就是中国和邻近地区在人类发展史上存在着一个独特的体系,不像是从其他地方的某种远古人类派生出来的。这一体系能不能再往前追溯呢?人们注意到在印度、巴基斯坦和我国云南发现过一种较接近人类的腊马古猿,但欧洲东南部和东非也发现过。最近云南又发现禄丰古猿,吴汝康认为它"可能是接近于非洲大猿和人科成员的共同祖先的类型"。既然中国存在着接近于人类的古猿化石,又有很早的直立人化石发现,以后的发展更是自成体系,可见中国在人类起源及其发展的问题的研究方面处于十分重要的地位,只

---

[1] 吴汝康:《古人类学》,北京:文物出版社,1989年,206页。

是要彻底究明这个问题还需要做许多工作罢了。

有了人类，就开始有了人类的文化。正如中国的远古人类化石有其自成体系的特征，而且表现得更为鲜明一些。为纪念北京猿人发现六十周年而编的一部综合性著作《中国远古人类》的前言中有如下的一段话：

"多年积累的旧石器材料，已使我们认识到，虽然在不同时期存在反映区域特点的文化，但以向背面加工的小石器为主的组群，分布于我国南北方的各个文化发展阶段，成为我国颇具特色的旧石器文化发展的主体，使华北是否存在两个平行发展的文化传统、我国南北方旧石器文化的异同的趋势等问题的讨论成为可能。"[1]

这些话很好地表述了中国六十余年来旧石器时代考古的主要成果。一是中国旧石器文化发展的基本特征是"以向背面加工的小石器为主的组群"，二是"华北地区两个平行发展的文化传统"现象，表明中国旧石器文化传统问题的研究与古人类化石传统问题的研究相互照应。这是一个良好的开端，并且为今后的研究打下了一个扎实的基础。

中国旧石器时代的人类化石和物质文化的发展，既有明显的阶段性，又有不平衡的现象。拿人类化石来说，从早到晚，属直立人的有元谋人、蓝田人、北京人、和县人、郧县人、郧西人等，属早期智人的有马坝人、大荔人、长阳人、许家窑人、丁村人等，属晚期智人的有柳江人、资阳人、山顶洞人、河套人等。可以说我国人类化石代表了人类体质发展的所有阶段和全过程，而且还

---

[1] 吴汝康、吴新智、张森水：《中国远古人类》，北京：科学出版社，1989年。

有一些过渡形态。辽宁营口金牛山人的地质年代应为更新世中期，此时一般是直立人生活的年代，而金牛山人虽有一些直立人特征，大部分却与早期智人相像，应是体质特征进化最快的一个代表。

中国的旧石器文化大体可分早中晚三期，分别与直立人、早期智人和晚期智人相照应，但各地发展道路有所不同。华北的所谓周口店第一地点—峙峪系统，是出现小石器最早的。辽宁海城小孤山有很好的骨器，其中有带鼻的骨针，与北京山顶洞人的骨针相媲美，而年代却比山顶洞早许多，说明当时文化的发展是不平衡的。

旧石器时代的人类生产力水平低下，活动范围有限。但由于时间长，有些文化因素也可以在不知不觉中传播到很远的地方。例如四川一般不出细石器，而那里的富林文化却有大量北方风格的细石器，这显然是文化传播的结果。由于中国东北的旧石器文化有时表现得比较先进（如金牛山人和小孤山文化），对周围的影响自然会比较大些，例如朝鲜和日本的旧石器文化就曾受到中国东北旧石器文化的影响，甚至有人类迁移过去。

二、新石器时代

中国的新石器文化是从中国的旧石器文化发展而来的。如果说中国旧石器文化富有特色，自成体系，那么中国新石器文化也是这样，只不过内容更加丰富，谱系更加繁复罢了。

整个新石器时代及以后铜石并用时代的历史，都涉及前述的第二个重大理论问题，即在中国境内是如何从氏族发展到国家的。

在此我们想从四个方面略述当前的研究成果,即农业的发生与发展,社会的分工与分化,区系的组合与重组,以及历史的传说与真实,它们也是本卷有关章节的梗概。

农业的发生是人类历史上划时代的重大事件,当然也是中国历史上的重大事件。在全世界少数几个农业起源中心中,中国独居其上。中国的农业以精耕细作为其特色,这在远古时代便已露其端倪。

我国古籍中有不少关于农业起源的传说,有的说是神农发明了农业,有的说是烈山氏(或厉山氏)或炎帝之子名叫柱的发明了农业,周人相信是他们的祖先弃发明了农业,《史记·五帝本纪》则说黄帝"时播百谷草木,淳化鸟兽虫蛾"。看来黄帝又成了农业的发明者。说法虽不一致,总之都是中国人自己的祖先发明了农业,而不是从外界学习来的。

研究栽培作物起源的先驱德康多尔和瓦维诺夫都认为中国北方是粟和黍的起源地,何炳棣更系统地论证了中原是粟、黍等旱地作物起源的核心地区。近年来的一系列考古发现证明这些学者是很有见地的。

大约在公元前6500年至前5000年,中国北方已出现一系列发达的新石器文化,其中有不少遗址发现了栽培谷物的遗存。如河北武安磁山遗址有许多窖穴中发现粮食朽炭,经灰象鉴定是粟;河南新郑裴李岗、辽宁沈阳新乐和甘肃秦安大地湾都发现了炭化的黍,后一处还发现了油菜籽。这些遗址所属的新石器文化,都有比较发达的农业工具,其中又以磁山文化所在的中原地区最为发达。由此可见,中国北方农业的起源还可以追溯到更早的年代，而中原应是旱地农业起源的核心地区。

广义的中原大体相当于黄河中下游，这里属暖温带半干旱季风气候，年雨量约500—800毫米，集中于夏季高温的7月和8月，春秋冬三季都很干旱，且冬季严寒，一月平均气温比地球上同纬度的其他地区低10摄氏度以上。这个地区普遍存在的黄土，持水和保肥能力都比较低，但有较好的毛细作用。这两个条件制约了农业起源过程中选择驯化作物品种的方向，即对肥水要求不高，在幼苗期特别能耐旱而在速生期需要高温多雨的作物。粟黍正是符合这些条件的作物，它们在中原又有大量的野生祖本。在当地史前文化发展到一定阶段时，人们自然选择了这两种作物进行培植。而且在整个史前时期，二者都是华北地区的主要农作物。

许多人认为中国南方应是稻作农业起源地之一，但具体范围说法不一。有的主张起源于南岭以南的两广地区，有的主张起源于云南和印度支那北部山地或云南—阿萨姆地区，有的则主张起源于长江中下游，越来越多的考古发现证明后一种说法是最接近历史实际的。

近年来在长江中游发现了一系列大约相当于新石器时代中期的遗址，分别称为城背溪文化和彭头山文化，其年代约当公元前7000年至前5000年。在这两个文化的遗址中，已不止一次地发现了稻谷遗存，有的是用稻壳掺在泥土中抹墙壁，有的是用稻壳碎末掺在泥土中做陶器。往后在长江中游的大溪文化和长江下游的河姆渡文化与马家浜文化中，这种做法更为普遍，已成为当地的一种文化传统。同属于长江水系的陕西汉中盆地亦发现有较早的稻谷遗存，分别出于西乡李家村和何家湾遗址，属老官台文化，年代约为公元前6000年至前5000年。所有这些稻谷遗存的年代都远远早于中国其他地区发现的稻谷遗存，也早于一般认为可能是稻作农业发源地的印度恒河流域和东南亚山地所发现的稻谷遗存，所以长江中下游应是稻作农业起源的一个重要的中心。

稻米有两个基本亚种，一个是籼稻，或称印度稻；一个是粳稻，或称日本稻。现已查明粳稻起源于中国，日本的稻谷是从中国传播过去的，所以有的学者建议将日本稻改称为中国稻。一般认为，粳稻是从籼稻演化出来的，而籼稻的野生祖本是普通野生稻。我国普通野生稻最集中的分布在广东、广西和海南岛，长江流域只发现少数几处。为什么长江中下游在稻作农业的起源和早期发展中的地位反而比华南重要得多呢？因为华南大部分处于北回归线以南，气候炎热，几乎全年无冬，雨量充足，天然食物资源十分丰富。尽管野生稻到处都有，但因为收获和加工都很麻烦，比起其他食物来也不见得特别好吃，所以人们不一定采集它。即使发现了它的食用价值，因为到处都可以采集到，就不一定考虑进行人工栽培。即使偶尔种植了一些，也没有迫切地需要把它发展成一种继续不断的稻作农业。长江流域就不同了，那里有较长而寒冷的冬季，迫切需要有能够长期储藏以备冬天之需的食物。人们一旦发现野生稻的农用价值和能够长期储藏的优点，自然会加意培植并设法扩大再生产。何况长江流域史前文化比较发达，人口较多而野生稻资源又少，就更有进行人工栽培的必要性和迫切性。这可以解释为什么恰巧在长江中下游发现最古老和最发达的稻谷遗存而不是在别的地方，从而为稻作农业起源于长江中下游找到了事实的根据和理论上的说明。

由于在我国有两个而不是一个农业起源中心，往后的发展又都各具特色，从而在史前时期就形成了南北两大农业经济文化区和两种农业体系。

以中原地区为核心的华北旱地农业经济文化区一直是以粟作农业为主的，那里首先培育了粟和黍，可能还有大豆，园艺菜蔬有油菜、芥菜和白菜，经济作物有大麻等。养畜业是以与农业紧密结合的形式出现的。先后饲养的家畜有猪、狗、黄牛、山羊、绵羊、猫等，家禽有鸡。以猪的数量为最多，其他几类都很少。本区的农具主要有翻地的石铲，收割用的镰和爪镰以及谷物加工用的石磨盘和石磨棒。

本区农业大体经历了以下几个阶段：

一、磁山文化时期。已有一系列农村，但规模较小。种植谷物有粟和黍，饲养家畜家禽有猪、狗、鸡。翻地用农具主要是舌形石铲，收割用农具主要是石镰，其中不少是有齿石镰。谷物加工工具主要是大型石磨盘和石磨棒，磁山文化中有乳状足的鞋底形石磨盘，是这个阶段的代表性器物。

二、仰韶文化时期。农业村落遗址显著增多，规模扩大。种植谷物除粟、黍外，还从南方引进了水稻。饲养家畜中增加了少量绵羊、山羊和黄牛。翻地用农具仍是石铲，但形态明显地复杂化了，有舌形、心形、梯形、双肩形和鞋底形等，后者主要分布于燕山及其以北的红山文化范围内，有人称之为耜或犁。收割用农具大量增加，但形态一变为两侧带缺口的或长方形的爪镰。石磨盘和石磨棒显著减少，且个体变小，也许这时随稻谷的引进而将加工稻谷的杵臼同时引入华北，部分地代替了磨盘和磨棒的功能。

三、龙山文化时期。此时作物种类和家畜品种虽无多大变化，农具却有明显的进步。翻地农具已规范化为梯形或有肩石铲，后者实为商代青铜铲的祖型。收割用农具主要是石质或蚌质的镰和爪镰，且全为磨割，质量较差的陶质或打制石爪镰都被淘汰了。用碳十三方法测定古代人的食谱，得知仰韶文化时期粟、黍类食物只占50%，龙山文化时期则为70%，说明此时粟作农业得到了进一步的发展。

以长江中下游为核心的华中、华南水田农业经济文化区一直以稻作农业为主，后来从北方引种了部分旱地作物（多在缺水的丘陵地区）。这个地区的家畜家禽主要是猪、狗、水牛和鸡，后来又从北方引进了羊。农具中多骨铲或石铲（或曰锹），用以平整水田，后来出现了石犁和破土器等。由于稻谷可直接用手采集，故收割农具不发达。加工粮食则主要用杵和臼。

本区农业也经历了类似华北农业发展的几个阶段：

一、彭头山文化—河姆渡文化时期。农村多在河湖边或沼泽地，种稻，养猪、狗和水牛。用骨铲整治水田，很少见收割用农具，加工粮食用杵臼。

二、大溪文化—马家浜文化时期。农村遗址显著增加，规模扩大。许多地方已用石铲代替骨铲整治田地。

三、石家河文化—良渚文化时期。农业有较大发展，除种稻外，有的地方从北方引种了粟、黍等旱地作物作为补充。已会养蚕缫丝织绸，家畜中大约从北方引来了羊。农具因地区不同而有较大差异，江浙良渚文化中出现了三角形石犁，广东石峡文化则有石镬和石铲等，收割用农具中出现了少量石镰和爪镰。

以上两大农业区的两种农业体系并不是彼此孤立，而是互有影响乃至在发展过程中发生互补等复杂情况。这样一种既有区别又有联系的农业格局，一直影响到整个历史时期。并且对邻近国家的农业产生了深远的影响。

三、史前时代社会的分工和分化

生产力的发展，表现为如下两个方面：其一，出现新的劳动领域，扩大了劳动门类或职业的范围；其二，更新技术，提高效益，生产向纵深发展。两者彼此联系，结果是出现和发展了社会劳动分工及其日益专业化。

本卷所涉及时代中的农业技术的更新，和家务劳动范围的扩大，最终导致男子占据了农业生产领域，妇女成了基本上司家务的劳动力。这是一个渐变而又复杂的过程。约在公元前第4千纪前期大汶口文化刘林期的大墩子墓地见到的情况，表明这一过程已步入质变阶段。这里的男性墓才用镞、鱼镖一类渔猎工具随葬，纺轮基本上只见于妇女墓葬中；妇女也用斧、锛随葬，但比例上却少于男子。同时，铲、凿只见于男性墓，而且，仅在男性墓中才见到斧、锛、凿这样成套的石质工具。M4和M32两座成年男性墓，在随葬斧、锛、凿的同时，还随葬了碎石片、牙料及较多的骨、牙制品，形象地说明死者生前是手工业匠人。至公元前第3千纪后半期齐家文化的柳湾墓地，石刀、石斧、石锛、石凿及石钻和纺轮，分别成了男、女各自的专用随葬品。手工业匠人从最初只在男子中出现，就规定了手工业的发展与分工只是男性展现才能的专门领域。

在农、工之间及手工业内部分工过程中的诸阶段的墓葬，凡使用锛、凿随葬的男性，往往同时也随葬了刀、铲这类农业工具，表明手工业匠人还同时是农人。这反映了当时农、工与手工业内部分工还处在较低水平。同时，在家族、氏族仍是维系人们的社会组织的情况下，手工业分工往往表现为家族，甚至氏族之间的劳动分工。

制陶业始终是新石器时代的一种重要的手工业。在技术上，它先后经历贴塑、泥条盘筑及慢轮加工之后，于公元前第4千纪前期后段，已在陕西华县泉护村一期文化的晚期遗存中见到了快轮制品。

快轮制陶技术经历了一个逐步发展过程，至龙山时代才在黄河及长江流域普遍推广开来。不过，即使在这一时期的黄河流域，从它的下游到中、上游，这一技术推广及发展程度，也存在逐步递减而显得颇不平衡的情形。

快轮制陶技术的产生，是史前工业技术革命步入一个重要阶段的标志。在此之前，黄河流域的半坡文化及庙底沟文化的陶窑，往往是成群分布的。而随着轮制技术的发展，制陶组织或单位愈益缩小。兰州徐家坪包含十二座窑址的马厂文化窑场，从其被分割成四个由不等数量的陶窑组成的单元来看，当认为这一窑场分属于四个制陶组织，同时，其制陶规模也存在差别。自公元前第3千纪前期后段之后，在自陇东以东的黄河流域诸考古学文化的陶窑，一是窑室的容量扩大，二是以遗址为单位来看，陶窑的数量减少了，而且，它们往往呈零散分布。例如，经过大规模发掘的客省庄及三里桥遗址，分别只见到三座和一座陶窑。而且，在客省庄文化中，见到了陶窑成了一房屋附属物的现象。随着技术的发展，制陶日益专业化，同时，陶器成了交换中的重要商品。

随着使用快轮制陶之后，制石工艺获得了新的发展，同时，出现了制玉和金属制造两种专业。

制石工艺的进步，表现在两个方面，一是使我们见到了日益增多的那种棱角锐利、体形扁薄且整体抛光的石制品，二是单面穿孔技术的出现并逐步地推广开来。制石成了须经专门训练才能掌握其技能的职业。

据至今见到的考古资料，可知居住在燕山南北及长江流域的先民，较其他地区的居民更早地从石头中辨识出美石（玉），加工成装饰品，随后在这两地区的历史进程中，一直保持生产和使用玉的传统，并使之发展，至迟在公元前三四千年之交的红山文化和公元前第3千纪中期开始的良渚文化，分别出现以猪龙或以琮璧为中心的玉礼器系统。在此之前，制玉和制石两类工艺混杂不分，至玉礼器出现起，一是因为两类工艺要求原本应有所区别，二是由于玉礼器工艺水平要求超过制石，故出现了从制石人中分化出专门从事制玉的工匠。

红山文化和良渚文化是我国史前时代两个玉文化中心，对其他地区产生过不同程度的影响。一是从影响面及影响的深远意义来看，良渚文化超过了红山文化，二是尽管在山西及内蒙古中南部见到导源于良渚文化的影响，然而从迄今的材料看，受良渚文化的玉文化影响最直接且有相当深度的则是黄河下游及淮河流域，至于长江下游和长江中、上游的关系，至良渚文化时期，虽可见后者受前者的影响，但从整个玉文化的相互关系来看，则比较复杂，至今尚难窥其端倪。由于玉文化发展的不平衡性，对其他地区出现玉匠的先后，以及是否产生过独立的玉匠问题，当作具体分析。目前的资料情况，使我们对此难以探讨。

见于林家马家窑文化的经过冶炼并由合范浇铸而成的青铜刀子、源涡镇的铜炼渣和红山文化的冶炼遗存及铜制品，说明至迟在公元前第3千纪初期，我国已掌握了冶炼浇铸铜器的技术，至龙山时期，制铜技术获得了进一步发展和推广。从获取矿石，经冶炼到铸造铜器的生产，是一有组织的协作劳动、十分复杂的工艺过程。这一工艺的出现，使手工业分工获得进一步发展，是继快轮制陶之后又一次具有时代性的工业革命，在随后的中国历史发展中将看到由它引起的社会变革较快轮制陶更加深刻。

在以农业为基础经济的史前社会，手工业发展的规模和程度，最终取决于农业为其可能提供的剩余劳动的状况，同时，它在规模和速度两方面增强了人类聚集财富的能力。除了由于它的存在直接产生的社会分工与分化外，还要求产生管理人员和沟通社会各部门生产的交换人员。然而，史前社会分工与分化并未仅在生产领域中停步，基本上与上述社会生产领域分工与分化同时，又产生了巫师与军事领袖。

早已发生的宗教，至公元前三四千年之交，已发展到一定规模。红山文化的坛、庙、冢和仰韶时代晚期大地湾F411带有地画的大房子这类宗教性建筑，已表明存在较复杂的宗教礼仪。与之相适应，当已存在某种形式的巫师。巫师是宗教发展到一定阶段的产物，从为宗教礼仪由选举产生的临时性"业余"巫师到专业巫师是一个历史过程。至公元前第3千纪中期，宗教得到进一步发展，产生了质的变化。如不计富河文化卜骨的话，甘肃灵台桥村发现的当是属于这时期的迄今见到的最早的卜骨，大汶口文化的用于祭祀的带有符号的陶尊，以及良渚文化带有墓葬的祭坛，应是宗教已步入一个新阶段的标志。

瑶山良渚文化祭坛具有下列值得注意的现象：

1. 建筑于瑶山山顶，自内而外是用红灰和黄褐色斑土铺垫而成。附近无同时期的居住遗迹；

2. 祭坛南半部有东—西成行的南、北两列墓葬，墓列分布范围与祭坛面积基本一致；

3. 墓葬大小及随葬品数量有别，却都以随葬玉器为主，当不是这文化的普通墓葬；

4. 玉琮、玉（石）钺只见于南列诸墓，玉璜及纺轮仅见于北列墓葬。推测南列诸墓主人为男性，北列为女性。

巫觋脱离所在群体葬地，集中葬于祭坛，是巫师阶层已形成才可能出现的现象。巫一般无琮，说明觋的地位一般高于巫。这里琮、钺共为一人的随葬物的现象，和陶寺M3015墓主人同时随葬钺和礼乐器的情况，一致显示神、军权集于一人的事实。福泉山T23M2有琮无钺，以及同地的T27M2钺、纺轮共存而无琮的现象，从另一方面说明当时掌握了神权的人，并不一定都握军权，和某些女性亦能执掌军权。

至此，史前时代社会的分工与分化，已具基本规模。然而，史前的变革并未到此止步，但往后的分工与分化的历程，只是已形成的这一层面的延伸、发展和深化。

四、文化的分区与重组

早在旧石器时代，我国北方和南方的文化特征就有所不同；同在北方，也有所谓周口店第一地点—峙峪系和匼河—丁村系的区别。不过由于各地考古发现的不平衡，这种区系的划分难于准确和取得一致认识。到新石器时代农业发生后，由于自然地理环境的不同形成了三个巨大的经济文化区。即华中、华南的水田稻作农业经济文化区，华北和东北南部的旱地粟作农业经济文化区，东北北部、内蒙古高原、新疆和青藏高原的狩猎采集经济文化区，这是文化区系的第一次重新组合。

大约在公元前6500年至前5000年期间，即相当于磁山文化的时期，在三大经济文化区的基础上逐渐形成了若干地区性的考古学文化。地处中原的河南和河北南部有磁山文化或称磁山—裴李岗文化，陕西和甘肃东部有老官台文化，山东有北辛文化，北京地区有上宅文化，内蒙古东南和辽西有兴隆洼文化，沈阳地区有新乐下层文化，位于长江流域的湖北有城背溪文化，湖南有彭头山文化等。

由于农业的继续发展和人口增殖的加速，到了公元前第4千纪，在一些地区形成了移民垦荒的浪潮，从而引起了考古学文化的大传播以及不同文化间的接触、影响与融合。这种现象在甘肃表现得特别明显。那里老官台文化和仰韶文化半坡期的西界仅到天水附近,到庙底沟期便大举西进到甘青边界,马家窑期继续西进到武威,马厂期更到达河西走廊西端的走廊,再往后的四坝文化已分布到新疆的东界。内蒙古中南部也有类似的情况,那里因为纬度较高(甘肃是因为地势较高),因而气温较低,雨量也相对较少,早期农业没有传播到这个地区。到仰韶文化的半坡期已有少量农人沿黄河和汾河河谷北上垦荒,到庙底沟期就有更多的农人涌入河套地区,因而在那里出现了一系列与晋、陕庙底沟期遗存十分相似的遗址。在渤海湾,一些大汶口文化和龙山文化的农人从山东半岛先后渡海移居到辽东半岛,把山东的史前文化传播到渤海北岸。东南沿海史前文化的发展也有类似的情况。至于长江流域本来就有较发达的文化,在公元前第4千纪当地新石器时代的农业又有进一步的发展,并且与黄河流域发生密切的文化交流。上述情况使考古学文化分布图发生了变化,这是文化区系的第二次重新组合。

大约在公元前第4千纪,各地前后进入龙山时代,此时手工业有了显著的发展。一是铜器的发明,使神州大地上第一次出现了冶金;二是快轮制陶技术的发明,不但提高了生产率,而且使制作蛋壳黑陶那样精致的器物成为可能;三是养蚕缫丝和丝织品的出现;四是玉器工艺的大发展。此外还有漆器工业和建筑业的进步,如普遍使用石灰、土坯和夯筑技术等,所有这些都需要熟练掌握技术的匠人。一种新技术出现后必定有一个推广的过程,这种推广的过程必定伴随着一些匠人的流动和相关文化因素的传播。再者,这些手工业产品既然不是每一个人甚至也不是每一个公社都能制造的,因而必然会出现较经常的商业交换;有些人不满足于一般性商业交换，干脆用武力去掠夺，所以这使武器有较大的改进，也出现了城墙等防御工事。战争固然会造成破坏，但客观上也可能促进文化的传播，这是一个大动荡大改组的时期，考古学文化分布的地图又发生了变化，这是文化区系的第三次重新组合。当战争的机器进一步发展，征服的地方越来越多，社会向两极分化，文化区系又将重新组合，那已是文明时代的事情了。

五、古史传说

在我国古籍中有许多关于远古时代的传说，过去有不少学者进行过研究，徐旭生和童书业先生等还曾进行过系统整理。不过那时史前考古学尚未充分发展起来，无法同考古资料进行比照。有一些作者想用考古资料印证传说，又往往牵强附会。现在史前考古已有了长足的发展，本身就可以大体复原远古时代的漫长历史，传说资料反而只起参照的作用。若以整理传说史料本身来说，史前考古资料则已成为不可忽视的最可靠的参照系。

古代有所谓三皇五帝之说，但具体哪是三皇哪是五帝，则往往有不同的说法。要之三皇或类似三皇的说法应属后人对荒远古代的一种推想，并非真实历史的传说，而五帝则可能实有其人其事，所以司马迁著《史记》时径直从《五帝本纪》开始，而于五帝以前的历史则只字不提。

五帝说大约形成于战国时期，但各家所说不尽相同。《史记》以黄帝、帝颛顼、帝喾、帝尧、帝舜为五帝，也许是司马迁认为这几个人的事迹比较可信。其实在别的古书上还有许多帝，也不见得都是虚构的。例如黄帝就是打败了炎帝和蚩尤之后声名才显赫起来的。起码当时还有一个炎帝。只是后来人用千古一系的思想整理古史，把本来比较复杂的情况简单化了。

五帝的时代究竟相当于考古学上的哪个时代，现在虽然还无法论定，但也不是毫无边际。以往在仰韶文化发现之初，不少学者以为它就是夏文化，后来觉得仰韶年代太早，又提出龙山文化就是夏文化的意见，现在也还有一些学者保持这一看法。不过从有关夏纪年的各种说法与碳十四年代的比照来看，从夏人活动区域的考订与考古学文化分布范围的比照来看，从夏的文物典章制度与考古学文化内涵的比照来看，从夷夏关系、夏商关系与考古学文化关系的比照来看，二里头文化更像是夏文化。假如这个判断没有大错，那么五帝时代的下限就应是龙山时代。

五帝时代之始，战争连绵不断。《五帝本纪》说"天下有不顺者，黄帝从而征之……迁徙往来无常处，以师兵为营卫"。他先是打败炎帝，接着又擒杀蚩尤。这种情况只有在社会财富有所积累，社会分化日趋尖锐的情况下才能发生。从考古学文化来看，这是仰韶后期即大约相当于公元前3500年以后的事。所以五帝的时代上限应不早于仰韶时代后期。

按照古史传说，五帝的时代又可分为两大阶段，黄帝至尧以前是第一阶段，尧及其以后是第二阶段。先秦儒家言必称尧舜，《尚书》就是从《尧典》开始编纂的。墨家常是虞夏商周连称，把尧舜的历史同三代相联系而与以前的历史相区别。在其余各家的著作中也可以看到类似的倾向。问题是这两个阶段能否同考古学文化相对照。前面已经谈到在仰韶时代与龙山时代之间确实有一个明显的变化，无论从农业和手工业的发展、社会的分工与分化，还是从文化区系的重新组合等各方面都能看得出来。不过龙山时代有五六百年，而尧舜禹假如真是相互继承关系，时间就会短得多。除非不是个人的直接继承关系，而是不同部落禅递掌权，否则难以简单比附。

传说尧为陶唐氏，舜为有虞氏，尧舜的时代或称为唐虞时代。《孟子·万章》引孔子的话说："唐虞禅，夏后殷周继，其义一也。"意思是说唐虞时代实行禅让制度，而夏商周则是父死子继、兄终弟及的家天下制度。一禅一继，把两个时代区分得非常清楚。所谓其义一也是说二者又有联系，都是合乎天意即时代的要求。《尧典》中谈到那时除帝尧、帝舜外，还有由四岳、十二牧（或曰群牧）组成的贵族议事会；有以司空为首的包括司徒、后稷、士（类以后之司寇）、工（百工）、虞、秩宗、典乐、纳言等部门官员的行政组织；有刑法（象以典刑、流宥五刑、鞭作官刑、扑作教刑、金作赎刑、眚灾肆赦、怙终贼刑）；有军队并有显赫的战功。这已经是一种雏形的国家了。当然，《尧典》系后人追述，难免有记不准确而把作者当时的某些情况附丽增锦进去的地方，但也不会是向壁虚构。只要看看龙山时代已有很大的城（山东章丘龙山镇城子崖的城内面积就达20多万平方米），就知当时一定有了城乡的分化，有了政治、军事和文化的中心，有些两椁一棺的大墓墓主一定是身份很高的贵族，制铜、制玉和蛋壳黑陶等当时的高技术产业很可能有工官管理。而当时普遍出现的乱葬坑，死者身首异处或肢体残乱，当是酷刑的牺牲者。如果我们能把这两方面的材料很好地结合起来，特别是把这一阶段的考古工作继续深入地开展下去，就会更好地把我国的远古历史同夏商周三代的历史衔接起来，把在中国这块土地上如何产生私有制和阶级，最后出现国家的具体进程及其特点阐释得更加清楚。那时我们将有理由说我们所作的确实称得上是恩格斯《起源》一书的中国续篇！

1991年4月于北京

关于重建中国史前史的思考[1]

一、中国史前史的性质与任务

中国是以汉族为主体的统一多民族国家。讲中国历史，是讲960万平方公里幅员内、由56个民族构成的统一的国家的历史。中国史前史是中国通史的史前部分。与有文献记载的历史相对，史前史是指有文字记载以前的人类历史。具体来说，中国史前史是指商代以前的历史；同时，不限于中原，不限于黄河中、下游，凡960万平方公里以内的古人类遗址和原始文化遗存，都属于中国史前史的范畴。

史前时代大部分处于原始社会阶段，但史前史不等于原始社会史。原始社会史（含文化史）也要利用考古学、民族学的研究成果，其主要内容是讲生产方式、婚姻、家庭形态、社会组织结构，侧重于阐述原始社会发展的一般规律。按学科分，属于历史唯物主义教程性质。生产方式决定社会运行的机制，这是人类社

---

[1] 本文原载《考古》1991年12期；收入《华人·龙的传人·中国人——考古寻根记》，沈阳：辽宁大学出版社，1994年。——编者注

会共同的发展法则,构成历史的核心内容。但除此之外,各国历史有各国的特点,各民族历史有各民族的特点。特点就是差别,主要包括民族和文化传统两方面,其中既有体质特征的差别,也有非体质性质的差别,诸如生活习惯、民族气质、思维方式、价值观念等等。于是,我们看到一些国家虽社会性质、发展阶段相同,但政体、文化、生活方式又千差万别,一国一个样,古今都如此。有些文化传统可能随社会性质、生产方式的改变而淡化、消失,或被新形式的传统所取代;唯构成民族特性的传统精神,往往可世代相传,其根源甚至可追溯到旧石器时代。当代中国是历史上中国的继承和发展,通过大量具体事实,揭示中华民族的形成及其深厚的文化传统背景,应属于史前史的内容。

史前史的史源主要来自史前考古学,但史前史不等于史前考古学。考古学所研究的对象是具体的遗址、遗迹和遗物,这些古代物质遗存无疑具有珍贵的史料价值,但素材不等于历史,依考古文化序列编排出的年表也不等于历史。史前史不是田野发掘报告的堆砌,也不是田野考古资料的总合。从史前考古学到中国史前史要有个升华过程,即概括和抽象的过程,科学思维的过程。换句话说,我们的田野工作、简报、报告是"硬件",有了这些硬件,还必须编制科学程序,即"软件"。硬件代替不了软件。又好像一个人,有了骨头和皮肉,具备了人的形体,还不够,重要的是还要有灵魂。一部活生生的历史也是这样。艺术是通过形象反映客观,科学是通过逻辑反映客观,没有逻辑就杂乱无章,不成系统。这就是说,从研究史前考古学到研究史前史,考古学家在思想观念上、工作上要有个转变。

不要以为我们的工作对象是实物资料，只要加以客观报道，自然而然地就是唯物主义的，就能从中阐发历史规律。自然规律、社会历史规律是客观存在，无时无刻不在运转并制约着人们的活动。但规律又是抽象的，看不见，摸不着，认识规律不那么容易。不然，为什么自然界的进化经历了亿万年，直到达尔文才提出进化论？对历史的认识也是这样。世界各国出现过许多史学名家，留下不少史学著作，但直到马克思、恩格斯运用辩证唯物主义和历史唯物主义才第一次对人类社会发展规律做出科学概括，使社会历史规律同宇宙运转的自然法则统一起来，把历史学变为科学。史前史本身充分说明：只有依靠正确的观点、方法，才能驾驭浩如烟海、纷繁复杂的史料，对中国史前史做出科学的总结。

恩格斯曾经有过一段精辟论述："历史上依次更替的一切社会制度都只是人类社会由低级到高级的无穷发展过程中的一些暂时阶段。每一个阶段都是必然的，因此，对它所有发生的时代和条件来说，都有它存在的理由；但是对它自己内部逐渐发展起来的新的、更高的条件来说，它就变成过时的和没有存在的理由了；它不得不让位于更高的阶段，而这个更高的阶段也同样是要走向衰落和灭亡的。"[1] 同一观点贯穿于恩格斯的历史哲学名著《家庭、私有制和国家的起源》一书的始终。在该书结尾，作者引用摩尔根的一段话，说明文明只是社会发展一个短暂阶段，文明的基础是一个阶级对另一个阶级的剥削，从这个意义上讲，"文明"并不文明，文明的发展将最终导致古代氏族的自由、平等、博爱在更

---

[1] 恩格斯：《路德维希·费尔巴哈和德国古典哲学的终结》，《马克思恩格斯选集》第四卷，北京：人民出版社，1972年，212—213页。

高级的形态上得以复活。今天，我们钻研史前这以百万年计的历史，目的是为了阐明中国历史的发端和发展过程，以中国的材料充实辩证唯物史观，为发展马克思主义历史科学做出贡献。

二、中国史前史的内容和时、空框架

人类起源是史前史的头一个大课题。人从古猿分化出来，脱离动物界成为万物之灵，经过一千多万年的漫长历程。中国是古猿和古人类化石富集地区之一。云南禄丰腊玛古猿，这一千多万年前人猿超科化石的发现，为人类亚洲起源说提供了证据。

最初的人类大约出现在上新世，至今已有400万年的历史。史前人类社会由低级向高级大致经历了原始群、前氏族公社、氏族公社和早期国家等几个发展阶段。原始群、前氏族公社到氏族公社初期，相当考古学上的旧石器时代；氏族制度由发展、繁荣到衰落、解体并向早期国家过渡，相当新石器时代和铜、石并用时代。

从体质进化与文化发展角度看，初始的一大段（旧石器时代早期的最初阶段），主要是人类塑造自己的过程，靠的是劳动，靠的是群体的力量。那时能够制造工具，但迄今所知，当时世界上还缺乏稳定的打制石器的方法，缺乏个性；或可以说，那阶段文化特征因素还不显著。进入更新世以后的一二百万年，体质条件趋于成熟，创造的文化，一步步丰富多彩。元谋猿人和山西芮城西侯度文化，都属于早更新世，距今一百七八十万年。被认为可能是元谋人的石器，特征还不明显。西侯度以石片石器为特征，包括石片、刮削器、砍斫器等，已按照一定方法打制，其中砸击石片的方法同北京人一致,可看成北京人文化的前驱。在中国范围内,发现于几十个地点的包括直立人、早期智人、晚期智人的材料,构成一条相对完整的人类进化链,证明中国古人类体质特征发展的连续性;数百个旧石器地点代表了旧石器发展的各个阶段;以向背面加工的石片石器为主体的小石器传统贯穿始终,构成中国旧石器文化的鲜明特征,尤以华北地区的旧石器文化发展清楚,特征突出。至少更新世以来的材料证明,中国人的主体部分是东亚大陆土著居民,是北京人后裔;中国文化是有近200万年传统的土著文化。

人类进化与文化发展的道路都不是线性的,发展中包含着不平衡。例如,发现于河北阳原的东谷坨文化,属早更新世之末,距今100万年。东谷坨人是选用优质的燧石为原料来制作石器的,其类型较固定,技术较熟练,看来已达到了北京人中期(距今50万年)的水平,表现出明显的进步性。如果认为北京人文化上承东谷坨文化发展而来,那么,这一现象会令人困惑。但在我看来,这是一种文化发展不平衡的历史现象。北京人文化并非直接源于东谷坨文化,北京人是用劣质的脉石英来制作小型石器的,有它自己的特点,有它自己的文化源流。只是目前对东谷坨文化的来龙去脉还不清楚罢了。时间早的文化可能会先进,这正是各地文化发展不平衡的例证。另一个例子是发现于辽宁营口的金牛山人文化,其年代经测定在20多万年前,不论从地质年代还是从动物群,都表明它与北京人文化晚期有相当一段时间是共存的。但金牛山人的体质特征都远较北京人为进步,吴汝康先生认为金牛山人已属于早期智人。这说明,不仅在文化发展上存在着不平衡,在人类体质进化上也存在着不平衡。再就金牛山人本身的体质形态来说,其身体的不同部分也有进化快与慢的差别。金牛山人是世界罕见的保存了头骨、肢骨和大量体骨的古化石人类,金牛山人的头骨比北京人进步,而上肢骨比北京人更为进步。手的劳动首先促进了上肢的进化,上肢的进化又促进了头脑的进化。可以说,在人类体质的进化过程中,上肢、下肢、头脑也不是齐步走的。我们还可以蓝田人的体质特点再来说明人类体质进化的不平衡性。蓝田人在地质年代上与北京人接近或稍早,但在体质特征上却远较北京人落后,蓝田人的脑量还不及800毫升,而北京人的却达到1100毫升左右。由此可见,人类体质也罢,文化也罢,发展不平衡的现象是普遍的、绝对的;而平衡只能是相对的、暂时的,暂时的平衡又会被新的不平衡所打破。

在人类社会发展史上,最后的十来万年尤为重要。中国以至整个旧大陆范围内,人口密度有了明显增长,彼此交流增多,这是人类生存能力、改造自然能力提高的结果。其关键是技术的进步。集中表现为石器刃部的细加工和从按把到镶嵌装柄一系列"复合工具"的出现与发展。早在北京人文化晚期就出现了长不过4厘米多的"类似倒置箭头的"小石锥(图一,4)。它的实用部分是"铤部",即锥尖。但其后部有一个加工的窄叶形"箭头"状的柄部,这种形制的小石锥,显然不宜以手握的方式锥物,其叶形柄部应是装把的部位。也就是说,最原始的"复合工具"未必是始于几万年前的"细石器"的出现,它的萌芽可能要追溯到20万年前的北京人文化晚期。发展到峙峪文化时期,那种带短铤的石镞、带短柄的弧刃小石刀等,都应是装柄使用的复合工具的部

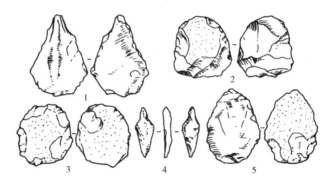

图一　周口店第一地点北京猿人石器

采自裴文中、张森水：《中国猿人石器研究》，北京：科学出版社，1985年。以下简称《研究》。

均由考古研究所内蒙古队1961年调查采集于内蒙古巴林左旗乌尔吉木伦河马家园子村，地点编号：61ZW3，年代：距今约5000年。参考内蒙古自治区文化局文物工作组：《昭乌达盟巴林左旗细石器文化遗址》，《考古学报》1959年2期。

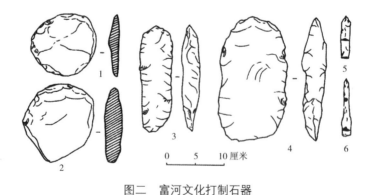

图二　富河文化打制石器

1、2.盘状砍砸器 3.窄刃斧（类勾兵）4.宽刃斧（类钺）5、6.石钻（锥）

件。旧石器时代中晚期的"小石器"工艺的发展，说明复合工具的日益发达。不论是细石器还是小石器多应装有木质的或骨质的柄、把、杆，否则难以单独使用。一万年前的河北阳原虎头梁的多种尖状器已具备了多种装柄方式，甚至连类似"直内""曲内"的石器都出现了，实际上可能就是后来"勾兵"、"刺兵"、铲、锄之类复合工具的雏形。虎头梁的各种装柄尖状器进一步发展，则成为像富河文化那种类似钺的宽刃斧（图二，4）、类似戈的窄刃斧（图二，3）、盘状砍斫器（图二，1、2）以及石钻（图二，5、6）等。这些石器显然是装柄使用的，但归根到底还是要上溯到北京人的从把手到按柄的技术。北京人文化，不论是下层的还是上层的，其主要的两类小型石器都是砍斫器和尖状器，正是在这两类小型石器上留下了从把手到按柄的发展踪迹（图一，3、5→1、2、4）。装了柄的利刃等于加长了手臂，于是带柄斧、梭镖、弓箭相继出现，人类起飞了。旧石器时代最晚期出现的间接剥制法生产的典型细石器，只不过是对旧石器时代中晚期业已发展起来的小石器的利刃与装柄技术的继承与进一步发展。因此我认为，利刃的细加工及复合工具的出现是旧石器时代中、晚期的突出成就。正是这一成就才提高了改造自然的能力，才使大型围猎成为可能或更富成效；人类可以获取大走兽，可以获取飞禽和游鱼。与此同时，另一项重要发明是以海城小孤山发现的有孔骨针为代表的缝纫技术。骨针虽小，却意义重大。有了骨针，解决了缝制皮衣问题，人们才可能离开洞穴走向平原，走向寒冷的北方，越过白令海峡走向另一个大陆，走向世界各地。在现今中国的960万平方公里范围内，那些相对说来环境不大有利的边疆地区，才会发现旧石器时代晚期的遗址，中国的北方和南方以及欧亚大陆东、西之间产生了交流。新、旧大陆之间在人种和文化上的相近之处，不是在更晚，而是在旧石器时代晚期形成的。可以这样说，现今世界的、中国的人类分布的大致格局是从十来万年前开始逐步形成的。以往我们对这一阶段的历史研究得不够。如果认为只是在两万年前随着典型细石器出现才出现了复合工具，才带来了社会生产力的飞跃，显然是简单化了一些，而且也无法解释早在十来万年前人口开始迅猛增长的历史原因。

旧石器时代之后的历史时期是新石器时代。对这一时期的研究我想大致可分为两部分主要内容。一根主线是技术、经济的发展，特别是社会本身的发展。广义的新石器时代的历史是一部从氏族社会向早期国家发展的历史，也就是要研究社会发展的规律在中国史前史中的具体体现的过程；另一部分内容则要具体研究中华民族的形成，中国文化的形成及其特征，中国文化传统的组合与重组的史实。中华民族文化传统是几十万年、上百万年以来文化传统组合与重组的结果。我们先来谈从氏族社会到国家出现的历史的研究。

由旧石器时代向新石器时代的过渡，包括了农业的起源、农牧业的分工以及农牧业代替渔猎而成为社会经济的主要部门，随之出现了定居的聚落，从"前陶新石器时代"发展到会制作陶器、饲养家畜，以及半地穴式和地面建筑的出现与发展。中国考古学成果已证明中国史前农业是独立起源自成一系的。黄河流域是粟的发源地，长江流域是稻作农业的发源地。七八千年前的聚落在各大文化区都已有所发现，而以半坡、姜寨的聚落为最完整、最典型。与这一社会经济发展相一致的是，氏族社会由旧石器时代晚期所处的氏族制前期发展到了氏族制的繁荣鼎盛时代。半坡、姜寨聚落可以说已达到了氏族制度发展的顶点。也正是在半坡、姜寨所处的时代发生了氏族社会的转折，即由繁荣的顶点走向衰落、解体的转折。我们都知道，山顶洞人已有了埋葬仪式，那是有血缘关系氏族成员对死者的怀念，它反映了氏族意识的存在。哈尔滨的阎家岗发现了一处营地，考古资料表明，该营地是以比氏族范围更大的人群进行季节性的集体围猎的遗存，猎获的对象种类单纯。进行这类群体狩猎，必定有着相应的社会群体组织——氏族部落的存在。半坡、姜寨那种环壕大型居址，其中以大房子为中心，小房子在其周围所体现的氏族团结向心的精神，以及居址之外有排列较整齐的氏族墓地，墓地上同性合葬、小孩儿不埋入氏族墓地等情况所体现的典型氏族制度的原则，说明氏族制度发展到了顶点。而且其后不久就出现了在居址中心也可以埋人，男女老少同穴合葬的现象，就说明氏族制度的原则开始被破坏了。半坡遗址另外一些文化现象也说明它正处于社会转变期。如小口尖底瓶未必都是汲水器。甲骨文中的"酉"字有的就是尖底瓶的象形。由它组成的会意字如"尊""奠"，其中所装的不应是日常饮用的水，甚至不是日常饮用的酒，而应是礼仪、祭祀用酒。尖底瓶应是一种祭器或礼器，正所谓"无酒不成礼"。半坡那种绘有人面鱼纹之类的彩陶，反映的已不再是图腾崇拜，已超越了图腾崇拜的阶段。有些彩陶应属"神职"人员专用器皿，当时或已出现了脑力与体力劳动的分工。仰韶彩陶无疑是社会分工的产物。大汶口文化早期那种带提梁的陶鬶和各种形制的陶杯、觚，具有同样的意义,是神器,不应看作简单的日用器皿。出现于大汶口早期、崧泽文化而后流布各地的石钺、玉钺,大多不是实用工具,乃是权力和权威的象征物。其他区系文化所反映的社会进程,与仰韶相近或略有早晚。例如阜新查海的玉器距今八千年左右,全是真玉(软玉),对玉料的鉴别已达到相当高的水平。玉器的社会功能已超越一般装饰品,附加上社会意识,成为统治者或上层人物"德"的象征。没有社会分工生产不出玉器,没有社会分化也不需要礼制性的玉器。因此,辽西一带的社会分化早于中原。到距今五千年前后,在古文化(原始文化)得到系统发展的各地,古城、古国纷纷出现。古城是指城、乡最初分化意义上的城和镇;古国指高于氏族部落的、稳定的、独立的政治实体,古城、古国是时代的产物,社会变革的产物,作为数种文明因素交错存在、相互作用的综合体,成为进入或即将进入文明时代的标志。距今四千年稍前,进入青铜时代,进入中国历史上第一个王朝——夏代。

以下,我再来谈谈中华民族的形成与中国文化传统组合与重组的问题。上面已谈到了夏王朝的建立。但是夏朝文明并不是一枝独秀的。大家知道,夏王朝时期,"执玉帛者万国",先商、先周也各有国家,实际上是夏、商、周并立的局面;更确切地说,是众多早期国家并立,齐、鲁、燕、晋以及若干小国,在西周分封前都各有早期国家,南方的楚、蜀亦然。秦汉统一时中国幅员内各地大都经历了从氏族到早期国家的历史进程,各地进程虽有先有后,先后相差的幅度一般不超过五百到一千年,但都可追溯到四千年、五千年、六千年前。甚至还可追溯到更早。同时我们还必须着眼于夏王朝所处的黄河中游之外的、作为中华民族各支系祖先所赖以生存、奋斗的更广阔的空间。

从空间来看，中国大陆东部面向太平洋，西部面向欧亚大陆；又可大致以秦岭—淮河一线为界，分成南方和北方。南、北两半的面积和人口差不多。由于幅员辽阔，从很早就出现了地区性的差别和分化，至迟在旧石器时代晚期，南方和北方的东部和西部的文化面貌已露出明显的差异。同时，南、北、东、西的旧石器文化都分化出若干文化类型。至一万年以内，在原有四大部分文化差异的基础上，逐渐形成相对稳定的六大文化区系：1.以燕山南北、长城地带为重心的北方；2.以山东为中心的东方；3.以关中（陕西）、晋南、豫西为中心的中原；4.以环太湖为中心的东南部；5.以环洞庭湖与四川盆地为中心的西南部；6.以鄱阳湖—珠江三角洲一线为中轴的南方。六大区系内，还可以划分出不同的地方类型。不同地区文化，都特征明确，源远流长，但彼此的渊源、特征、发展道路存在差异，发展水平不平衡，阶段性也不尽等同。相对而言，南部的三大区，民族多、方言多、文化呈波浪式发展；从文化传统、民族融合、影响社会进程的重大历史事件诸方面考察，应当说，从旧石器时代以来，发展的重心常在北部。北部的前红山—红山文化、前仰韶—仰韶文化、北辛—大汶口文化三大文化系统，都得到充分发展，并在发展中交流，互相渗透、吸收与反馈，这种区系间的文化交互作用在公元前4000年以后进入高潮，文化面貌你中有我，我中有你。

当然，以发展顺序看，并不都是中原最早，也不都是从中原向四周辐射。从旧石器中晚期到新石器初期，很可能辽河流域比海河水系早，海河水系又比黄河中游早。海城小孤山遗存，据铀系法测定距今四万年，有迄今所知年代最早的梭镖、带倒钩的渔叉、用两面对钻法穿孔的骨针，表现出明显的进步性，时间比山顶洞人早，但比山顶洞骨针进步。这一发现说明：旧石器时代晚期，以辽河流域为中心这一片，文化发展走在前列，从而为辽河流域新石器时代文化的前导地位奠定了基础。八千年前阜新查海玉器以及其后红山文化"坛、庙、冢"的发现，是辽河流域前导地位最有力的证明。在中原地区与之相当的时期，还未发现具有类似规模和水平的遗迹。时间接近、规格相似、发展水平较高的一处重要遗址是甘肃秦安大地湾"类似坞壁"中心"殿堂式"大房子遗迹[1]（遗址面积超过1平方公里）；大房子面积超过100平方米，属仰韶文化末期（约五千年前）。距今七千年至五千年间，源

---

[1] 大地湾F901遗址，位于大地湾河岸阶地上类似"坞壁"聚落遗址的中部，现状地势高出河床80米。遗址反映这是一幢多空间的复合体建筑。主体为一梯形平面的大室，遗迹清晰可辨。前墙长1670厘米，后墙长1520厘米，左墙长784厘米，右墙长836厘米。主室前面有三门，各宽约120厘米，中门有凸出的门斗，室内居中设直径260厘米的大火塘，左右近后山墙各有一大柱，形成轴对称格局。主室左右各有侧室残迹，前部有与室等宽的三列柱迹，表明前部联结敞棚。整组建筑纵轴北偏东30度，即面向西南，正是古人推崇的良位。这一建筑遗址反映如下特点：(1)位于聚落总体的中心部位。(2)为已知全聚落中体量最大建筑；并为庄重的对称格局；大室中门设立外凸的门斗，特别强调了中轴线。(3)主室大空间南向开三门，总开启宽度约350厘米，加强了它的开放性以及和前部敞棚的连贯性。这显示出主室是"堂"的性质。(4)主室前部联结的开放的敞棚，正是所谓的前轩。"堂"前设"轩"这一格局，大有"天子临轩"的味道。(5)堂的正面并列三门沟通前轩，反映实用上的群众性和礼仪性，显然不是一般居室性质，而是一座具有重要社会功能的建筑物。(6)堂的后部有室，左右各有侧室——"旁""夹"，构成明确的"前堂后室"并设"旁""夹"的格局。这与史籍所追记的"夏后氏世室"形制正相符合。(7)堂内伴出收装粮食的陶抄（与当地现今所用的木抄形制相同）及营建抄平用的平水（原始水平仪）等，都应是部族公用性器具。它们结合建筑形制，可以进一步表明这里大约是最高治理机构的所在。(8)就建筑学而言，这座建筑显出了数据概念和构成意识：堂的长宽比为2:1；二中柱各居中轴一侧方形面积的中轴上；前后檐承重柱数目相等（但不对位）。(9)就结构学而言，以木构为骨干的土木混合结构承袭了仰韶文化"墙倒屋不塌"的构架传统，但与半坡类型（以F24、F25为代表）不同，其围护结构不在承重柱轴线上，而在外侧。综合以上几项特点，可以推测F901为当时部落社会治理的中心机构，也是部落首领的寓所。前部堂、轩用于办事、聚合或典礼；后室及旁、夹用于首领的生活起居。F901正可印证夏后氏"世室"（含义即"大房子"）的传说。"世室"这一复合体的大房子，从形式上讲是"前堂后室"，从功能上讲，是"前朝后寝"。F901——世室，奠定了中国宫殿制度的基本格局；上溯其源，它正与仰韶文化半坡遗址所见的比较简单的"前堂后室"的大房子——F1，一脉相承（本注由中国社会科学院考古所杨鸿勋提供）。

第一章 问题与综述：中国文明的初始秘密

于渭水流域或华山脚下的仰韶文化，经历了组合与重组的过程，半坡时代是人类群体和文化的一种组合，它的范围较小；到了庙底沟类型的时期，显然是又经历了重组，庙底沟类型的范围大多了。在这一重组之后的仰韶文化，通过一条呈"S"形的西南—东北向通道，沿黄河、汾河上溯，在山西、河北北部桑干河上游至内蒙古河套一带，同源于燕山以北大凌河流域的红山文化会合。红山文化鳞纹彩陶罐、"之"字纹筒形罐同仰韶文化玫瑰花形彩陶盆共生。尖底瓶与"原型斝"交错，产生许多新文化因素。一系列新文化因素在距今五千年至四千年间，又沿汾河南下，在晋南同来自四方（主要是东方、东南方）的其他文化再次组合，碰击出陶寺这支文明的火花，遂以《禹贡》冀州为重心奠定了"华夏"的根基。与此同时，在北方甚至长江中、下游文化面貌发生了规模、幅度空前的大变化，黑、灰陶盛行，袋足器、圈足器发达，朱绘、彩绘黑皮陶代替了彩陶，大型中心聚邑遗址（古城）出现，墓葬类型分化，大墓中使用双层或多层棺椁以及由玉器、漆器、彩绘陶器、蛋壳陶器组成的礼器等。考古发现已日渐清晰地揭示出古史传说中"五帝"活动的背景，为复原传说时代的历史提供了条件。进入文明时代之后，中华民族祖先的重组的历史进程并没有终止。正如我前面所说："夏有万邦""执玉帛者万国"。继夏之后，王天下的商、周，都有他们自己的开国史。在夏王朝时代实际是众多国家的并立。周人所说的"普天之下，莫非王土；率土之滨，莫非王臣"，当时还只是一个理想中的"天下"。而秦始皇统一中国建立了多民族的统一的中央集权帝国，才是实现了一统的中国。因此，可以这样说："中国"的形成经历了从共识的

"中国"（即相当于龙山时代或传说中的"五帝"时代。广大黄河、长江流域文化的交流，各大文化区系间的彼此认同），到理想的中国（三代的政治文化上的重组），到现实的中国——秦汉帝国。

在民族的形成，民族文化的不断重组这样一个重大课题的研究中，考古学文化区系类型的研究是它的基础之一。区系类型的研究是一项通过考古实践得出认识，然后又回到实践中去接受反复检验并在高一层次的基础上指导实践，不断丰富、发展、深入研究的系统工程。其最终目的是从宏观上阐明把中华民族凝聚到一起的基础结构。这一研究和我前面所说的古文化、古城、古国的研究是密切相关、相辅相成、相得益彰的。四十年来考古工作的成果，使我们有可能从宏观上对中国史前文化的总体系做出理论概括：相对于世界其他几大历史文化系统而言，中国文化是自我一系的；中国古代文化又是多源的；它的发展不是一条线贯彻始终，而是多条线互有交错的网络系统，但又有主有次。各大文化区系既相对稳定，又不是封闭的。通过区内、外诸考古学文化的交汇、撞击、相互影响、相互作用，通过不断的组合、重组，得到不断更新，萌发出蓬勃生机，并最终殊途同归，趋于融合。中国文明之所以独具特色、丰富多彩、连绵不断，中华民族之所以能够形成一个统一的多民族国家并在数千年来始终屹立在世界的东方，都与中国文化的传统、中国文明的多源性有密切关系。同世界上其他文明古国的发展模式不同，多源、一统的格局铸就了中华民族经久不衰的生命力。

关于中国文化的传统，我不妨再重复地集中概括为两点。

一是中国人有一双灵巧的手，精于工艺，善于创造。这一特点在北京人时代已经形成。北京人文化的突出特点是用劣质石材制造出超越时代的高级工具，例如用脉石英石片修整成尖锐、锋利的小型石器等。这种勇于开拓、善于实践的精神在其后的几十万年中得到传承。良渚玉器上的微雕工艺，历史时期享誉世界的丝绸、漆器、瓷器工艺，对人类文明做出重大贡献的四大发明，直到20世纪五六十年代用"蚂蚁啃骨头"办法制造出万吨水压机，都是这种传统的体现。中国农业的传统是自古以来的精耕细作，延续到今天，创造出以占世界7%的耕地养活占世界22%人口的奇迹。这种传统同中国人勤劳、朴实、自强不息的美德融为一体，孕育出无穷的创造力，成为中华物质文明、精神文明喷涌不竭的源泉。

二是中华民族极富兼容性和凝聚力。史前不同文化区系的居民，通过不断组合、重组，百川汇成大江大河，逐步以华夏族为中心融合为一个几乎占人类四分之一的文化共同体——汉族。它虽然幅员辽阔，方言众多，但在文化上却呈现出明显的认同趋势。大约就是在这个基础上以形、意为主又适应各地方言的方块字被大家所接受，成为其后数千年间维系民族共同体的文化纽带，产生了极强的凝聚力，汉族从开始就不是封闭的、一成不变的。历史上许多进入内地的少数民族先后与汉族融合，给汉族不断注入新血液、新活力，得到不断壮大，并团结五十多个兄弟民族共同组成伟大的中华民族大家庭。自秦、汉建立统一多民族国家以来，虽有过短暂的分裂，但统一一直是主流。中国从未被征服过。当西方殖民者以坚船利炮横行世界的时候，无法灭亡中国。世界诸文明古国中，只有中国历史连绵不断。中国人这种伟大的民族精神、力量，其根脉盖深植于史前文化之上。

一部史前史，以时间说，上下几百万年；从空间说，要概括960万平方公里范围内中华祖先创造的光辉业绩，任务相当繁重。从何着手呢？鄙意可考虑：（一）区系观点是个纲，纲举目张；（二）文明开始是把金钥匙，是要大力开拓的课题；（三）文化传统的根要上溯到旧石器时代；（四）由近及远，一个课题、一个课题逐步积累。

一部史前史，既是人类社会发展史、文化史，又是人类征服自然、改造自然的历史，这种性质决定它必须是多学科的综合研究成果，不仅需要吸收人类学、民族学的研究成果，还要借助地质学、古生物学以及许多自然科学或新技术手段。环境考古学是一门新产生的交叉学科，它的任务不是单纯研究自然界的进化，而是研究人与自然的关系，人类改造自然的同时也在破坏自然。从刀耕火种起就在破坏生态平衡，随着征服自然能力的增强，对自然的破坏也越加剧。同时，自然给予人类的报复也越加沉重。直到20世纪末人们才认识到生态危机已威胁到人类的生存，需要重建人同自然界的协调关系。环境考古的目的就在于从历史角度阐述人类依附于自然，利用自然，保护自然，最终回归自然的辩证关系。

最后的一句话是对中国史前史给予科学总结，弘扬民族文化，将有助于我们认识国情，提高民族自信心；同时，也将是对世界文化史的贡献。

（高炜、邵望平记录整理）

迎接中国考古学的新世纪[1]

一、关于"重建"的回顾

考古学是历史科学,不能只讲重大发现、文物精品的积累和工作流水账,不能忽视学科本身的理论建树。我很赞赏《中国人物年鉴(1991)》编辑部约稿时的要求:集中谈1991年的工作,立足于现在去追溯过去,找活水源头;立足于现在去展望未来,才有所依据;这样,学科才富有生命力。我在1991年的工作,简而言之,是写了三篇《重建》的文章。一篇是为白寿彝主编的《中国通史》的第二卷《远古时代》所写的序言《重建中国古史的远古时代》,发表在《史学史研究》1991年第3期上;一篇是《关于重建中国史前史的思考》,发表在《考古》1991年第12期上;另一篇则是《重建中的"中国史前史"》,发表在《百科知识》1992年第5期上。三篇"重建"在内容上各有侧重,但它们说明,重建中国上古史的课题已具备了主、客观条件,并提到了考古学

---

[1] 本文根据《东南文化》1993年1期邵望平、汪遵国专访文章改写;收入《华人·龙的传人·中国人——考古寻根记》,沈阳:辽宁大学出版社,1994年;文章中的节标题为本书编者所加。——编者注

发展的日程上。"重建"看起来似是新课题，实则是从中国考古学诞生之日就提出的老课题，是在经过六十多年的考古实践，不断提高了认识的基础上的旧话重提，并成为未来一个时期的新起点，中国考古学上有三大老课题，简言之，一曰修国史，二曰写续篇，三曰建体系。让我们来做一简要的回顾。

中国正式设置考古研究机构，最早是两家。一是设在南京的中央研究院，其中的历史语言研究所下设考古组；一是设在北平的北平研究院，其中的史学研究所也下设考古组。这一南一北，成立于1928—1929年。中研院的考古组一成立，就直奔安阳，因为那里发现了甲骨文，目的是研究商史；北平研究院的考古组先去了燕下都，后去了陕西宝鸡，因为那里出了青铜器，目的是研究先周先秦史。因此，从考古学专门机构设置之日起，目标就很明确：修国史。如何修？傅斯年讲过一句话："上穷碧落下黄泉，动手动脚找东西。"意思是，修国史要摆脱文献史料的束缚，不拘泥于文献，考古不是为了证经补史，而是为了找出地下的实物史料，作为修国史的重要依据。考古学要从史学中自立门户。这两句话很像是考古学的"独立宣言"。所谓"写续编"是指郭沫若在《中国古代社会研究》一书自序中提出要写《家庭、私有制和国家的起源》的续篇。他旗帜鲜明地宣称，研究中国古代社会的目的是为了阐明社会发展史，"清算中国社会"。他的这本很有影响的巨著恰恰也是1929年出版的。所谓"建体系"，是指1958年我请尹达同志到北京大学历史系给考古专业师生做报告时他提出的要建立马克思主义的中国考古体系的重大任务。时间已过去了数十年，我这个年已84岁的老兵对这三大课题却一直未敢稍忘。现在提"重建"是新中国考古学发展的必然。这一发展历程值得我这个老兵反思，也值得有三十至四十年亲身考古经历、正在担当考古重任的同志们的反思，年青一代也需要知道。

从1949年新中国成立算起，或从1950年建立考古所算起，可粗略地划分为三大阶段，即50、60年代为第一阶段，是困惑与解悟的阶段；第二阶段大体包括70和80年代，是历史性的转折阶段，其主要标志是区系类型理论的提出与验证，"中国学派"的提出；第三阶段即90年代的新时期，它所提出的新任务是要重建古史，面向世界，面向未来，迎接中国考古学的新世纪。

修国史也罢，写续篇、建体系也罢，都是考古学中的基础理论课题。三个课题的首倡者都是有实践经验的老一辈专家学者。20世纪50年代的考古学者，又都有解决三大课题的愿望。新中国成立之初，我们曾请苏联专家吉谢列夫专讲苏联考古学与旧俄考古学的区别，希望学习苏联的先进经验。但只有愿望不等于问题的解决。在实际工作中仍然是忙于挖、整材料，写报告。50年代后期学术思想是很活跃的，提出了诸如要不要陶罐排队？如何向苏联学习？如何贯穿红线？如何既见物又见人？诸如此类话题。七嘴八舌，意见不一。而从实际结果看，不论是北京大学考古专业师生合作写的教材，还是中国历史博物馆建馆的新陈列，大家努力做了，却不能令人满意。脑子里装的是社会发展史，手里拿的是考古实物，以为两者相加就行了。其实是把中国历史研究简单化了。所以，直到50年代末，三个课题中哪一个也没有把路子摸对、走通，反而产生了困惑，其实质在于理论与实践的关系没解决。困惑的明证是：北大编的教材，师生都不满意，教学还是回到原来各段自编教材的旧路。我和大家一样，也困惑过，反复思考的结果是，没有现成的路。新中国考古学的出路在于走我们自己的路。1958—1959 年发掘华县泉护村遗址。从泉护村材料的整理入手，开始了走自己的路的尝试。在整理泉护村材料的过程中，同时对过去所谓的"仰韶文化"有关资料做了分析、对比，于 60 年代前期取得了认识上的一次突破。

初步成果反映在《考古学报》1965 年第 1 期上的《关于仰韶文化的若干问题》一文中。所谓"突破"，主要指：一是把仰韶文化的认识提高到分子水平上；一是对类型的重新界定。

过去所谓"仰韶文化"覆盖范围北至大漠，南渐荆楚，西起甘青，东到鲁西。把如此大范围内有彩陶的遗存都界定为仰韶文化，显然不符合历史真实。

仰韶文化因素纷繁庞杂，后来我们筛选出三组六种因素最有代表性：一组是酉瓶（通常称小口尖底瓶），它包括葫芦口的和双唇的两种；一组是彩陶动物纹样，包括鱼纹和鸟纹两种；另一组则是彩陶植物纹样，包括菊科花纹和玫瑰花纹两种。这三组六种因素只在西起宝鸡东到伊、洛间八百里秦川的范围内发展得最充分，显现出从无到有的全过程。八百里秦川才是以三组六种因素新界定的"仰韶文化"的发生、发展的核心地区。

两种酉瓶的原始形态首见于宝鸡北首岭下层，二者是共存的。后来一分为二，彼此各有发展踪迹。彩陶一盛行，鱼纹和鸟纹就分别开始了从具象到抽象的演化，各有自己的序列，两者平行发展。植物花纹与鸟纹同时存在，菊科花纹和玫瑰花纹在泉护村遗址是共存的，而且各有完整的序列。但在庙底沟遗址中就只看到了玫瑰花纹的不完整的序列，菊科花纹更少，且不成系统。如果我们沿用约定俗成的名称可以把它们分别冠之以"半坡类型""庙底沟类型"的话，那么，这"类型"则是被重新界定的概念。两类型是同源且平行发展的。有些遗址发现了半坡类型在下、庙底沟类型在上的地层，这并不悖于我们的结论，庙底沟类型的较晚遗存可以在半坡类型较早遗存之上。此外仰韶文化的三组六种因素在八百里秦川之外的相当大的地区内偶能看到，但都不成系列，这只能视为植根于关中的仰韶文化的影响所及。对外影响最大的一支是以玫瑰花纹为代表的一支。

在确定了"仰韶文化"空间，即"区"的同时，还对它的纵向发展"系"做了考察，关中的仰韶文化跨越了距今七千至五千年的两千年，以距今六千年为界，又可划为前后两期。仰韶文化有其根源，我们称之为"前仰韶"（即一般称为老官台文化，我最初是从北首岭下层认识它的），大约在七千年前。仰韶文化之后有个"后仰韶"（即一般称某某二期和某某龙山文化者，我用"后仰韶"代表该地区一个时代的遗存），大约也有一千年。那么，八百里秦川的无文字可考的农业文化历史就又可分为四期，后二期是距今六千到五千年间的仰韶后期和距今五千至四千年间的"后仰韶"。我们之所以特别看重距今六千年这个界标，因为它是该区从氏族向国家发展的转折点。这并不是说距今六千年前已出现了国家，而是说氏族社会发展到鼎盛，由此转而衰落，文明因素出现，开始了文明、国家起源的新历程。距今六千年，社会生产技术有许多突破，社会一旦出现了真正的大分工，随之就会有大分化，人有了文、野、贵、贱之分。酋瓶和绘有动、植物纹样的彩陶并不是日常使用的汲水罐、盛饭盆之类，而是适应专业神职人员出现的宗教上的特需、特供。再从聚落形态上看，姜寨所揭露的那个聚落平面是属于距今六千年前的。如果说它体现了氏族制度下血缘社会组织的团结向心的精神，那么，在渤海湾大黑山岛北庄所揭露的晚于距今六千年前的聚落布局，则体现了氏族制度的衰落与社会的分化（它的年代和社会发展阶段可作为仰韶文化后期遗存的参照数）。两相对照是可以看出距今六千年前后社会基层组织所发生的变化和历史性的转折的。当然这只是广义地讲，实际上，两个地区的历史事实是不能相互取代的。

总之，60年代前期把对仰韶文化的认识提高到了分子水平及类型的重新界定，使我们顿悟，不论是"修国史"还是要"写续篇""建体系"，都必须走这条路。恩格斯并不认为人类社会从野蛮进入文明——国家产生的道路全世界只有一条。他在研究了他所处的那个时代能得到的史料之后，提出国家产生至少有雅典、罗马、德意志三种主要形式，或说是三种模式，它们各有特点，通过不同的途径完成了人类社会发展规律所制约的由野蛮向文明的过渡、国家的产生。我们对仰韶文化的重新分析研究所得到的也只是秦川八百里地域上由氏族到国家这一大转折前后的历史，它不能代替中国大地上各地的文明起源史，但它却是中国国家起源史和中华民族起源史这座大厦中的一根擎梁柱。由此启发我们，在960万平方公里的中华大地上不知有多少这样的文化区系确确实实地存在过。

在上述的这一解悟过程中，1965年那篇文章可以说是一个突破性标志，但它的发端却不是从60年代开始的。记得50年代前期,我们在西安附近调查时,把所见遗存分别称为文化一、文化二和文化三。当时有人不理解,说这些不就是梁思永的后岗三叠层吗?不就是仰韶、龙山与小屯吗?为此我同梁先生进行过切磋,我说,这文化一,是关中,与后岗下层不是一回事;这文化二,也与后岗中层不是一回事;这文化三与小屯更不是一回事,不是殷的而是先周的。梁先生同意这一观点。再往前追溯,从20世纪三四十年代整理斗鸡台资料时,就已产生了不同地区有自己的文化发展脉络、商周不同源的想法。而认真的思考,确实是为解脱50年代的困惑才开始的。1965年文章发表之后的几年时间,这一解悟过程仍在继续。对仰韶文化的再认识,实际上起到了解剖麻雀的作用,而这一认识的逐步深化,就是七八十年代提出的区系类型理论不断酝酿成熟的过程。

二、区系类型考古的实践与理论

20世纪的70—80年代是中国考古学发展史上走向成熟的转折期。我们经过60年代的摸索与解悟,终于找到一条有中国特色的考古学发展道路,一个带有根本性的学科理论,这就是区、系、类型理论。我们对仰韶文化的再认识,把对考古学文化的认识提高到分子水平,对"类型"做重新界定,这是一项方法论上的突破。用研究仰韶文化所取得的新观点、新方法相继考察各地的史前文化遗存。在60年代前期曾对山东地区的大汶口文化遗存,沪、杭、宁地区的马家浜、良渚文化遗存做过较详细的考察分析。1975年8月给吉林大学考古专业师生做报告时第一次提出区、系、类型的理论。它是中国文化起源、文明起源、从氏族到国家、从原始古国到"方国",到多源一统帝国发展史、中华民族多元一体格局的形成史等重大课题研究的基础。在研究上述诸重大历史问题时,一定要首先注意实际存在的"条条"(系)、"块块"(区),和"大块块"中的"小块块",即分支,即类型。在现今人口分布密集的地区可分为六大区系。它们分别是面向欧亚大陆腹地的三大区:1.以长城地带为重心的北方地区,2.以晋、陕、豫三省接邻地区为中心的中原地区,3.以洞庭湖及其邻近地区为中心的长江中游地区;以及面向太平洋的三大区:4.以山东及其邻近为中心的黄河下游地区,5.以江、浙(太湖流域)及其邻近地区为中心的长江下游地区,6.以鄱阳湖—珠江三角洲一线为主轴的南方地区。

六大区并不是简单的地理区划,主要着眼于其间各有自己的文化渊源、特征和发展道路。重要的是,各区系内的分支,即"类型"之间,存在着发展的不平衡性,在考古学上能明确显现其独具渊源又有充分发达的文化特征和发展道路的,也只是有限的一两小块。也就是说每一个大区系中各有范围不大的历史发展中心区域(常常是后来春秋战国时期大国的基点)。各大区系之间还会存在一些区系间文化交汇的连接带。只有承认"大块块"中间存在发展不平衡、千差万别的"小块块"这一史实,研究起来,才能体会到《庄子·养生篇》讲的"庖丁解牛"的故事中所谓"游刃有余"的境界。

区系类型理论提出后,得到考古学界及其他有关学科学者的极大关注。1975年下半年又在中央民族学院研究部、钢铁学院、北京大学等地应邀多次做了区系理论的报告。

1977年10月在南京召开的"长江下游新石器时代文化学术讨论会",首次提出"建立马克思主义的中国特色的考古学",并以区系的观点谈了整个东南沿海地区的新石器时代考古。1979年4月在西安召开的中国考古学会成立大会上的讲话中,曾建议以区系的观点来进行全国考古工作规划。1981年6月北京历史学会在中国历史博物馆召开的"庆祝中国共产党成立六十周年大会"上的讲话,更加系统地阐述了区、系、类型的学说,并进一步提出"建立马克思主义的、具有中国特色的现代化的中国考古学",即考古学上的"中国学派"的设想。

"实践—理论—再实践"的规律是认识论永恒的真理。理论从实践中来,再回到实践中去检验,并在反复实践中使之更加完善,促进学科的发展。在区、系理论与考古实践的辩证关系方面,大家共同做出了自己的努力,使之在全国各地考古工作中发挥作用。

(一)关于华南地区的考古

1975—1976年间,我在广东用了近半年的时间,详细观察了广东省博物馆在曲江石峡等地的考古资料,馆藏全省范围内东、西、南、北、中五块小区的重要库存资料,1978年间又仔细分析过江西博物馆与印纹陶有关诸遗址的资料。我确信,过去那种把江南以及沿海广大地区古文化笼统称为印纹陶文化,认为华南没有自己的青铜文化、没有奴隶社会,只有楚、吴越文化影响下才出现的仅有约两千年的文明史的传统观点应予修正。考古实践证明:华南这一大区内虽然存在着一种共同的文化因素,即印纹陶,却分属于不同的文化区系。以鄱阳湖—赣江—珠江三角洲为中轴的地区是以几何印纹陶、有肩石器及平底的鼎、豆、盘等陶器为特征的文化发展核心区。在这一地区有着印纹陶发生、发展的完整序列,其根源可上溯至万年前的万年县仙人洞。它向四周传播,在太湖以南的闽、台至粤东的潮、汕地区形成几何印纹陶分布的东翼,在洞庭湖以南湘江至西江流域形成其西翼,在湘鄂皖豫邻近地区形成其北境。有肩石器由此向南、向印度洋方向传播,有段石器则向太平洋方向传播。而平底的鼎、豆、盘则成为中国早期文明社会礼器的来源之一。

曲江石峡文化及其上层遗存是探索岭南地区从氏族到国家发展的重要环节,是探索岭南地区与其他诸文化大区系关系的重要窗口。该墓地中那些砂铺地、随葬石钺、玉琮陶质礼器(包括磨光黑陶)、大小系列配套工具的墓葬,显然是属于军事首领、祭司和工匠的。在发达的氏族制度下,这三种人社会地位虽较高,但在物质生活上与一般成员并无多大的差别。但我们已能从墓葬中把他们明确区分出来,就说明由社会分工引起的社会分化,"士""庶"之分已经确立,氏族制度已遭到破坏,已进入文明发展的新历程。

江西吴城商代城址的发现是重大突破,说明这里的文明既与中原殷商文明有密切联系,又有地方特色,是与商王朝处于同一社会发展阶段而雄踞一方的方国。90年代在新干大洋洲的重大发现是又一极好的例证。

广东西部西江流域连续发现的一批相当于西周到春秋之际的墓葬,在墓制及青铜器上都表现了独自的特色;汕头、梅县等地出土的石戈、铜戈、大口尊等,也有鲜明的时代特色与地方特色。

总的看来，华南地区的古代社会既经历了与中原地区差不多同步的、相似的阶段性发展，即由一万年前开始的新石器时代，到距今六千年左右从氏族社会走向国家的转折，距今四千年前后由原始国家（古国）向方国的转化，直到两千年前，进入秦汉统一帝国，同时它又存在着较中原地区远为复杂的文化区系，迄今仍是我国多民族的集中区。华南古文化的区系类型问题虽已有了一些眉目，但仍是亟须进一步探索的课题。

（二）关于长江下游地区的考古再实践

1977年10月在南京召开的"长江下游新石器时代文化学术讨论会"上所取得的共识至少有两点：

第一，东南沿海这一面向海洋的广大地区，相对于中原、西北黄土地带来说，有其共同的一些文化特征，其间社会发展大体同步，并在中国多民族国家形成中一直起着重要作用。

第二，东南沿海地区存在着不同的文化区系。以往所界定的大"青莲岗文化"也可分属于不同的区系：山东及江苏的淮北属于大汶口—龙山文化区系；苏鲁豫皖交界地带，即古徐夷、淮夷区，自有其渊源、特征及发展道路；以南京为中心的宁镇地区、赣东北一隅自成一区；钱塘江、太湖地区，即古吴越区属于马家浜—崧泽—良渚文化区，至于江淮之间似可基本上归入崧泽—良渚区系。

此后于1981、1984、1986年又多次与江浙一带的同志们共同切磋和考察，把太湖周围又区分为宁绍平原、杭嘉湖和苏淞三个小区。这一地区的田野考古取得了明显的进展。

良渚文化随葬玉礼器大墓、人工堆筑坛台和大规模的遗址群的相继发现，使这一地区史前文化研究在中国文明起源研究中做出了突出的贡献。良渚文化可能已进入方国时代的问题已提到日程上来。

（三）关于山东地区及环渤海考古再实践

1977年"南京会议"上已提出胶东半岛—辽东半岛应独立一系，甚至长岛的史前文化亦可成为独立课题的问题。会后于1978年，又花了近半年的时间，与十多位有志于学的同志一起，对山东诸重要遗存进行了考察，从而为环渤海课题的提出做了学术准备。此后于1987年在烟台开了"第一次环渤海考古会议"，以研讨黑山岛北庄遗址的全部材料为主。

1988年在临淄召开的第二次会议，着重讨论渤海西南岸古文化，提出"青州考古"的概念，齐立国的文化基础问题。1990年在大连和1992年在石家庄召开的两次会议，都是用区系类型的观点，首先立足于渤海周围各地区文化自身系列、特征的分析研究，然后把它们置于面向太平洋的东亚、东北亚这一大区系文化背景之下来研讨彼此关系问题。两次会议上，以区系理论为基础的环渤海课题得到了一些海外学者的认同与参与。

（四）关于洞庭湖周围地区的考古再实践

我们是从楚文化这一课题入手做区、系分析的。1979年，中国考古学会成立大会上提出：广义的"楚文化"在秦以前和以后都是影响整个南中国的一支庞大强劲的文化大系，但它并不是从史前就如此庞大且一成不变的。研究楚文化的中心目的就是揭示楚文化形成和发展的奥秘。这一课题的研究，可以从史前材料入手，从源到流；也可从晚期材料入手，追根溯源。当时所掌握的东周楚墓材料较多。我们从江汉地区相当于商、周（包括东周）的楚文化遗存中提取出了最重要的文化分子——楚式鬲，它不同于殷式鬲、周式鬲，是与之下行发展而自成一系由楚人或楚的先人所创造的。相当于商代早期的楚式鬲，可以从湖北龙山文化石家河类型的青龙泉上层所出的鼎、罕、甗中找到它产生的基因。也就是说，楚式鬲的产生可追溯到距今四五千年之间。再向上追溯，石家河类型形成的背景，一种可能是直接由屈家岭文化强烈影响而内容性质互不相同的、包括鄂西北地区的和三峡宜昌地区的诸原始文化遗存基础上发展而来。

我们从楚式鬲的发生、发展，在江汉地区各小文化区内的传播、进退与消长的历史过程中，可以看到它与中原夏、商、周文化的相互关系和与中原文化社会变革发展阶段的同步性。

在考古学会提出的从楚文化入手的设想其直接后果之一是，1980年，湘、鄂、豫、皖四省学者联手成立了楚文化研究会。迄今几乎年年开会，促进了楚文化研究的深入进行。

另一成果就是在有关地区的考古实践中用区系观点主动进行了调查、发掘。湖南的同志在彭头山发现了八千年前的文化源头，就是很好的例证。近十年来，又在洞庭湖的湖南一侧和鄂皖赣接邻地区显现出了可能为独立文化小区系的征兆。

（五）关于北方地区的考古再实践

从1979年开始，差不多用了十年的工夫进行了通盘考察、安排和实践，已取得了重要成果。从人文地理角度看，中国的广大北方可分为三大块：西北、北方和东北。西北与北方的分界线大致在包头与呼和浩特之间；北方与东北的分界当以医巫闾山、辽河为界。北方文化区系的研究是一项大的系统工程，包括了以下几个重要方面：

1. 吉林大学、山西和河北两省的文物研究所三家共同探索中原与北方文化区系联结点的收获。1979—1982年间有选择地大规模地连续发掘了冀北张家口地区壶流河流域的西合营等遗址群和在晋中地区调查到的大量遗址中选择发掘了太谷白燕遗址。在两省的发掘都取得了令人满意的成果，证明晋中太原盆地正是北方文化区的南部前沿；证明冀北地区在距今六千年前后曾是中原以玫瑰花纹样彩陶为代表的那支仰韶文化和燕山南北红山文化的连接点；距今五千年前后这里又是后仰韶文化、鄂尔多斯河套地区以蛋形器为代表的古文化和后红山文化的三岔口。多种文化的汇集与撞击，促进了西拉木伦河、老哈河流域红山文化的成熟与社会的巨变。所以1982年在西合营发掘总结座谈会上，突出地提出了辽河流域古文化的课题。

2. 关于燕山南北、辽河流域地带考古的收获，以1983年重新认识喀左东山嘴祭坛和红山文化大玉龙为契机，主动在建平、喀左、凌源三县毗邻地区调查，接二连三地发现了以坛、庙、冢和成批成套玉质礼器为代表的距今五千年前的红山文化后期遗存。它们所揭示的社会已出现了基于公社又凌驾于公社之上的初级金字塔式社会结构，明确地说已发展到类似"城邦"的早期国家即古国阶段。此外，在阜新查海、敖汉旗兴隆洼、赵宝沟发现一批距今七千年之前的重要遗存，使我们对曾被笼统称之为细石器、篦纹陶文化的遗存能从分子水平上，即抓住"之"字纹、篦点纹这两个特征因素的各自变化及会合情况，做出了新的文化类型界定,并为红山文化的形成背景做出了初步回答。

夏家店下层文化的研究也取得了巨大的进展。敖汉旗大甸子大片夏家店下层文化墓地和沿英金河发现的一批和后来燕、赵、秦长城基本平行的军事城堡带,使我们可以十分肯定地认为不迟于四千年前,燕山南北地区社会的发展已超越了古国阶段,出现了凌驾于多个城邦古国之上的,须靠连锁式带状分布小城堡进行防卫的独霸一方的"方国",进入了成熟的方国时代。而在凌源、喀左、建平三县交界区发现的基本上呈东北西南走向的六个相当于商末周初时代的埋有青铜礼器的祭坑,说明这里在距今三千年前曾经是一个十分重要的历史舞台。这里或者就是"燕亳"的土著大国。1983—1986年的重大发现则是在作为秦帝国国门的渤海湾西岸宫殿建筑遗址群,三者(红山后期坛、庙、冢,夏家店下层城堡带,秦长城和碣石宫)共同构成一个古国、方国、帝国的完整序列。

燕山南北地区所取得的这一系列重大考古发现,使区系理论得到了充实和提高。1985年在兴城座谈会正式提出"古文化、古城、古国"的观点。后来又进而论述了由"原始古国—方国—帝国"的理论,是中国各区系由氏族到国家具有普遍意义的发展道路。

3.1984年在呼和浩特召开的"内蒙古考古会议",着重讨论了内蒙古中南部古文化区系问题。朱开沟的发掘取得了突破性收获,它不单梳理出这一地区文化发展大致脉络,这一区系与中原文化区系的关系,而且说明在距今四千年到两千年间,这里存在着与中原夏、商、周文化有联系又独具特色的发达的北方青铜文化,即后来所谓鄂尔多斯青铜文化的源头。

4.1985年在侯马召开了"晋文化研究会"。这次会议的议题，既是北方考古这一系统工程中的组成部分，又是中原考古的一个重大课题。关于中原地区，是我们最先予以关注的。把对仰韶文化的认识提高到了分子水平上，对它的"类型"做了重新界定。侯马会议所讨论的则是中原与北方两大区联结地带上晋南古文化的发展脉络。或者说，要讨论的是唐叔封晋的立国基础，先于晋国的晋文化源头——晋南古文化基础。晋南古文化的发展脉络曾总括为四句："华山玫瑰燕山龙，大青山下斝与瓮。汾河湾旁磬和鼓，夏商周及晋文公。"正如晋中是北方文化区的南沿一样，晋南是中原文化区的北沿。我们已经讨论过，在距今六千年至五千年间红山文化后期的社会发展曾领先于中原及其他地区一步，率先进入古国时代，亦即产生了最早的国家和王权，我们曾称之为中华文明的曙光。但在距今五千年以后，红山文化衰落了，代之而起的是河套古文化。大致在距今四千五百年，最先进的历史舞台转移到了晋南。在中原、北方、河套地区文化以及东方、东南方古文化的交汇撞击之下，晋南兴起陶寺文化。它不仅达到了比红山文化后期社会更高一阶段的"方国"时代，而且确立了在当时诸方国中的中心地位，它相当于古史上的尧舜时代，亦即先秦史籍中出现最早的"中国"，奠定了华夏的根基。唐叔封此建立晋国，虽然带来了周王朝的文化，但其基础乃是晋南自有源头、自有独立发展历程的当地夏、戎结合的古文化。

5.1986年在兰州，讨论了"长城地带"的古文化问题。它以兰州为其一端，包头—兰州一线以西即为大西北。下一步，待条件成熟之后，再就洮河、湟水流域以及河西走廊的西北古文化议题做出具体安排。在兰州着重讨论了大地湾问题。大地湾的文化仍可往东靠，它的主人属于仰韶文化系统，而不属马家窑文化系统。马家窑文化虽然有发达的彩陶，但所反映的思维方式与"仰韶人"不一样，这一点很明确。甘肃秦安大地湾遗址很重要，遗址约1平方公里，它后面是山，前面有河，两边是沟，即天堑。它拥有天然的屏障。大约在五千年前，仰韶文化的末期，出现了类似"坞壁"中心的"殿堂式"大房子遗迹。看来它已具有早期"宫殿"的性质与作用。

（六）最后再讲一讲四川盆地考古的问题

四川盆地与洞庭湖南北既可以说是属于同一个大文化区，也可以说，四川盆地是一个相对独立的文化区。1984年在成都召开"全国田野工作汇报会"期间，广汉月亮湾的陶片和成都工程局同志送来的陶片给了我们十分重要的信息，说明在成都和广汉各有着不晚于五千年的文化根基。三星堆两个大祭坑以及后来1986年在成都十二桥所发现的三千多年前的跨度12米的四根地梁所显现的规模宏大的建筑遗存，都使我们确认，四川盆地不仅有着源远流长的自成一系的古文化，而且在三四千年前，这里已有了既同中原夏商文化有明显联系，又独具特征、高度发达的青铜文化，并毫无疑问已处于方国时代。重要的是，成都平原，曾经存在着平行发展的古蜀与古广汉两大方国。唯其如此，直到秦汉时代，在成都平原相距50公里不大的范围内设置了蜀与广汉两郡。

第二阶段历时十多年，召开过十多次具有实质性的学术会议，重新认识了"区系的中国"，建立起了中国考古文化发展的体系结构，即在六大文化区系范围内可以涵盖为大致平衡又不平衡的多源一体的格局。对中国早期文明的认识，已不再是简单的"五千年文明古国"。正如《庄子》中那个庖丁解牛的故事所说，我们对中国考古学文化的认识也大体经历了从"皆牛也"到"无全牛"的区、系分析，然后达到得心应手"游刃有余"的境界这样三个阶段。

1987年，我为社会科学院建院十周年写了一篇《向建立中国学派的目标攀登》，其中提到1975年胡绳同志的一次重要发言给我的深刻印象。他特别强调要有志气在许多学科建立自己的学派，要有中国民族气派、风格，要重视方法论。我们这近二十年的工作正是沿着这一思路前进的。重复地说，我们这一时期所做的是两项巨大系统工程。一是按照考古学文化渊源、特征与发展道路的差异，把中国分为面向欧亚大陆的三区和面向太平洋的三区。这两半、六区的多元一体格局就是把我们十亿中国人民凝聚到一起的基础结构和历史依据。一是围绕中国文明起源的问题，我们已经从考古学上找到了一把钥匙，来解开中国超百万年以来形成的、长期起积极作用的文化传统，是如何从星星之火变为燎原之势，从涓涓细流汇成长江大河的千古之谜。简而言之，"区、系说"是基础，而文明起源是把金钥匙。

世界上没有哪一个像中国如此之大的国家有始自百万年前至今不衰不断的文化发展大系，更没有一个国家能对如此广阔的国土上丰富多彩而又相互联系的文化做出了纵、横发展的庖丁解牛式的辩证统一的研究。所以说，区系类型学说的理论、方法以及由该理论引导所走过的实践道路，所取得的巨大成果，在世界考古学中是全新的，是具有中国特色的考古学，亦即考古学中国学派形成的标志。它将对世界历史的研究起到巨大的影响。

三、从区系的中国到区系的世界与世界中的中国

20世纪与21世纪之交是人类社会发展的重大转折点，我们迎来了改革开放，祖国走向统一、学术繁荣的新时期。新时期提出了新任务：面向世界、面向未来。进一步说，考古学的新任务、新课题就是要用区系的观点看中国、看中国考古学，发展到用区系的观点看世界、看世界考古学，从而以"世界"的观点认识中国，即"世界中的中国"和重建中国古史。我们的考古学将进入一个更高的新境界，迎接中国考古学黄金时代的到来。

今日世界文化的总体格局是历史发展的结果。重新认识人类文明是世界现实生活提出的重大课题。而研究世界诸原生文明发展道路的异同及其相互作用是解决这一课题的关键。用区系的观点审视世界中的中国，重建中国古史，是涵盖古今、涉及历史的和当代的中国在世界的历史及现实中占有何种位置的大问题。也正是改革大潮中的有机组成部分。

我们已有的研究成果表明，中国古代文化自成一体，但她又包含着面向欧亚大陆腹地的三个文化区系和面向太平洋的三个文化区系。从世界的观点来看，这六个文化区系，在大陆与海洋这两大文化圈中又分别扮演着非常重要的角色。中国在人文地理上这种"两半合一"和"一分为二"的优势也是独一无二的。因此，我们用新的观点、新的方法重建中国古史，将能奉献给世界史学

家一个可供参照、比较的完整系统标尺。唯有中国的古代历史能为此做出贡献，我们已开始为此做出贡献。重建中国古史，是考古学科发展的转折点，是中国历史研究的转折点，甚至也是世界史研究的转折点。这就是为什么必须高度重视重建中国古史的时代背景。

中国古史，特别是史前史的史料来源主要来自史前考古学，但史前考古学并不等于中国史前史。史前史不等于考古资料的堆砌与综合，史前考古文化序列也不等于史前历史年表，更不等于史前史。从中国史前考古学到中国史前史，从中国考古学到中国古史，从以中国的角度研究中国到以世界的角度研究中国，这要求我们考古学者在思想观念上有一个飞跃，工作上要有个升华的过程。必须依靠正确的观点、正确的方法来驾驭浩如烟海、纷繁复杂的材料，才能对中国古史做出科学的分析与总结。这也正是我们提出"重建"的原因所在。当我们在80年代后期用区、系观点认识史前中国取得了初步成果的时候，曾着手进行了"试验性"工作。时至今日，把重建中国古史的任务正式提到全国史学、考古学者面前，条件已经基本成熟，其主要标志清楚。从宏观的角度、从世界的角度、从理论与实践结合的高度把中国古史的框架、脉络可概括为："超百万年的文化根系，上万年的文明起步，五千年的古国，两千年的中华一统实体。"这就是我国历史的基本情况。

国史的核心是一个立体交叉，多次重复的"古国—方国—帝国"三部曲。

首先是"超百万年的文化根系"。在渤海湾西侧阳原县泥河湾桑干河畔有上百米厚更新世堆积的黄土地。在更新世黄土层的顶部有一万年前的虎头梁遗址，在更新世堆积的底层有一百万年前的东谷坨文化。它们代表着目前已知的旧石器时代文化遗存的一头一尾，而且都是以向背面加工的小石器为主的组群，代表着中国旧石器文化的主流传统。值得指出的是，东谷坨人已能选用优质的燧石为原料，小型石器的类型已较固定，打制技术也较熟练，已具有明显的进步性。因此，东谷坨文化并不是中国文化的源头。真正的文化源头还要到超百万年的上新世红土层中去追寻。过去所写的中国史没能认真对待这一课题，也没有条件认真论证这超百万年的文化源头。或许现在也还不能说出更多的内容。但这个超百万年的起点是确实存在的，不能忽视。

其二是"上万年的文明起步"。人类的出现以会使用工具从事劳动为标志，从此人与动物分了家。但在旧石器时代，人仍然是自然之子，并未同自然界真正分离开来，对立起来。但到了旧石器时代晚期，技术革命带来的人口增长造成天赐自然资源匮乏，而渔猎收获又不易贮存。"穷则思变"，才引起了农业、牧业的产生，即新石器时代的革命。人对自然的大规模破坏也就开始了。广义而言，农业的出现就是文明的根，文明的起源。这一起源可以追溯到一万年前到两千年前。证据是河北徐水南庄头发现了自一万年前至两千年前的连续的文化堆积，并测出了可信的连续的碳十四年代数据。在一万年前的遗存中已显现出石器的专业分化。这一时期其他遗址（如虎头梁）的尖状器具备了多种装柄的形式，甚至连类似"曲内""直内"的石器也出现了。它们与后来的"勾兵""刺兵"、铲、锄之类的金属武器、工具应具有源流关系。说明一万年前人们已掌握了对付自然的新型工具和新的技术。文明已经起步。

第三，五千年前出现了由氏族向国家的转变。1985年在兴城讨论的"古文化、古城、古国"理论，是在燕山南北地带考古取得了一系列突破性成果的基础上提出的。

地处渤海湾西岸，包括北京在内的这片燕山南北地带，属《禹贡》九州之首的冀州范围。在史前时代，这里的社会发展曾居于"九州"的领先地位。七八千年前的阜新查海和赤峰地区兴隆洼的原始文化所反映的社会发展已到了由氏族向国家进化的转折点，特别是查海、兴隆洼都发现了选用真玉精制的玉器，它绝非氏族成员人人可以佩戴的一般饰物。正是在这一时代，玉被赋予社会意义，被人格化了。石制工具的专业化、制玉成为特殊的生产部门、制陶技术明显改进、彩陶已经出现等等都说明社会大分工业已形成，社会大分化已经开始。六七千年前的赵宝沟文化，以小山遗址那件刻有猪龙、凤鸟和以鹿为原型的麒麟图像的完整黑陶尊为代表，充分说明社会分化已经明显。这一地区的其他同时代的原始文化中，如北京上宅、辽宁东沟县后洼也都发现了类似的反映社会分化的一些"艺术神器"。而在中原，最早的"艺术神器"是河南濮阳西水坡的龙虎造型的蚌壳堆塑，但它的年代约距今六千年，要比燕山南北地区晚一步。顺便提一句，燕山南北的原始社会之所以发展较早，可能与这一地区的沙质土壤易于开发有关，即《禹贡》上所说冀州"厥土惟白壤"。不论赵宝沟文化还是红山文化，都有一种适应沙壤的大型石犁（或叫石耜），这种桂叶形大石器只能用来开垦疏松的沙壤。开垦黄土不行，开垦南方的红壤更不行。在南方我们所见的农垦工具是类似现代的十字镐那种工具。北方的沙壤易开垦，所以其社会发展较早、较快。但也许正是这一原因，这一带的地力也最先遭到破坏，水土流失也早，所以在红山文化之后，农区变为牧区，社会急速衰败了。我们再来说一说这一地区五六千年间的红山文化，特别是在它的后期，社会发展上出现飞跃。证据是凌源、建平、喀左三县交界地带的坛、庙、冢和成批成套的玉质礼器，特别是那座直径60米、高7—8米，顶部有冶铜坩埚残片的"金字塔"，以及三县交界处在方圆数十公里的范围内只有宗教祭祀遗址而缺乏居住遗址的情况，以及赤峰小河西发现的1平方华里的"城址"等，都表明，不论当时有无"城圈"，社会确已进入了早期城邦式原始国家的阶段。而与此同时代的中原地区，迄今还未发现能与坛、庙、冢，成批成套玉礼器（玉龙、玉龟、玉兽形器等）相匹敌的文明遗迹。古文化—古城—古国这一历史进程在燕山南北地区比中原地区看得清楚得多，而且先走了一步。就全国六大区系而言，社会发展虽不平衡，有快，有慢，但相对于历史的长河而言，史前社会发展的步伐又大体是同步的。不迟于四五千年前大体都进入了古国时代，亦即城邦、万国林立的时代。

第四，由早期古国在四千年前发展为方国，在两千年前汇入了多源一统的中华帝国这一国家早期发展的"三部曲"，是最具典型意义的中国的国家发展道路，是我们要特别予以关注的课题。国家发展的三部曲，也是在燕山南北地区看得最具体的。

红山文化后期已进入了古国阶段，四千年前的夏家店下层文化时期的社会则是相当成熟的独霸一方的方国。我们不仅仅从大甸子墓地上看到了社会等级、礼制的完全形成,青铜文化的高度发达以及它同中原夏王朝的直接来往,尤其重要的是,英金河沿岸的链条式石垒城堡带,就像汉代烽燧遗址一样,串联起来就起到了"长城"的作用。城堡链以内是需要保卫的"我方",城堡链以外则是要抵御的"敌方"。这个"我方"绝不是单个城邦式的早期国家,而是凌驾于若干早期国家之上称霸一方的"方国",是曾盛极一时、能与夏王国为伍的大国。也许就是商人所说的"燕亳",西周时期召公所封之"燕"地,其立国基础绝不会是野蛮的原始社会,而是高度发达,又自有来源的文明社会。召公带来了周王朝的文明因素,与当地"燕亳"的土著文明社会结合的燕国文明——一种更成熟的方国文明。

秦始皇兼并天下之后,多次东巡,所到之处往往立碑刻石,以炫耀他的至尊皇帝的地位和巩固统一大业。而在渤海湾西北岸,他不仅留下了刻石,还在这里修建了东土唯一的帝国级的建筑物——帝国的国门。这就是1986年在绥中县止锚湾发现的墙子里、黑山头和北戴河金山嘴发现的两组三处宫殿建筑。金山嘴、止锚湾两地相距30公里,均处于伸向海中的两处小海岬的尖端,左右对峙连成一线,由此往东南直对旅顺的老铁山和山东荣成的成山头。秦始皇正是认清了这个三点一线的地理条件,才在金山嘴、止锚湾修建了规模堪与阿房宫相比的、气魄宏伟的宫殿群作为帝国的国门。帝国国门、东巡的刻石和秦长城,都象征着渤海湾西岸这一方历经古国、方国的土地最终汇入了中华一统帝国的文明实体之中。中国史前六大文化区系虽各有不同历史内容、不同的文化特征和历史进程,并表现出一定的不平衡性,然而却都经历了与渤海湾西岸燕山南北地区类似的"古国—方国—帝国"的历程。

与这一国家形成的历史同步发展,"中国"的概念也相应地经历了"三部曲"的发展。古史所载万邦林立的"尧舜时代",各邦的"诉讼""朝贺",由四面八方"之中国",出现了最初的"中国"概念。这还只是承认万邦中有一个不十分确定的中心,这时的"中国"概念也可以说是"共识的中国"。而夏、商、周三代,由于方国的成熟与发展,出现了松散的联邦式的"中国""天下"。周天子的"普天之下,莫非王土;率土之滨,莫非王臣"的理想变成现实的是距今两千年前的秦始皇统一大业和秦汉帝国的形成。秦始皇所设诸郡,都是以各方国及方国内原有的小国为基础的。

中华民族多元一体格局的形成与发展。社会每前进一步,都会引起文化族群的组合与重组。因此重建的中国古史还应是一部超百万年以来中华民族的祖先历经无数次组合与重组,导致多元一体中华民族形成的历史。

我们可以把超百万年以来漫长的旧石器时代看作是人类在劳动中创造、塑造自身的过程,是体质与思维逐渐成熟的过程。当然也是创造文化的过程。新石器时代革命,创造出多彩的农业文化,才使我们能够从中比较清楚地看到文化族群的组合与重组的迹象。

例如,我们已经认识了的前仰韶文化是一种组合,而半坡类型、庙底沟类型的出现就是一种重组。其后庙底沟类型的以玫瑰花纹样为代表的一支文化群体沿黄河、汾河上溯,在晋中、冀北至内蒙古河套一带,与源于大凌河流域的红山文化会合又产生了一系列新文化因素和组合成新的族群。它们于距今五千至四千年间又沿汾河南下,在晋南同来自四方的(主要是东方、东南方的)其他文化因素再次组合,产生了陶寺文化,遂以《禹贡》九州之首的冀州为重心奠定了"华夏"族群的根基。与此同时,在北方以至长江中、下游广大地区也发生了规模、幅度空前的大变化,即进入了"龙山时代"。有关这一时期的诸考古发现,日益清晰地展现出古史传说中"五帝时代"中原华夏诸族与蛮、夷、戎、狄四夷诸族所建诸国的分野。"五帝时代",可以说是中华民族各支祖先组合与重组的一个重要阶段。另一个重要阶段则是自距今四千年至两千年间夷夏斗争及夷夏共同体的重组与新生阶段。在这一大阶段中,如果说夏、商两代还是以"诸夷猾夏"、"诸夷率服"、夷夏较量、互为消长为特点的话,那么西周至春战时期则是以"以夏变夷"为其主流。当然在西周春秋之世,夷夏的分野仍然存在,夷夏斗争仍然继续,所以才有孔子所发出的"微管仲,吾其披发左衽矣"的感叹和"入夏则夏""入于夷则夷"的追述。楚、秦、燕、齐诸大国都有"以夏变夷"的问题,并提出"尊王攘夷"的口号。但是到了孟子的时代,就与孔子时代有了明显的不同。孟子说:"只闻以夏变夷,未闻以夷变夏。"到战国末世夷夏共同体重组的历史使命已大体完成,由此奠定了中华民族多元一体格局的社会基础,秦汉帝国的建立使以夷夏共同体为主体的多元一体的中华民族形成,可以说是水到渠成。

秦汉帝国及其以后,"四夷"的概念有了新的变更和新的内涵。"四夷"已不是夏商时代的"四夷",而是指帝国之内,《禹贡》九州之外的中华民族的各个支系。而且随着历史的发展,四夷的概念仍在不断地更新。这在中国传统的正史"廿四史"中，可以清楚地得到证明。

值得注意的是，中华民族的各支祖先，不论其社会发展有多么不平衡，或快或慢，但大多经历过古文化—古城—古国这一从氏族到国家的发展道路，经历了从古国到方国，然后汇入帝国的国家发展道路。以最后一个帝国——清帝国为例，女真——满族就曾经是一个发展较落后的、长期处于"四夷"地位的中华民族成分。努尔哈赤追溯他们的历史的时候就说，由他上溯六世，即肇基王业之祖，在女真人社会内部分散的奴隶主政权间经历无数次的兼并、重组之后，才在沈阳东北二百来公里的新宾设立了帝王之位，建立了后金国，成为一方的大国。努尔哈赤又进行了大量的兼并征战，到皇太极时代，1636年，改后金为大清，建立了满、蒙、汉三个八旗，为入主中原做了充分的政治、军事、文化及人才各方面的准备，终于完成了清帝国的统一伟业。这是秦汉后新一轮的由北方民族入主中原建立帝国，几次重复华夏族早期从古国—方国—帝国的三部曲的翻版。

只有用新观点、新方法重建的历史才能是一部内容无比丰富而又符合历史真实的中华民族形成史，才能从浩瀚的史实中发现既有中国特色又具有规律性的历史发展脉络。"重建古史"不是一个短期的课题，不是只写出一本书那么简单的任务，而是一个具有长期战略意义需要几代人努力才能逐步完成的任务。

中国的文化传统重要的是那些长期起积极作用的文化因素，对于中国文明、中华民族的精神与气魄，可以提出以下几点：

1. 精于技艺，善于思考。这一特点可以追溯到旧石器时代早期，如东谷坨人就有了制作小石器的传统，"北京人"能用劣质石材打制出优质的小石器。小石器的制作需要精巧的手艺，小石器的使用会创造出最早的复合工具。中国自远古以来勤于动手又动脑的传统，在新石器时代各区系文化因素以及历史时期不断涌现的精巧手工艺成就乃至精耕细作的农业传统中都明显地体现出来。这种传统与中国人勤劳朴实、自强不息的美德融为一体，成为历史的和未来的中国人创造物质财富和精神财富的不竭源泉。

2. 兼容性和凝聚力。中国国家的多源一统的格局、中华民族多元一体的格局是经过超百万年，特别是近万年以来多区系文化的交汇、撞击、相互影响、相互作用的结果，是中华民族祖先各族群无数次组合与重组、团聚的结果，是文化逐渐认同、经济逐渐融合的结果。它有着坚实的历史基础，正所谓根深才能叶茂，本固才能枝荣。不论中华民族的哪一支系入主国家，都能保持住趋同、融合的总趋势。世界上没有哪一个国家能像中国这样有着超百万年传承不断的文化和民族血脉，有如此浑厚的兼容性和强劲的凝聚力。正因为如此，中国才从来未被征服过。还须提到，中国所特有的历经数千年发展的方块字文字系统在维系中国文化传统中所起的重要的纽带作用。只有以形意为基本结构的方块字才能充分适应如此辽阔的土地上诸多文化区系存在的需要，才能克服不同方言和不同语言的障碍，保证了中国和中华民族的一致性，万世长青。

3. 以形意为主体结构的方块字体现了长于形象思维的中国传统的思维方式，与"会意"结合更产生了无穷的生命力。如"西"字在甲骨文、金文中均为象形字，象征我们前面提到的作为礼器的小口尖底瓶。"无酒不成礼","酉"当与"礼"有关。由此而引申出"酒""尊""奠"等字。甲骨文、金文中的"鬲"是一个三只袋足的礼器鬲的象形字,由此引申出"融""隔""甗"等字来。其他如"止戈为武"、国家的"国"字等等。长于形象思维的中国传统思维方式在文字系统发展中表现得最为充分。

4.玉器的社会功能及其所体现的中国传统的价值标准和道德观念。宝石与石本是一种自然矿物,把它们区别开来是人类社会发展中的一大发现,把玉从宝石中区分出来是人类社会又一重大发现。对玉情有独钟,是中国人、中国文化传统一大特征,赋予它人格化、社会化种种性质,给予它在中国社会生活中一种特殊地位,恐怕要追溯到近万年以前。在阜新查海、敖汉旗兴隆洼所发现的七八千年前的玉器,已是用经过认真选择的真玉加工而成的。在五千年前的红山文化、大汶口文化、良渚文化那个阶段上,玉器成了最初的王权象征物。同时随着"宗教革命"的到来,如史籍所载帝颛顼的"绝地天通"的宗教改革,神权由王权来垄断,一些玉器又成为通天的神器。同时玉器还成为协调人与人关系、人与自然关系的"德"的标准。周代所概括出的所谓玉有"五德",后来又有"七德",实际上是从史前时代就赋予玉以各种美好品德,使之成为传统美德的载体。玉是传统价值观念的综合体现物。而这一文化现象为中国所独有而且长盛不衰。中国史前史中虽不必另划出一个玉器时代,但中国传统的价值观念、道德标准,却实实在在是在玉器被当成礼器、王权象征物、通神的媒介物、美德的象征物那个遥远的时代形成的,这个时代确实比"青铜时代"为早。对玉独有所钟这一文化现象,最初可能出现于北部、东部几个文化大区之内，后来随方国间文化的交流、夷夏共同体的逐步形成、传统美德得到共识，体现美德的玉器遂为中华民族所共同珍视，成为物质财富和精神财富的象征。

从区系的中国到区系的世界与世界中的中国，是20世纪90年代中国考古学研究的突出特点，这也是方法论上的一个大课题，要有一个思想上的飞跃。历来的中国就是世界中的中国，只有从认识论上明确这一点，才能明确具有中国特色的考古学所肩负的任务，才能更好地理解中国改革开放的历史必然性和它具有的伟大的历史意义。那么，对于考古学者来说，"世界的中国"到底意味着什么？

首先，我们有超百万年的文化根系、万年前的文明起步，有从氏族到国家的"古文化—古城—古国"的发展，再由早期古国发展为各霸一方的方国，最终发展为多源一统的帝国这样一条中国国家形成的典型发展道路，以及与之同步发展的中华民族祖先的无数次组合与重组。龙山时代的夷夏分野，特别是夏商周三代夷夏族群间的较量与消长，到春秋战国时代夷夏族群共同体的重组，再到秦汉时代及其以后几次北方民族入主中原所形成的中华民族多元一体的结构——这一有准确时间、空间框架和丰富内涵的中国历史的主体结构，在世界上是独一无二的，是中国给世界的巨大贡献。世界不能没有中国，世界史更不能没有中国史。

其次，中国自远古时代起就拥有六大文化区系，它们分别属于世界文化结构中大陆文化与海洋文化的"两半"，中国史前社会的发展与欧亚大陆的先进的古代文明社会发展大体同步。例如，从氏族到国家的转折大致都在距今六千年前；彩陶的产生，由红陶、彩陶为主发展为以灰黑陶为主的文化现象的出现也大体同步；中国东部、东北部、东南部的史前文化与东亚、东北亚、东南亚乃至环太平洋文化圈有着广泛的联系。例如，作为饕餮纹祖型的夸张、突出眼睛部位的神人兽面纹的艺术风格以及有段石器等因素，与环太平洋诸文化中同类因素可能有源流关系。进入成文历史时代之后的中国边疆地区，西南、西北、东南、东北四隅正是中国与外部世界文化的联结点与桥梁。很难把中国文化与世界文化截然划分开来或对立起来。所以说中国是世界中的中国。

开放、交流是世界历史、文化发展的总趋势，也是中国历史发展的总趋势。从旧石器时代起直到今天，中国文化从来不是封闭的、孤立的。沟通中外的名人、功臣虽不绝史书，但他们的业绩只不过是综合构成、开拓疏通了世界文化交流网络中的一些环节，文化交流史上的一些辉煌的瞬间。

诚然，中国历史上有过"中华帝国无求于人"的闭关锁国的政策和时代。但事实上的内外交流几乎一天也没有停止过。陆上的丝绸之路如此，海上丝绸之路、陶瓷之路如此，不见经传的条条通衢更是如此。闭关锁国只不过是封建统治者的主观愿望而已，民间的物质文化、精神文化的开放交流从未被锁国政策真正扼杀过。所以说中国历来是世界的中国。没有真正闭关锁国的中国。中国的正史上也从来不乏对四夷单独列传的记载。

作为中国学者，我们应有这样的认识：研究世界中的中国，既要由中国学者来做，也应有世界学人来参加，这是常理。近十多年来的改革开放政策已为进行世界性的中国考古研究开辟了广阔的道路，我们学科的成就已为这种世界性的中国考古研究打下了基础，取得了发言权。人类应当有共识，人类最终也会走向"大同"。马克思、恩格斯指出了社会发展的光辉未来是消灭阶级、消灭国家，实现"英特纳雄奈尔"；我们从中国的历史，从有中国特色的社会主义道路的现实来看，"英特纳雄奈尔"一定会实现。

为了更好地认识世界中的中国，完成重建中国古史的任务，我们还需要采取若干切实可行的战略措施：（1）学科体系应上、下理顺。如旧石器时代与新石器时代的考古研究，不应从体制上分家，要成为有机整体。（2）边疆考古应与内陆考古均衡发展。外国考古应与中国考古并列。在学科结构上，人才培养上都应单列专项予以重视。（3）加强国际学术交流，要有明确的指导思想和良好的学术组织工作。既可把人送出去，也可把人请进来，并为这项系统工程做长远的规划。

最后，我很高兴地说：我们正处在一个伟大的时代，中国的考古学已有了自己的特色，有了自己的理论基础，有了重建中国古史的框架、脉络，我们已找到了自己在世界现实和世界历史上的立足点，我们已站到新的起跑线上。我们的考古学正从经验的考古学走向科学的考古学。我们正面向世界、面向未来，目标明确。让我们一起迎接中国考古学新世纪的到来。

文化与文明[1]
——在辽宁"兴城座谈会"上的讲话

去年10月在"兴城座谈会"上谈的题目是"古文化、古城、古国",今年还是在兴城,谈"文化与文明",实质上是继续去年的讲话,但内容有所不同。文化与文明起源问题,这是当代中国考古学的大课题。考古学研究的对象和学科的一项重要任务,就是文化与文明,这是我们学科的性质所决定的。

一、背景——历史的反思

回顾历史,中国文化与中国文明起源问题被特别提出和被特别重视,正是在中国近现代历史上的两个转折点:一个转折点是"五四运动"时期,一个转折点是20世纪80年代初,这也是我们考古学科发展过程中的两个转折点。是什么样的历史转折?用一句话来概括,就是历史的反思。"五四运动"前后,当国家、民族面临危机生死存亡的时刻,在社会上引起了一个热烈的思潮,就

---

[1] 原载《辽海文物学刊》1990年1期;收入《华人·龙的传人·中国人——考古寻根记》,沈阳:辽宁大学出版社,1994年;收入《苏秉琦文集》时增加了插图。——编者注

是讨论中西文化问题。那时候中西文化问题之所以成为一个热门话题，原因很简单，就是几千年的文明古国落后了，落后的原因是什么？不能不从历史上来回答这个问题，我们究竟比西方在哪些方面落后了，如何赶上去，到底应该向西方学习些什么东西，这个问题可以说在"五四运动"时期基本上找到了回答，那就是科学与民主。这话现在说来很简单，在当时来讲，却是解决了一个历史大问题。因为我们是有悠久历史的文明古国，自来认为是天下第一，一切都是中国最先进，能够意识到比不上人家，要赶上去，而且提出"科学与民主"的口号，比日本的变法维新提得更深、更明确，这谈何容易呢？当然是大事。我国近现代科学只有在提出科学与民主的时候，才有了发展的土壤。从"五四"时期起，经过半个世纪后，我们又在经历一次历史转折，这就是党的十一届三中全会以后，历史的反思又一次被严肃地提出来了，那还是1980年前后，提的问题也还是中西文化问题，但现在提出问题的角度与前一次不一样，现在要开放，要引进，还是要讲科学与民主，这本来是不成问题的问题，事实上还成了更重要的问题。为什么？我们建设现代化，如果是建设日本式的、新加坡式的，单纯学美国、学西欧、学日本，那能是千万仁人志士抛头颅、洒热血奋斗的目标吗？不是。我们要建设的是同五千年文明古国相称的现代化。这就自然而然提出，我们这个具有五千年古老文明的民族的灵魂是什么？精华是什么？精神支柱是什么？我们要继承什么？发扬什么？大家都在思考这个问题。我们考古工作者要严肃对待这个问题，都要感到自己的责任。因为我们的考古学科就是在这两个转折时刻有了重大改变，其主要标志就是，中国文化与文明起源问题是这两个转折点所引起的历史反思这一社会思潮的组成部分。1981年我在庆祝党成立六十周年纪念会上谈到，一个有自己特色的、马克思主义的、现代化的考古学派已经在世界东方出现。说这话是歌颂我们党的光辉在照耀着我们的学科，而并未具体表述我们学科的具体成就。事实上，一个牛河梁红山文化坛庙冢发现的消息，就引起国内外的重视，相当不平凡的重视。新华社、《人民日报》、中央人民广播电台都动起来了，中国国际广播电台一定要发表英语专访。为什么"中华五千年文明曙光"几个大字，牵动了亿万中华儿女的心，引起国外同行的特别重视？谈了多少年的五千年文明古国，为什么现在提出来引起这样广泛的注意？80年代初的历史反思，提出振兴中华，就是它的社会历史背景。

二、中国考古学新时期的两个标志

文化与文明的起源这一课题的提出，是我们学科本身发展到今天的必然，这可以用中国考古学新时期的两个标志来说明。

第一个标志，考古学文化区系类型的提出和在实践中的系统化。

1979年正式提出考古学文化划分区系类型问题，是形势发展的需要，学科发展的需要，并已为实践所证明。一个最明显的例子是，燕山南北地区考古课题的提出和进展。当时，考古所内蒙古队和吉林大学到河北省张家口开展工作，课题是同一个：北方地区的红山文化与中原地区的仰韶文化（纬度相距四五度，中间隔着燕山山脉），它们之间的关系。过去说红山文化是当地细石器文化与以彩陶为重要特征的仰韶文化结合起来的一种文化，但是，它们是怎么结合起来的，是什么社会历史条件，又是通过什么渠道把这两支文化结合起来的？提来提去还是通过太行山东西两侧这个渠道，特别是汾河与桑干河这两条河源所在地的张家口，这里是南北交通的口子。张家口的工作坚持了四年，燕山南北、长城地带为重心的北方这个概念就是在这一时期提出来的。1982年以此为课题召开的第一次学术座谈会上，大家看到了仰韶文化与红山文化确实都从这里通过。那次会上，我们得知喀左东山嘴发现了祭坛，就提到，到底是看到了两个文化作用的结果。于是又有1983年辽宁喀左和朝阳的学术座谈会。"朝阳会"上我们提出，东山嘴的祭坛，在中原那么多同时期的遗址中，在仰韶文化当中，都还没有发现过，它不会是孤立的。东山嘴位置在喀左县城东4公里，这4公里周围再延长30公里就是六个商周时期窖藏铜器坑的出土地区，如果不是举行重大活动，没有理由把那样的国家重器埋在那里，说明这一带不仅红山文化后期是重要社会活动场所，到距今三千年前后也还是重要活动场所。那么，下一步就应该在喀左、凌源、建平三县交界处继续调查。我们的这些学术观点，通过这样的学术活动，变成了更有生命力的观点，带着这样的认识进行工作，进度就快多了，所以几个月后就有了牛河梁女神庙和积石冢群的发现。等到1984年在呼和浩特市开会时，我们已经可以把北方地区的"三北"古文化区系的界线划出来了：一、辽东、辽西当中有个界线；二、锡林浩特到河套是个界线；三、呼和浩特与包头之间也有个界线。这是北方与西北的界线。从包头到兰州永登再到乐都柳湾是一条线，这条线就是大西北的起点，这对我们认识整个中国北方的三大北，即大东北、北方、大西北，也就是对中国面向东亚的这一大块和面向中亚的这一大块有了明确认识。面向东亚的一块与环太平洋连成一片，面向中亚的一块与中亚连成一片，是一半与另一半，东西文化的这条界线清楚了。所以到了1985年11月在山西侯马开会时，我们就敢于说，以仰韶文化为代表的中原古文化体系，从华山沿汾河到了桑干河的河北省西合营，以红山文化为代表的北方古文化体系顺大凌河、西辽河向南延伸到石家庄附近，它们在张家口交汇在一起了。这样，从1982年开始的燕山南北、长城地带为重心的北方作为一个考古学专题就有了一个完整概念了。当然，这五年当中，其他各地也开展了类似的活动，如江汉地区、环洞庭湖地区、三峡地区、环太湖地区等。太湖地区古文化的概念比北方又提高了一步，就是在覆盖面基本一致的条件下，从距今七千年的马家浜文化到距今四五千年的良渚文化和到西周以前的古吴越文化，覆盖面一致，上下年代可以连贯起来，自成体系。

　　第二个标志是1985年在兴城这里正式提出古文化、古城、古国问题以来取得了积极进展。集中表现在"兴城会"后不久，在山西侯马召开的"晋文化研究会"上，把晋文化作为一个考古学课题正式提出来。周封唐叔虞的晋国，是北方大国，周王东迁洛阳实际也是投奔晋国，一直到秦始皇统一，晋一直在东方国家中占首位，晋也罢，三家分晋也罢，并未改变这种基本格局，依然是夏商周晋秦。秦统一者，主要是统一了晋地，其他是第二位的。《左传》有"楚材晋用"的记载，为什么楚国第一流人才往晋国跑，大量物资也流入晋国。晋国用什么去交换，晋凭什么有这样大的吸引力，是什么条件促成的？原来晋国所处的桑干河、汾河这条线，把北方的大凌河、关中的渭河穿了起来，也就是北方牧业和中原农业、手工业交界的地方，是交通要冲，就是在这条线上，商品经济发达，不仅从铲到布币，就是从刀到刀币也是在这条线上演变形成的。这是政治、经济方面的原因，文化方面的原因则更为深远。从考古学文化区系类型的角度看，从南北两大文化区系交流中看，从六千年左右原始文化到夏商周建立国家到春秋战国上下串起来看，晋文化发展的背景是中原与北方的交汇，最重要的历史活动是农牧交换，标志是商品货币发达，而条件就是长城地带的条件。晋国虽然西周的色彩很浓，但仍然是个土著国家，当地民族历史文化传统是主要的，晋文化不是周人传统，而是北方传统。只有在北方文化传统下，晋才会掌握上述的优势。这样，我们用古文化、古城、古国的概念，从古文化到后来国家发展的一系列过程中，看到了晋文化传统的本质和它所起作用的关键，这是过去文献上所无法理解的。可见，只有用古文化、古城、古国才能真正把考古和文献有机地结合起来，得出新的历史概念。这样把晋文化作为一个专门课题提出，时间上从原始文化下到春秋战国，地区也不限于山西。所以那次会后，河北省准备在冀北、河南省准备在豫北找古文化、古城、古国。我们还建议搞环渤海考古，京津、冀北是一片，辽宁东西是一片，鲁北同胶东半岛是一片，辽宁、山东、河北几家联合起来搞，短期内拿出材料，摆出观点来。其他如1984年在浙江嘉兴"太湖流域古文化"会上，提出"马家浜、良渚、古吴越文化"后,到今年纪念良渚遗址发现五十周年间,在环太湖地区发现一系列象征太湖早期文明的良渚土墩大墓群。1984年在"成都会"上提出"古蜀文化",到1986年广汉发现三千年前古国遗存铸铜人像群等,一系列有生命力的学术活动正在全国各地展开,并迅速取得成果。

新中国考古学的这两个标志,代表了当前我国考古学这门学科的发展水平,也为从微观角度研究中国文明起源打下了基础。

三、中华文明起源的几种形式

什么是文明,对文明如何解释,这不是顶关重要的,重要的是如何认识文明的起源,如何在实践中、在历史与考古的结合中加深对文明起源的认识。文明不是一天实现的,根据我们对现有考古材料的研究,中华文明火花的爆发有几种形式。

头一种形式是裂变。举中原古文化为例,仰韶文化的前期阶段,在大约距今六千年,统一的仰韶文化裂变为半坡、庙底沟两种类型。在此以前的六七千年间,以姜寨遗址前期为代表,两种小口尖底瓶由发展到成熟,共生同步发展,村落布局完整,三块墓地都在村外,男女有别,长幼有别,不到成年不能成为社会成员,只有成年男女才能埋在氏族墓地,这是母系氏族结构的典型标本,到了距今六千年左右有突变,典型遗址是元君庙,小口尖底瓶相当于姜寨结尾阶段,即由成熟的罐口退化到浅盘口沿。这一阶段姜寨遗址的墓地也由村外转移到中心广场,墓地下层尚保持单人葬传统,但已不如村外墓地整齐,上层压有男女老幼合葬墓，这就突破了原来氏族制男女有别、长幼有别的界限，小孩儿与成年人埋在一起，没有了辈分的差别，甚至没有了氏族成员与非成员的界限，这就违背了氏族公社的基本原则。原始公社制的破坏就已意味着文明因素的产生。统一的仰韶文化分为两种类型就是在这一转折时期出现的。过去我们没有注意，现在可以清楚地说，这个一分为二，就是出现了以庙底沟类型为代表的新生事物，标志是出现玫瑰花图案的彩陶和双唇小口尖底瓶，这种瓶就是甲骨文中"酉"字下加一横，也就是"奠"字，表示一种祭奠仪式，所以这种瓶不是一般生活用具，而具有礼器性质。起初以为是大量使用的盛水器，其实数量并不多，在华县泉护村遗址选标本时，只选出一套，选第二套时就不全了，彩陶也一样。庙底沟类型的分布中心在关中，东不过陕县，其典型材料是华县，即玫瑰花图案由完整到松散，瓶由成熟到双唇不起双唇作用，这一演变序列代表了仰韶文化后期的基本特征和基本规律。这个类型完整的遗址墓地材料尚缺乏，但有一点值得注意，就是泉护村遗址南部发现一座成年女性墓，它孤立于其他墓之外，单独埋在遗址聚落南部高地，这个墓随葬大型鸮鼎，其实叫尊更合适，不是生活用具，表明了墓主人的特殊身份，其时代相当于庙底沟类型的末尾。同样，半坡类型元君庙墓地的尾部，有一座小孩儿墓，小孩儿无氏族成员地位，但埋葬却有特殊待遇，这不是他自己地位特殊，而是他母亲的社会地位特殊，这是对氏族社会的进一步冲击。在此以前就是头人与氏族一般成员也是平等的。前一个是庙底沟类型的，后一个是半坡类型的，两种现象恰恰在同时发生，这种现象产生的背景，我在1965年写《关于仰韶文化的若干问题》时，曾提到两种类型是经济类型的不同，现在不妨说，这种区别就意味着第一次社会大分工。在这种社会经济背景下裂变产生新事物，是有生命力的。半坡与庙底沟两个类型虽可并立，但半坡类型对周围的影响远远比不上庙底沟类型。所谓仰韶文化对周围的影响（北到河套，南到江汉，东到京广路以东，西到渭河上游），基本上就是庙底沟类型的分布范围。仰韶文化对周围的影响，实质上就是庙底沟类型的影响，是仰韶文化后期裂变的结果，所以是文明的火花，即距今六千年前后由裂变而产生的文明火花。

第二种形式是撞击。对这一问题的认识，来自1979年到1982年在河北张家口的四年工作，就是探索仰韶文化与红山文化的分界点。1982年在蔚县召开小型座谈会得到的结果是，在这里看到仰韶文化庙底沟类型彩陶与红山文化彩陶交错，又与河套原始文化交错，所以称为"三岔口"，其中突出的是北方大凌河流域红山文化彩陶与关中仰韶文化的交错，其特征是庙底沟类型完整的玫瑰花图案，枝、叶、蕾、花瓣俱全，这种图案的分布从华山延伸到张家口，正是一条南北天然通道。红山文化彩陶中特征最明显的是鳞纹，其最早材料见于赤峰西水泉遗址，其演变有头有尾，与庙底沟类型玫瑰花图案演变并行，其向南延伸最远到石家庄、正定一线，与玫瑰花交错是在张家口（图一）。1982年"蔚县会"上同时就考虑到红山文化新发现的喀左东山嘴祭坛遗址，考虑的是仰韶文化与红山文化接触后的后果问题，这也是1983年到朝阳开第二次小型座谈会的目的。经过工作，实际上看到了这两种文化接触后的结果，是产生了祭坛、女神庙和积石冢，还包括玉龙的出现。龙与玫瑰花结合在一起，产生新的文明火花，年

　　　　　1　　　　　　　　　　　2
图一　河北张家口地区蔚县出土陶器

1. 仰韶文化庙底沟类型彩陶盆（琵琶嘴遗址出土）
2. 红山文化彩陶罐（四十里堡遗址出土）

代是距今五千五百年左右，这是两种不同文化传统撞击产生的文明火花。

　　第三种形式是融合。例证有两个。一是河套地区发现早于距今五千年的尖底瓶与晚于距今五千年的袋足器在这里衔接，出现最初形式的斝与瓮。甲骨文中有两个容器形象，一是酉，一是丙，酉字如前所说，就是尖底瓶，是尖底瓶演变的最后形式，单唇口、宽肩、亚腰。丙字是三个瓶结合在一起，形象是鬲的前身 ⟁。这说明，甲骨文这两个字的起源可追溯到距今五千年之前，所以是文明的火花。再一个例子是晋南陶寺，时间在四五千年间，特点是大墓有成套陶礼器与成套乐器殉葬，其主要文化因素与河套、燕山以北有关，也有大汶口文化的背壶、良渚文化的刀俎，文化性质具有特殊性、独特性，是多种文化的融合产生的又一文明火花。

文明是一个民族的灵魂,是认识中华民族的脊梁。我们要充分意识到,今天我们把中华文明起源作为一个重大课题提出来,这既是我们学科成熟的表现,也是我们奋斗的目标和任务。

四、我们学科的目标

从 20 世纪末到 21 世纪初,我们这个学科奋斗的目标,可以概括为,第一是复原中华五千年文明古国历史的本来面貌,第二是复原中华民族历史在世界史上的地位,改变传统编写世界史的内容,为振兴中华、为世界的进步做出贡献。上面所阐述的近年我们在文化与文明研究中,从理论与实践的结合上所取得的突破,就是提出这一目标的依据。20 世纪 80 年代初提出考古学文化区系类型的理论,是回答中华民族十亿人口、五十六个民族是如何结合成统一中华民族的,这个课题本身在全人类就是独一无二的。中华文明起源问题的提出,目的是要揭示文献以前的历史,这就为历史传说与考古的结合找到一条道路。当我们提出,从华山脚下延伸到大凌河流域和河套地区,再南下到晋南,这一古文化活动交流的路线时,我们并没有引《五帝本纪》,却与《史记》记载相同,我们是从考古学角度提出自己的观点,再去对照历史传说,就可以相互印证,这不是生搬硬套的比附,而是有机的结合,多少年来梦寐以求的历史与考古的结合终于找到了一条理想的通路。同时,上述中华文明起源的几种形式,也为认识我们中华民族的精神、灵魂开拓了通路,一是有巨大的凝聚力,一是有无穷的创造力,再是有无限的生命力。一浪比一浪高,延绵不断,这是我们民族精神的源泉。我们从考古材料中得出这样的认识，就有信心说，我们的工作是可以为振兴中华、为社会主义四化建设服务的。所以，我们讲目标不是空中楼阁，是有充分根据的，从而也是可以预见的。今后，只要有计划有目标地进行工作，我们的目标就一定能够实现。

第二章

满天星斗格局

象征中华的辽宁重大文化史迹[1]

近几年，辽宁有三项很不寻常的考古发现，它们是：营口市的金牛山旧石器时代洞穴遗址，朝阳市的红山文化祭坛、女神庙和积石冢群，锦州市的绥中到河北省秦皇岛市北戴河的秦汉宫殿遗址群。三大文化古迹指以上三项发现的后两项和分布于辽西地区的古长城遗存，它们各自从一个侧面象征着"中华"这个既亲切又无比庄严的名称。

一、中华文明曙光的象征——红山文化坛、庙、冢

中华文明起源问题已经成为当今中国考古学研究的重点项目。近几十年我国考古工作成果的总结是，可以把这一问题的研究范围上溯到距今五六千年间。那时，源于关中盆地的仰韶文化的一个支系，即以成熟型玫瑰花图案彩陶盆为主要特征的庙底沟类型，与源于辽西走廊遍及燕山以北西辽河和大凌河流域的红山文化的一个支

---

[1] 原载《辽宁画报》1987年1期；收入《华人·龙的传人·中国人——考古寻根记》，沈阳：辽宁大学出版社，1994年；收入《苏秉琦文集》时增加了插图。——编者注

系，即以龙形（包括鳞纹）图案彩陶和刻画纹陶的瓮罐为主要特征的红山后类型，这两个出自母体文化而比其他支系有更强生命力的优生支系，一南一北各自向外延伸到更广、更远的扩散面。它们终于在河北省的西北部相遇，然后在辽西大凌河上游重合，产生了以龙纹与花结合的图案彩陶为主要特征的新的文化群体。红山文化坛、庙、冢就是它们相遇后迸发出的"火花"所导致的社会文化飞跃发展的迹象。这是两种经济类型和两种文化组合而成的文化群体。这个群体的活动中心范围既不在北方草原的牧区，更远离农业占绝对优势的关中盆地，而是燕山以北、大凌河与老哈河上游宜农宜牧的交错地带。这里自然条件的优势，大概正如古文献关于九州第一州冀州记载的所谓"赋上上错，田中中错"，就是说，重要的不是土质肥沃，而是多种经济互相补充形成的繁荣昌盛，才得以发出照亮中华大地的第一道文明曙光。坛的平面图前部像北京天坛的圜丘，后部像北京天坛的祈年殿方基；庙的彩塑神像的眼球使用玉石质镶填，与我国传统彩塑技法一致；冢的结构与后世帝王陵墓相似；龙与花的结合会使人自然联想到我们今天的自称"华人"和"龙的传人"。发生在距今五六千年间的历史转折，它的光芒所披之广，延续时间之长是个奇迹。所以，以红山文化坛、庙、冢象征中华文明曙光应当是恰如其分的。

二、中华民族的象征——辽西古长城

辽西地区的明代长城已为人所熟知，还有比它早一千几百年的战国时期燕长城，在辽宁建平县张家湾村的一段，残存部分长约十公里，相当完好，是辽西地区一项重要文化史迹。而比燕长城更早的，如发现于赤峰北英金河旁山冈上的，则属于一种北方早期青铜文化（夏家店下层文化）的小型城堡带，与战国秦汉长城并行，可称作长城的"原型"，它比明长城纬度高四度（图一）。还有，清朝皇帝不修长城，却令承德避暑山庄宫墙设计仿效长城的意境。人们不禁要问：为什么世界上只有我们中国把一种历史遗留的防御设施当作民族的象征？诚然，自我中华民族早期，就一直存在着这样一个现实问题，这就是两种经济类型与两种文化传统长期接触共存，既经常发生矛盾冲突，又需要互相补充、互相依存。在几千年的文明史中一直是关系民族存亡兴衰的大问题。而更深一层的意义是，长城既是一个线的概念，又是一条带状的概念；既是第一道文明曙光的发源地，又是曾在一个时期（距今五千年前后）的经济文化上占有相当优势的地区。适逢其时，正是中华民族形成的重要时刻，不仅如此，在后来的历史大动荡时期，这一带还经常起到稳定、缓冲的作用。如果从这个意义上，即辽西地区长城地带的多民族在中华民族历史发展中曾起过特殊作用来看，长城象征中华民族的伟大形象，就是很可理解的了。

图一　英金河沿岸夏家店下层文化城堡带

三、中华统一国家的象征——秦汉"碣石宫"

近年考古工作者从绥中止锚湾到北戴河金山嘴发现的秦汉宫殿性遗址群,两头临海岬间相距三四十公里,规模之大,令人吃惊。史书记载,秦统一中国后,曾营建阿房宫和骊山陵两大工程,同时提到碣石。阿房宫原是老百姓起的名称,骊山是原来山名,不是陵墓专名,碣石就是"立石",也不是专名,史书记载简略。现在发现了这样一处庞大的宫殿性建筑群,年代相当自秦始皇到西汉中期(约当武帝),我们仿"阿房宫"例,称"碣石宫"。宫城正面对"姜女坟",即近海滩处的三块"立石"。据实地勘查,一块有根基,其余两块浮摆在海底,推测原来可能是像承德棒槌山那样一块立石,这就更符合"碣石"之说了。名称是次要的,"宫"倒是实实在在的。"碣石宫"作为一处重要文化史迹,最难能可贵的是:一、它似从秦始皇到汉武帝连续施工完成的;二、它的布局从止锚湾到金山嘴连成东北—西南走向的一线,恰和渤海海峡(旅顺—山东长山列岛的北隍城岛)一线相对应,"宫"的主体建筑群又正面对海中的"姜女坟"礁石,宫城左右的黑山头龙门石与止锚湾红石崖正如为宫城配置的"双阙",从这里远眺,直可把辽东半岛与胶东半岛环抱的海域连成一片,这就把自然景观与人工建筑构成像一座宅院门厅的格局。史书记载秦始皇生前最后两次东巡到海边,确曾有过择地作"东门"(国门)的设想。国门在哪儿,现在还难作结论,但无论如何,"碣石宫"建筑群,从自然景观与宫殿布局确实符合"东门"或国门的设想。"普天之下,莫非王土;率土之滨,莫非王臣",这是三代王者的理想,秦

图二　碣石宫全景

北戴河金山嘴秦行宫遗址

图三　秦行宫遗址

黑山头秦行宫遗址

统一才实现了这一理想。秦始皇东巡刻铭中心思想是宣扬天下一统,那么,这项由秦始皇创建、汉武帝完成的纪念性大建筑群,似确具"国门"的性质,是秦汉统一大帝国的象征。(图二、三)

我在1985年10月山西省侯马"晋文化研究会"上曾赋诗:

华山玫瑰燕山龙,
大青山下斝与瓮。
汾河湾旁磬和鼓,
夏商周及晋文公。

意思是说,继距今五六千年间仰韶文化与红山文化会合迸发出文明火花之后,距今四五千年间在内蒙古河套、山西汾水流域也出现了以文化融合为形式的文明火花,最终连贯一气,目的是阐明从源于中原的仰韶文化和源于北方的红山文化到秦统一上下几千年间中华文明起源和发展的主要脉络。辽西三大文化古迹及其内在逻辑联系,则是从一个地区、从历史实证体现了中华文明史的整体概念,它们作为中华象征是当之无愧的,这也就是为什么我们要特别珍视它们的理由所在。

中华文明的新曙光 [1]

文明史提前一千年是怎么回事？

首先要澄清文化史和文明史两个不同的概念。原始文化即史前文化，可以上溯到100多万年前；而文明史则是社会发展到较高阶段和具有较高水平文化的历史。

通常说，中国同巴比伦、埃及和印度一样，是具有五千年历史的文明古国。但是在辽西考古新发现之前，按照历史编年，中国实际上只有商周以后四千年文明史的考古证明。司马迁《史记·五帝本纪》所记载的商以前的历史，由于缺乏确切的考古资料，始终是个传说。而其他文明古国早在19世纪到20世纪初，就有了距今五千年前后的文字、城郭、金属等考古发现。从考古学角度看，中华文明史比人家少了一千年。

中国历史自公元前841年起，有文字记载的编年史就没有断过，这在人类历史上是独一无二的。四千年前的商代文明就是无与伦比的，特别是发达的冶炼青铜技术，其质地、形状、花纹，

---

[1] 原载《东南文化》1988年5期；收入《华人·龙的传人·中国人——考古寻根记》，沈阳：辽宁大学出版社，1994年；收入《苏秉琦文集》时增加了插图。——编者注

堪称上古文明世界最突出的成就。然而,如果说这就是中华文明的诞生,未免有点像传说中的老子,生下来就是白胡子,叫人难以置信。所以,有些人认为,中国的文明是西来的,是近东两河流域成熟了的文明的再现与发展。可是,考证结果却与这一论点大相径庭:中国商代青铜器铸造用的是复合范(模子),与西方文明古国(包括印度)采用的失蜡法,完全是不同的传统。而且商周文化还有个独有特点,即殷代玉石雕刻,是别个所没有的。

总之,灿烂的中华文明具有自己的个性、风格和特征,迫切需要找到自己的渊源。

为什么至今才找到五千年的证据?

考古学与其他学科一样,是与人类社会发展及特定的历史条件相联系的,也与其他学科的发展相关联。

以田野考古为基础的近代考古学产生于19世纪中叶,而中国考古学作为提倡科学、民主的新文化运动的产物,却只有六十多年的历史。

1920年,北京市政府矿业顾问瑞典人安特生在河南渑池仰韶村第一次发现了仰韶文化,便被深深吸引住了。从那以后,他用十七年的时间探寻这一文明的起源。我国一批考古学前辈也为此做了不懈奋斗。

新中国成立前近三十年中,中国考古学初步揭开了旧史书有关古代传说的神秘面目,显示出从原始社会至阶级社会这一社会发展的轨迹。新中国成立近四十年来,考古事业得到了大发展,新发现的新石器时代遗址有七千余处,经正式发掘的也在一百处以上,取得了新石器、青铜器和早期铁器时代的大量考古成果。

在中华民族形成这个重大问题上，考古学的认识曾有过偏差。表现为过分夸大中原古文化，贬低了北方古文化。现在看来，把黄河中游称作中华民族的摇篮并不确切。如果把它称作在中华民族形成过程中起到最重要的凝聚作用的一个熔炉，可能更符合历史的真实。

这一认识大大开阔了考古学家观察中华辽阔国土上古代各族人民创造历史真相的视野，开始了从文化渊源、特征、发展道路的异同等方面进行考古学文化区系类型的划分，为中华文明起源问题研究取得突破提供了可能。

中华文明的曙光是怎样发现的？

1979年5月，辽宁开展全省文物普查试点，在西部大凌河流域的喀喇沁左翼蒙古族自治县东山嘴村发现了一处原始社会末期的大型石砌祭坛遗址。这一发现，启发考古人员在邻近地方寻找其他有关遗迹。几年之后，果然在相距几十公里的建平、凌源两县交界处的牛河梁，相继发现了一座女神庙、多处积石冢群，以及一座类似城堡的方形广场的石砌围墙遗址，发现了一个如真人一般大的彩色女神头塑以及大小不等年龄不同的成批女性裸体泥塑残块及多种动物形玉、石雕刻，特别是几种形体不同的"玉猪龙"。这些考古发现，说明了我国早在五千年前，就已经产生了植基于公社，又凌驾于公社之上的高一级的社会组织形式。在我国其他地区还没有发现相应时间的类似遗迹群。这一发现把中华文明史提前了一千年，但还不是我国文明的起点，寻找比这还早的文明，是下一步工作的重点。

距今四千年前后，是辽西地区又一个社会发展、文明昌盛的时期，它的文化特征是：聚落密集分布在河谷地带，几乎都有防御设施，由一串小城堡组成的群体恰恰分布在战国秦汉时代古长城线上，我们是否可以理解为"原始长城"？由此，也可以对秦长城性质得出新的认识，长城除了防御外，也有个标志两种经济文化类型，即农牧区分界的作用，长城内是农区，长城外是牧区，长城也不应理解为当时的北疆。

辽西考古新发现的意义何在？

辽西考古新发现之所以特别引起海内外专家学者以及亿万华人的关注，原因是多方面的。第一，它们明确无误地属于一向认为是新石器时代，大致和中原仰韶文化相对应的一种分布在燕山南北、长城地带的红山文化的遗存（图一），而在仰韶文化大量遗址中却还从未发现过类似的遗迹。第二，从喀左到凌源，横跨几十公里范围内，除掉这类特征鲜明的遗迹之外，极少同一时期一般聚落或墓地，例如，已揭露的几处所谓"积石冢"，确切地说，是建在特地选择的岗丘上，主要用作埋葬一些特殊人物，可能同时又是进行某种祭祀活动的场所，它们普遍保留下来的与东山嘴那处祭坛颇相近似的遗迹遗物就是明证。第三，在同一范围内发现的六处埋藏成组大件商周之际青铜礼器坑，按东北—西南方向连成一线，达几十公里，这又进一步说明该范围内曾至少在两三千年间作为原始宗教性的社会活动场所。女神庙近旁发现的冶铜址同样说明这一地段的特殊性。

从1979年最初发现东山嘴祭坛，到1983年经过第一次论证会后所获一系列重要发现，其间经过了八九年时间，目前工作还在继续中，资料的积累消化要有一个长期过程，问题的研究认识

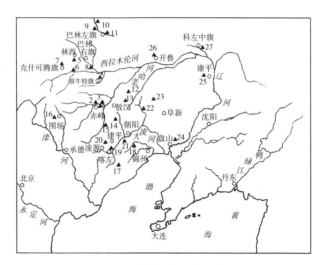

图一　红山文化重要遗址分布图

1. 红山后 2. 蜘蛛山 3. 西水泉 4. 赛沁塔拉 5. 锅撑子山 6. 白音长汉 7. 南台子 8. 那斯台 9. 尖山子 10. 葛家营子 11. 二道梁 12. 份子池 13. 下洼 14. 草帽山 15. 五十家子 16. 下伙房 17. 新营子 18. 沙锅屯 19. 东山嘴 20. 牛河梁 21. 十二台营子 22. 胡头沟 23. 福兴地 24. 盘山县 25. 康平县郊 26. 坤都岭 27. 新艾力

也要逐步深入，对"凌源—建平—喀左"三县交界的小三角范围内已揭露出的诸重要遗迹现象的进一步工作与研究，没有三五年时间不成。我曾把这项工作比作一头牛，我们现已掌握的材料仅是有如牵住牛鼻子，最多不过是看到牛的头部，整个牛身还在后边。全牛的形体大致包括从辽西走廊的医巫闾山以西到七老图山以东，中间是努鲁尔虎山，三县交界的小三角位置正在它的南端，向北放射呈扇面形。地理范围：东侧是大凌河流域的阜新、朝阳两市，西侧是老哈河流域的赤峰市（昭盟）。1987年在敖汉旗发现的同一时期"城堡型"遗址，呈"凸"字形，总面积三万余平方米。这又是一个新的突破。如果说"小三角"的坛庙冢的发现可称作文明的曙光，谜底的揭露也为期不远了。

要回答这问题还应向更深、更广的时空范围进行开掘。

第一个层次：在上述空间，即一条山梁（努鲁尔虎山）、两条河流（大凌河、老哈河）和三个地、市（朝阳、阜新、赤峰）范围内，远自前红山文化的"兴隆洼—赵宝沟"类型（约距今八千年至距今六千年），下至秦汉统一前的燕文化（公元前1000年），过去我们曾把这一带远古文化用两种新石器文化（红山与富河）、两种青铜文化（夏家店下层与夏家店上层）加以概括。实际上，现在越来越清楚，这提法还是过于简单化了。不论是从中国民族文化体系基础结构的形成，还是从中国文化传统的连绵不断这两种不同角度进行分析、观察，这里给我们的启发太多、太重要了。专讲些有关龙类形象的出现与发展吧。

红山文化坛庙冢所出多姿多彩的玉雕猪龙具有很高的工艺和艺术水平，而在它之前千余年赵宝沟—小山类型文化中已有长期发展历史，并已出现达到神化境界的陶器刻画麟（麒麟）与龙在云端遨游的图案（图二）。甲骨文中龙字的多种形态，以及殷墟妇好墓出土的玉雕龙可以大致追溯到距今五千年至三千年间的龙形变化过程。燕下都出的大量所谓"饕餮纹"瓦当，似乎使我们不能简单地理解为就是从殷周文化承袭而来的。道理也简单，燕式鬲既可以追溯到相当夏商之际的夏家店下层文化，这种饕餮纹瓦当为什么不可以是源于燕山南北的古老传统？（图三）

由此可见，远自距今约八千年以来的"兴隆洼—赵宝沟"类型到距今两千余年的燕下都，上下五千年，燕山南北地区，由于

玉雕猪头龙　　　　猪头龙　　　　　鹿头麟

图二　红山文化的玉雕龙和赵宝沟文化的陶器刻画龙纹图案

图三　燕下都饕餮纹瓦当

一个"凌源—建平—喀左"小三角的新发现，使我们不能不刮目相看，它涉及中国历史上两大课题（中国统一多民族大国如何形成的和中国五千年文明连绵不断的奥秘和轨迹），意义重大，不可不认真对待，花大力气，搞个水落石出。

第二个层次：把上述空间（燕山南北）放到更大的范围内，即把以燕山南北、长城地带为重心的北方和以晋南、关中、豫西为中心的中原两大古文化区系连接起来，进行横向研究，从宏观角度就各个历史阶段、不同地区性文化之间的相互关系、影响、作用及其后果等方面，考察和衡量辽西考古新发现的意义。在此范围内（北方与中原两大文化区系）近十来年内许多重要发现几乎是和辽西这一新发现同步展开的。其中有些重点工作（如冀西北张家口蔚县西合营、晋中太谷白燕两地1979—1982年间的发掘）是特为追踪两者的中间环节而进行的，到1985年年初告一段落，提出辽西古文化、古城、古国的论点，又以晋文化考古为题，阐述从关中西部起，由渭河入黄河，经汾水通过山西全境，在晋北，向西与内蒙古河套地区连接，向东北经桑干河与冀西北，再向东北与辽西老哈河、大凌河流域连接，形成"Y"字形的文化带，它在中国文化史上曾是一个最活跃的民族大熔炉，又是中国文化总根系中一个重要直根系，我们还能从这一地带古文化发展中一系列连贯的"裂变—聚变—裂变"中认识到中国文化发展的辩证法。为了扼要地向参加"晋文化研究会"[1]的朋友们介绍这个总概念，当时画过一张示意图（图四），用"Y"字形示意图标明几处重要地点。还诌了四句七言诗，烦张政烺教授即席篆写悬挂墙上，作为讲话提纲，现抄录如下：

---

[1] "晋文化研究会"，1985年11月在山西侯马举行，苏秉琦先生做了《谈"晋文化"考古》的讲话，分别刊于山西省文物考古研究所《晋文化研究座谈纪要》文集（1985年）和文物出版社为纪念该社成立三十周年于1986年12月出版的《文物与考古论集》（见44—54页）。

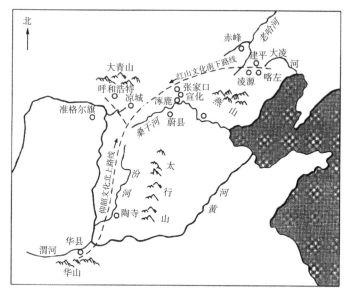

图四　北方—中原文化连接示意图

　　华山玫瑰燕山龙，
　　大青山下斝与瓮。
　　汾河湾旁磬和鼓，
　　夏商周及晋文公。

讲话落脚点自然是晋文化渊源。论证的核心部分正是依据辽西新发现，这就在更高层次上阐述了对这一系列考古新发现的新认识。

"华山玫瑰"：指的是源于华山脚下仰韶文化的一个支系，它的一部分重要特征是重唇口尖底瓶和一枝玫瑰花图案彩陶盆。

"燕山龙"：指的是燕山北侧大凌河流域红山文化的一个重要特征——龙（或鳞）纹图案陶器（或玉器）。

仰韶文化的关中一个直根系统曾经历过两次裂变。第一次分化出一个以壶（罐）形口尖底瓶和鱼纹图案彩陶盆为其主要特征的支系（图五）；第二次分化出一个以重唇口尖底瓶和一枝玫瑰花图案彩陶盆为其主要特征的支系（图六）。

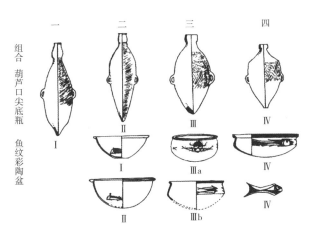

图五　仰韶文化半坡类型典型器类发展序列

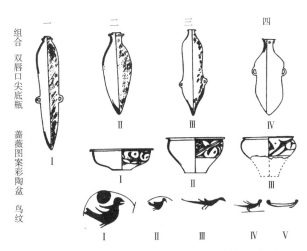

图六　仰韶文化庙底沟类型典型器类发展序列

源于大凌河流域的红山文化前身则曾有两个支系：其一是产生"之字纹"压印纹筒形罐的母体；其一是产生"篦纹"压印纹筒形罐的母体。二者曾经先后两次发生聚变产生两个新的支系：其一是以包含刻画麟（麒麟）和龙纹罐为其突出特征；其一是以包含鳞纹彩陶罐为其突出特征。

北方的红山文化与中原的仰韶文化在各自第二次演化（聚变或裂变）出的两个支系约当距今五六千年间在冀西北桑干河上游交错相会。这就是辽西新发现的红山文化坛庙冢产生的历史背景，而后者正是北方与中原两大文化区系在大凌河上游互相撞击、聚变的产物。这也是我们从宏观角度对辽西新发现意义的认识。以上是对第一句"华山玫瑰燕山龙"的解释，也是提出中华五千年文明曙光论点的依据。

以下"大青山下斝与瓮"三句是什么意思？

从距今约五千年到距今约两千五百年期间，中原与北方两大文化区系间既有大致同步发展的一面，又有类似的错综复杂难于梳理的一面。但仔细分析，不难看出二者实有微妙的差异。特别是在我们前边所讲的大"Y"字形的北方—中原连接地带。这就是后三句的全部含义。

紧接红山文化末期的辽西地带，大凌河流域材料贫乏，老哈河流域发现两处颇具时代和地方特征的遗址（赤峰的大南沟墓地和敖汉旗的小河沿）自成一个亚区系。辽西与内蒙古河套地带（伊克昭盟[1]、乌兰察布盟间）加上"三北"（冀西北、晋北、陕北）中间隔着锡林郭勒盟这块中间地带。后边这个地带正是黄河的几

---

[1] 现为鄂尔多斯市。——编者注

个支流（浑河等）、桑干河、滹沱河与汾河的发源地或上游。这一地带又形成独具一格的亚区系。由此往南，直至晋南的曲沃—夏县一带，晋中（太原附近）是它和前者的中间地带，形成第三个亚区系。

把这三个亚区系连成一片，和中原同时期对比，上下两千几百年间，确有若干衔接环节是中原地区所难以理解的。例如：

——伊克昭盟准格尔旗发现晚期小口尖底瓶（从绳纹过渡到篮纹）与早期斝类（从绳纹过渡到篮纹）并行迹象；

——赤峰、敖汉两地发现的彩陶与彩绘黑皮陶衔接迹象，鳞纹过渡到原始雷纹迹象，红山文化"之字纹"压印纹后期形成的"类篮纹"与真正拍印篮纹衔接迹象；

——从尖腹底斝经过斝鬲（过渡型）到真正由三袋足拼接而成"腹足不分"的鬲的全过程；

——"真鬲"出现后，经过千余年间演化过程，直到西周初期这一带还保留着自己传统特征，腹与袋足间留有清晰界线。

这不仅说明晋文化有其自身传统历史背景，还说明这条北方—中原连接地带既有活跃的民族大熔炉性质[1]，又具有比中原相对稳定的、连绵不断的文化传统特色。秦汉统一前的几千年如此，秦汉统一后的两千年更为明显。

中国文化起源问题、中国文明起源问题、我国统一多民族形成问题、中国文化传统问题的深入探索将永远会给我们以启迪，从野蛮到文明是社会发展史问题，又是我国各族人民曾经实实在在经历过的历史问题。回答这个问题，第一条，要从我国历史的、

---

[1] 从距今五千年左右，到距今三千年左右在河套至曲沃地区，一系列社会文化发展变化均具有明显的聚变特征。

现实的实际出发；第二条，要目的明确，为了我们的明天，更为了我们的今天社会需要；第三条，要方法对头，只有应用唯物辩证法才能回答中国历史的辩证法发展，只有它才会真正给人们以有益的启示。愿与同行及一切朋友共勉之！

1986 年 7 月

关于辽河文明[1]
——与日本富山电视台内藤真作社长谈话（一）

采访者：内藤真作　日本富山电视放送株式会社社长
　　　　青柳良明　日本富山电视放送株式会社报道部副部长、新闻解说员
同席者：徐苹芳　中国社会科学院考古研究所所长
　　　　郭大顺　辽宁省考古博物馆学会理事长

内藤社长：（苏先生）我们富山电视台在辽宁电视台和郭大顺先生的协助和支持下，今天得以访问中国考古学界的最高权威苏秉琦教授，我们为此感到无比的光荣和高兴。这几年来，我们对红山文化抱有很大的兴趣，不禁为古代文明而振奋。尤其是我们在读了刊登于《辽宁日报》海外版上的有关苏秉琦教授对查海遗址的研究文章以后，我们还拜读了苏教授所写的诸多论文（1987年以后的）。9月3日至5日我们到阜新查海遗址去了，并看到了查海博物馆内陈列的许多珍贵文物！尤其是亲身感受到了万年前

---

[1] 原载《华人·龙的传人·中国人——考古寻根记》，沈阳：辽宁大学出版社，1994年。——编者注

的灵气，为倾耳聆听上万年前的声音，我们一直在查海遗址待到深夜 12 点。我真感到十分的神圣。今天我们想就查海遗址出土的"之"字纹、玦状玉器、龙纹陶片等请教一下苏先生。请多多关照！

苏教授：那么，下面就据我个人所知所想的谈一谈。自从发现红山文化以后，整个北方的考古学取得了很多的新成果。之后，其突出的问题就是有关它本身的来源问题，即红山文化、红山人的来源等等。那么到阜新查海遗址的发现，算是初步敢于对它的前身有了个概略性的认识。其认识可分三点来说明。头一个就是查海文化。第二个是敖汉旗兴隆洼文化。这两个都是牤牛河流域的文化。牤牛河比黄河更形象。黄河水从天上来，而牤牛河之水来自地下，水从地下涌出像牤牛一样横冲直撞。所以，我们说那是第一黄河。牤牛河流入大凌河，它有两个支流，一个支流流入查海，一个支流流入兴隆洼。它们两个犹如兄弟。查海文化和兴隆洼文化，也就是我们所称的"小两河流域文化"。它是黄河的先辈，时期早于黄河。尤其是，它不是在黄土地带，是在沙（漠）土地带，沙（漠）土地带比黄土地带更容易出水。其特点是整个内蒙古沙漠地带的表土易流失，而从地底下涌出的水呈白色，所以流向天津的河又称为潮白河。禹贡九州的首位是冀州，"冀"是河北的简称。冀州一带的土壤呈白色，故被称为"白壤"，这是冀州的一大特点。"白壤"即是沙壤，在阳光的照耀下，土壤呈白色。所以这一地区的水，即牤牛河比起黄河来更具有魅力。黄河的水呈黄色，而从沙中渗出的水所汇成的牤牛河的价值比黄河的更大。虽然都是水，但牤牛河的水和黄河的水不一样，土壤也不一样。从燕山以北到内蒙古的南侧一带都是沙壤，也称为"白土"，再北边就是黑土。牤牛河的两个支流地域的文化——查海、兴隆洼，两者一直是兄弟关系，相互取长补短，相互促进。红山文化的特征有两个，一个就是"之"字纹，还有一个是"篦"线纹。两个合在一起就是"篦线之字"。往上追溯，以上两个兄弟文化都可以推到八千年前左右。往下呢，红山一前一后，我们称之为红山前、红山后，在红山前的时候，这两者（"之"字和"篦"线）合在一块儿。就彩陶的种类而言，红陶、黑边儿，从兴隆洼出土的是六千至七千年前的。陕西的宝鸡有，甘肃的天水也有，时期大约都是七千年前。三个放在一起很难区分。红山文化的前期从开始就具有两重性，一个是本土的，即牤牛河，还有一个是仰韶文化。一个在北边儿，北纬44度，一个在南边儿，北纬38度，两者的纬度差60度。它们各有各的根，后来就相遇并结合。那么它们究竟是在何处，又是在怎样的情况下结合在一块儿的呢？我这里有一张文物的照片（图一），此文物出土于西拉木伦河的北边儿，地名叫阿鲁科尔沁旗。这是一个陶器，如何给它定时代呢？那就是红山后期，即五千年到六千年前。这一发现太好了。在整个红山文化遗址中目前就发现这一件。中间是红山文化的龙鳞纹，这下面的花纹呈"⌒"状、两个"⌒"相拼即成，连在一起就成为花。学植物学的就能知道花是千变万化的，但最重要的因素是两个"⌒"扣在一起，即成为花的形状。形状有点像房顶上的瓦，两个扣在一起。学生物的人（懂花的人）一看就懂。这是最基本的，也是最简单的花的形状。再看这陶器最上面的花纹，这些是西亚文化的特征。而且，这些花纹仅是这一面有，另一面没有，即半个陶器有，半个陶器没有。还有，这些花纹是经过反复涂饰的，有立体感。这也就是红山文化的特征之一。整个西拉木伦河以北到北京之间，都属于红山文化的范围。从纬度的跨度来讲是北纬40—44度，但目前就出土了这一个。三种纹饰分开的有许多，但三者（龙鳞纹、玫瑰花、西亚文化的特征）结合在一起的仅此一个。能和它相比的那就是牛河梁遗址。牛河梁遗址也仅是一处，再往下的我们把它叫作"后红山文化"，即四千至五千年前。完整的系列是：

"前红山"七千年至八千年前

"红山前"六千年至七千年前

"红山后"五千年至六千年前

图一　内蒙古阿鲁科尔沁旗出土的彩陶罐

"后红山"四千年至五千年前

这样红山文化的概念也就完整了。

内藤社长：这个陶器有多高？

苏教授：40厘米，这是红山后（六千年前）时期，与牛河梁文化是同一时期的。"红山后"是红山文化中很典型的、最发达的阶段。所以，我们可以大胆地说中国是具有五千年文明史的古国。司马迁的《史记》里有"五帝"之说，但无根据，所以抓不住它。因此，这始终是一个疑问。但现在有确凿的证据，而且比五千年前还早。这红山文化分布在燕山南北，北边到赤峰，南边到北京，都早于五千年前。这是确确实实的，而司马迁所写的仅仅是传说而已。

内藤社长：不过，前不久我们在向郭大顺先生请教时，郭先生曾提及"先红山文化"是距今七千年到八千年的文化，甚至还可以上溯到一万年前。有关这一点怎样理解为好呢？

苏教授：它的根在一万年前。因为八千年前我们就有玉器了，玉器的加工工具，如用现代语言讲，那就是"陀子"，实际上是一种砂轮。这说明当时就已有了先进的加工玉器的工具了。所以，在现今的北京以北，即河北地区有一万年前左右的文化。旧石器晚期是一万年左右，新石器早期也是一万年左右。但旧石器晚期是无陶期，新石器早期是有陶期。一万年前到八千年前是一个大的阶段，这期间的陶器到处都有发现，但像先红山和红山文化这样很有特点的陶器仅我们这一处有。目前需要的是具体的逻辑论证。

内藤社长：下面我想问一下，从查海遗址出土的文物是否可以说，当时已是农牧文化和狩猎文化并存？包括两者间的关系，还有这是否属于文明的范畴？

苏教授：农业不是一天可以出现的，牧业也不是一天可以出现的。也就是说野生的变成人工的要一个很长的过程和时间。野生的动物变成家畜也不是一天内变成的。要论证农牧业的起源，不仅要有实证，还需要进行推论。所以就结论而言，其起源可以说是一万年前左右。说当时已有大米、小米，这也不成问题。其根据之一就是因为当时已有定居，还有陶器。我们既要尊重事实，又要进行推论，但不要钻牛角尖。在我们考古学界一般只把考古学分为旧石器时代考古和新石器时代考古，这就行了。为什么这么说呢？因为新石器早期虽有农业和驯养家畜，但它是属于旧石器晚期中技术革命成果的一部分。而旧石器的中、晚期是花了十万年左右的一大段时间，这十万年漫长的时间都属于技术革命的时期。为方便而言，把一万年以前的叫作旧石器考古，一万年以内的叫作新石器考古。

我这里有一份资料，这是我们从1987年起开始写的。是有关中国远古时代的，题为《重建中国古史的远古时代》。这是我们从1984年起开始考虑的问题。这篇论文已编入了多卷本《中国通史》。这份材料赠送给社长先生，谨供参考。

内藤社长：谢谢。我们在查海村（查海遗址）看到了加工农产物的工具。这是否可以理解为当时的人们已经掌握了加工粮食的技术呢？

苏教授：但是，当时所加工的东西可能是食物，也可能不是食物。如说一定是粮食，那太简单化了。所以，最好不要说绝对了。

内藤社长：在那儿我们还看到了许多细石器，那也是实证之一吧。

苏教授：对细石器也不应该看得太死，因为中国自从有旧石器起，就有了细石器。中国北京人的时候，打出的石器就像细石器，但不是用打制细石器的方法，是直接用石头打石头，打出的石片像细石器。

内藤社长：从位于日本北陆地区的富山县等地也出土了细石器和玉玦（耳饰）等，与此相关联，听说日本海沿岸包括福井县、石川县、新潟县等等，从古时候起就和中国东北地区有密切的关系。有关这些情况，上次访华时请教了郭先生。今天想再进一步地请教一下苏教授。

郭教授：以前像这种玦状耳环都认为是南方（诸如浙江省一带）传到日本的。现在从查海出土了这种耳环，所以可以考虑有从北方传到日本去的可能。

苏教授：但按原来那种说法也有可能。由于现在北方也发现了，而且时代更早些，所以，可能性也就更大些。又因为到五千至六千年前的时候，红山文化的水平就已经很高了。我们现在不是要搞环渤海考古吗？它包括两个半岛，即朝鲜半岛和胶东半岛，是一个范围很大的考古领域。在古时候，这一带的交通很方便，和外国的交流也很频繁。但尽管可以那么说，我们还是别过分拘泥于是南方先于北方，还是北方先于南方。只需笼而统之地说是由中国传到日本的就行。

这在当时来讲，玉器的加工可以称得上是高尖端技术。大凡科学技术都不是偶然的、一下子出现的，当然也不可能同时出现。至于谁先出现，谁晚一些出现，这都无关紧要，不必在这上面花更多的时间。

青柳部长：先生我想请教一个问题，即由于发现了查海遗址，它早于美索不达米亚的文明。那么，是否可以认为世界文明史（的起端）可因此而改写？还有，这是否能得到世界上的公认？

苏教授：这样说也不妥。因为查海遗址与美索不达米亚文明之间有一点是相似的。即距今六千年这个界限，为什么旧大陆的西边和东边如此相似？在我们中国的考古学上，成为最初的突破口的是仰韶文化的发现。我们所说的距今六千年左右是一个大概，距今六千年前是一个阶段，距今六千年后也是一个阶段。美索不达米亚也同样是距今六千年，可以推测大家都走过几乎是同样的历程，谁先谁后？我们不争这个。第二点呢，就是彩陶，两者之间也很近似。西亚、中国出土的彩陶都是距今七千年左右，谁先谁后，这也没有必要去争论。

1992年9月28日于北京

（任建宏整理）

关于环渤海—环日本海的考古学[1]
——与日本富山电视台内藤真作社长谈话(二)

采访者：内藤真作　日本富山电视放送株式会社社长
　　　　青柳良明　日本富山电视放送株式会社报道部副部长、新闻解说员
同席者：徐苹芳　中国社会科学院考古研究所所长
　　　　任式楠　中国社会科学院考古研究所所长
　　　　郭大顺　辽宁省考古博物馆学会理事长
　　　　平冈昇　日本富山电视放送株式会社副社长
日期、地点：1994年5月6日于北京中国社会科学院考古研究所

内藤社长：苏先生今年八十有六，真是福如东海，寿比南山。我是先生的弟子的弟子……也许是第六代弟子吧。相隔了两年，今天又得以和先生在此相会，真是无比高兴。这两年里，每当我想起中国的一些事情时，眼前总会浮现出苏先生的笑容。

---

[1] 原载《华人·龙的传人·中国人——考古寻根记》，沈阳：辽宁大学出版社，1994年。——编者注

对一万年内的考古新发现（查海村），就更不用说了。作为电视工作者，对相隔日本海的中国大陆的亚洲古代文明这一极其重要的文化历史背景，及由其而掀起的研究潮流，产生浓厚的兴趣。

前不久，郭大顺先生将苏先生最近发表的论文邮给了我，我随即拜读了。文章重点谈到了中华国家的起源问题。中国的敦煌学已作为一门学问在世界上确立。两年前，第一次见到苏先生时，先生曾提到环渤海考古这一重要课题。如果把敦煌学看作是位居欧亚大陆正中，属内陆考古的话，那么，环渤海考古就包括了水下考古。虽然是海洋，但只要有人来往，那它也就和陆地同样。不过，现实中渤海湾的水位很深，浪也很大。尽管如此，古时，历代王朝的船只还是照样往来于此的。

现在，对其进行调查和考古研究，这就意味着我们将要对至今尚未接触过的领域进行挑战。即要揭开各个时代，中国大陆通过海域与外国进行文化交流，以及它的历史和文化背景这一个谜。

现在，我们富山电视放送株式会社和辽宁电视台正在合作拍摄第五部电视纪录片。拍这部片子，也就是因为看准了渤海，从中国的渤海地区到朝鲜半岛、俄罗斯的沿海洲等等环渤海—环日本海地区和国家，在古代，那里曾有过辉煌的文化和历史，尤其是与各国间的文化交流。因此，我们要确确实实地搞清楚其古代的实情，以便正确地对待现实和展望未来。我所说的仅仅是一般论，或者说是常识论吧。

可是，我们对形成渤海国的民族史等等均无从知晓，我们在和辽宁电视台的合作拍摄中，从北侧进而从东侧进行了探索。今天，以苏先生为首的中国考古学界的专家和权威们都在此接待我们，真是机会难得，谨向各位先生请教，并表示衷心的谢意。

苏教授：刚才，内藤先生的一席话讲得很好。夏商周时代，中国的青铜文明，这已广为世界所知。但这里有个根的问题，即中国文明之根的问题。两年前，和内藤先生一起谈到了红山文化、辽河文明等等，这都是从中国文明的起源说起的。如果从辽河，也就是从水的角度来理解的话，就把课题本身提到了更高的层次。人类和水的问题也就是人类与自然的关系问题，中国文明还只是中国的问题，但是，水跟人的问题就是人类共同的问题了。所以，联合国对我们的这个课题也给予了高度的评价。整个世界也都来关心这个问题了，对文明研究的课题因此也上了更高的层次，这方面以内藤社长为首的富山电视放送株式会社的日本朋友有预见，是先走了一步的。

现在又提出新问题，也就是内藤先生刚才所提到的环渤海考古问题。内藤先生讲得好，要从考古学、民族学、历史学的角度去研究渤海湾的问题，这是一件很富有意义的事情。从1987年起我们就开始提渤海湾的问题。现在呢，中国面向整个世界，两个半球，范围又扩大了。也就是说从环渤海到面向整个世界，我们的研究内容、规模等都扩大了，意义更深远。什么问题呢？两个海——渤海就是中国海，东邻就是日本海；三个半岛——辽东半岛、胶东半岛和朝鲜半岛；四方——中国、朝鲜、俄罗斯、日本。题目是一个题目，大家一起面向世界、走向未来。现成的题目是，

《禹贡》九州之首是冀州,冀州的地理位置是"河之东(山西、陕西之间黄河的东边)和河之北(经过河南的黄河之北)",包括现在的华北和中原的一部分。商朝和周朝人说"肃慎、燕亳吾北土也",这说得清清楚楚,北方有肃慎,有燕和亳。燕亳指河北辽西一带,那肃慎指哪儿呢?就是指北边与渤海、日本海有关地带。商朝人、周朝人泛称那里为北土,并没有界限,"肃慎"是殷朝人开始称呼的,清朝的满族人称"白山黑水",即当中有座长白山,北边有条黑龙江。"白山黑水"的范围就包含有环渤海到环日本海。从这点来看,古人所指的"北土",大致相当我们所讲的两个海、三个半岛邻近地方。清楚的界限是从清朝乾隆时代起所制作的地图,在这之前是没划过界限的。

1993年,沈阳要办一个刊物,叫作《沈阳文物》。主办人请我为此刊物写几句话[1]。起初,我认为辽宁已经有了一本《辽海文物学刊》,沈阳在辽宁的范围内,难搞出自己的特色来。因此,我回答说不好写。后来,想到了沈阳所具备的特色。用两句话来概括的话,一是沈阳有七千年前的"新乐遗址"(新乐博物馆),七千年前的新乐文化所具有的鲜明特色,辽宁是概括不了它的,辽东、辽西和沈阳这三者是不同的;二是三百年前的故宫和清陵所代表的满族人的清,一往无前的开拓精神。清是个很有特色的朝代,开国在沈阳。他们在沈阳已做好了充分的准备,到了北京后,不只是把"大明门"改成"大清门",更重要的是具有的那种

---

[1] 为《沈阳文物》创刊号题词的全文为:"沈阳市有'两宝':一个是七千年前的新乐遗址所代表的文化遗存,一个是三百年前清故宫及清陵所代表的早期清政权文化遗存。它们凝聚着这一方人的精神文明和物质文明的结晶。深入一层讲,一是鲜明的个性,二是一往无前的开拓精神。它们对这个城市的发展和对这个刊物的启示都是至可宝贵的。"

一往无前的开拓精神。他们在关外（东北）已做好准备，入关后的顺治、康熙、雍正、乾隆都实践了这种精神。就这个朝代的开国史而言，在中国的历史上也是少见的。三个"八旗"是在沈阳搞的，乾隆时代，又搞了个"汉、满、蒙、维、藏"。承德避暑山庄有个"丽正门"，用五种文字写成。到北京之后，清朝没有把明朝的朝仪改掉。北京的城门都用满文和汉文写成，作为"满汉政权"的象征。

清自称是继承金，但当年金朝曾在大兴安岭的东侧搞了个堑壕，以防从蒙古来的骑马民族的威胁。明朝是用长城来防北方。可是，清朝从开国初，就抛开了这个概念，用不着堑壕，也用不着长城。因为，它在政治上早有准备了。所以，我在给《沈阳文物》题词中使用了"一往无前的开拓精神"来概括清初文物实质。总的说来，沈阳的特征既不同于辽东，也不同于辽西，却从七千年前的新乐文化中可以找到某些渊源关系。

从客观条件和我们的主观条件来讲，现在和我们当初考虑拍《辽河》电视片时的条件差不多，思想和认识方面的条件可以说更好些。我们既看到历史跟现实的结合，又可以用考古资料和文献去对照。

总括刚才所讲的，环渤海考古既包括了"白山黑水"、两个海、三个半岛、四方——中国、朝鲜、俄罗斯、日本，所有这些可以说条件是具备了。而且，特色突出就是"开拓精神"。再加上中国国家起源的三部曲：古国—方国—帝国，以及发展模式的三类型：北方模式、中原模式、北方草原模式。如果再把环渤海和环日本海连起来一起考虑的话，那内容就更丰富了。这跟三年前合作拍摄电视纪录片《辽河》相比，更具体了，条件也充分得多。衷心地祝愿合作拍摄成功。

内藤社长：下面请允许我谈几点，也许是很外行的话。随着黄种人分布范围的扩大，其文化对世界文化的影响是很大的，尤其是中国的古代文明。黄种人遍及了世界各地，东南一带不用说，还有北美、南美等。从人口上来讲，黄种人有几十亿；从古代文明、文物等方面来说，其他种族人是无法相比的。尤其是中国大陆，不难想象在古代这是一片很适宜人类生存的土地。地球环境总是在变动的，我想通过对遗址和文物进行古代研究，就可以了解一些古代的地球环境等情况。另外，我认为电视是一种极为有效的宣传工具，对考古研究工作的深化可以起到一定的作用。方法也可以是多种多样的，既可以用写实的办法，又可以用电脑图形显示复原的办法。我们虽然是地方电视台，力量也单薄，但是，我们想竭尽全力地来帮助考古研究。我们可以利用文字、影像，还可以利用电脑图形显示复原的办法，来帮助考古研究开辟出一个新的领域。我的看法怎么样？

苏教授：随着现代化的发展，电视的作用越来越大，电视的天气预报就是一个很好的例子。以前我们只能从电视屏幕上看到一些数据，但是，我们现在可以看到云层的移动情况，特别是降雨带（包括风）的移动情况。我想不管到什么时代，任何宣传工具都难以代替电视的作用。

徐研究员：内藤社长讲的电脑图形显示复原的办法，是一种很尖端的先进的办法。也就是说可以把一些考古挖掘的数据输入电脑，让电脑用图形显示的办法来复原出远古（当时）的形象。

这样就可以更有效地来代替考古中的复原工作。

任所长：刚才，内藤社长讲的利用电视以及结合用电脑图形显示复原的方法，来帮助考古工作，这是很有前途和很有意义的事情，对此我们很感兴趣。第一点，就是用电视来宣传和报道现有的考古发现和考古成果，这是现在正在做的、大家都比较熟悉的。用电脑图形显示的方法，来进行考古复原研究，这是相当先进的。这对推动和促进我们的考古工作将会起到积极的作用。在考古研究工作中，我们也已经开始使用电脑，就是把一些考古发掘的资料、数据和图片输入电脑。日本在电脑技术的运用方面是相当先进的，在我们考古研究中，有哪些技术是可以运用的，包括如何运用，等等，还望富山电视台为我们多多提供信息和技术资料等，请多多关照。

内藤社长：我刚才讲的仅仅是一种可能性，也可能是一些外行话。但是，我们两年前去辽宁阜新查海遗址的时候，看到了许多珍贵的文物和数据资料以及查海遗址的实际环境。当时，我就联想到要是能够使用电脑图形显示的方法，来对该遗址进行考古复原，哪怕就是接近的也好，然后使它影像化在电视屏幕上反映出来。我相信这一定能对查海遗址的考古研究，起到很重要的作用。

还有一点就是现在正在进行中的辽宁省绥中县渤海湾的（对海底沉船的）水下考古。当时我曾考虑如果由我们富山电视放送株式会社和辽宁电视台一起合作，把它记录下来，也是可能的。但是，如果能够得到研究机构以及诸如享有世界最高权威的设在美国华盛顿的自然科学教育机构"National Geographic Society"等财团的支持，并和他们一起合作的话，尤其是能够得到贵考古研究所的指导和支持的话，那就一定会取得所期望的重大成果的。我们可以通过电视这一非常有效的传播媒介来对考古发掘进行宣传，使人们都来关心和了解考古研究工作，珍惜和爱护人类的古代文明和文化。当然，最重要的是应该考虑如何来保护那些文物，使它们得以留存给后世，让我们的子孙后代都能够看到它们。

徐研究员：苏先生是渤海湾海底沉船的水下考古中日合作研究的中方主席，日方是江上波夫先生。

苏教授：这是一个新课题。从航海来讲，当时使用的是什么样的船只？又是怎么样的航海条件？有怎么样的航海技术？都不太明白。唐朝鉴真和尚饱经了千险万难，才到达了日本。当时航海条件是否都一样？或者说当时的渤海湾从条件上讲是否比较优越？但不管怎么说和现在航海条件相比究竟有哪些不同？此外，还有潮流、季节风和风向等利用的问题。

青柳部长：刚才谈到了渤海湾的水下考古。另外，从另一个角度来看的话，现在我们已迎来国际化的时代，那么就会有人和物的交流。远在千百年前，这个区域（两个海、三个半岛、四方）的人们就远隔重洋，进行了频繁的交流。所以可以把它称之为国际化的时代和智慧的时代。因此，我们应该想尽办法用电视这一先进的宣传媒介把它记录下来。作为电视工作者，不仅要大力弘扬古代的文明和文化，而且要为亚洲和世界和平做出贡献。请各位先生多多指教和支持。

平冈副社长：请允许我来补充讲几句有关电脑图形显示的先进技术运用的问题。在日本，能够使用大型计算机来进行实际操作的也仅仅是几家著名的公司。首先是汽车制造，例如丰田汽车公司；然后是那些大型建筑公司，例如大成建筑公司；就电视台来讲有 NHK 和富士电视台。富士电视台是电视网，我们富山电视台就属于这个网。电视网会给我们提供有关电脑图形显示的先进技术的信息等。除了这些大型公司以外，还有一些专门的影像制作公司。

就我们富山电视台而言，一方面我们可以委托那些公司制作，另一方面我们还可以设法自己来开发。具体地讲，那就是在从 4 月份起的本年度预算中，已经准备了两千万日元的资金，并预定于今年 6、7 月份进第一批设备。

目前，我们和辽宁电视台正在合作拍摄第五部电视纪录片。其主题之一就是反映渤海国的文化和经济情况，尤其是古代文明以及和日本等国家和地区的交流情况。比如说，刚才各位先生所提到的"当时是利用什么样的船只"等等。一方面可以利用实物和考古研究的资料和数据，另一方面可以想象，把这两方面综合起来，使用电脑图形显示的先进技术来进行模拟和复原，并制作出电视图像。当然，重要的是我们不能凭空想象，一定在考古研究机构的专家的指导下进行制作才行。即给我们指出哪些是属于考古和历史范畴内的，是正确的、可行的；哪些是不可行的。请各位先生给予多多的指教。

内藤社长：当时，我们也曾考虑将从牛河梁遗址发掘出的女神像（头）用电脑图形显示的先进技术来进行模拟和复原，并制作出电视图像。但后来一打听，其费用约需三千万日元。费用实在太高，难以实现。不过，我们到现在为止，都没有放弃这个念头,在继续做努力,争取早日实现。

苏教授:你们这种不懈努力的精神和认真的态度,真是非常感人,考古学界应该好好地感谢你们。

(任建宏整理)

仰韶文化研究与中国文化起源问题
——纪念仰韶村遗址发现六十五周年[1]

代序言

六十五年前仰韶村遗址的发现和1985年11月在遗址现场纪念它的六十五周年,看似偶然实非偶然,看似寻常实不寻常。

纵观一部中国近代史,从鸦片战争以来,整个中华大地、中华民族一直处于政治动荡、社会转变之中。但并非没有起伏,在社会思想领域尤其如此。

"五四运动"前后一个时期社会思想活跃达到高潮。新中国成立后,经过"十年动乱",十一届三中全会后拨乱反正,社会思想的活跃又达到高潮。两次高潮中,东西文化问题都成为热门,但内容实质有所不同。前一次是在中国处于存亡关键时刻,面临的是中国向何处去。亟待解决的是向西方学什么的问题。这一次是大局已定,要实现四个现代化,两个文明一起抓、振兴中华。亟待解决的是如何继承、发扬民族文化传统的问题。两者也有相通

---

[1] 原载《论仰韶文化》,《中原文物特辑》,1986年;收入《华人·龙的传人·中国人——考古寻根记》,沈阳:辽宁大学出版社,1994年;本文主标题为编者所加。——编者注

的一面。这就是，在整个社会转变时期的中国，始终存在一个对中国传统文化再认识、再评价的问题。这是社会的需要。这是当年仰韶村遗址发现的背景，也是中国近代考古学在此时兴起的背景。现在中国社会发展进入一个新的历史阶段，中国考古学也进入了一个新的历史阶段，仰韶文化的研究也要更上一层楼。这次纪念活动也可说是为了这个目标鸣锣开道。

自1921年挖掘仰韶村遗址之后，安特生的足迹西至陕甘青，北至辽宁锦西，西南至川康的甘孜地区。从他第一次发表关于仰韶村遗址考古论文到他写出以仰韶文化为中心内容的论著，他的全部学术活动我们似乎可归纳为一点，即试图以仰韶文化遗存为中心，探索中国文化起源问题，对中国学术界影响很大。当我看到河南渑池县编印的这次学术讨论会的盛况记录，很受鼓舞。我愿借此机会谈谈关于仰韶文化研究与中国文化起源问题探索的脉络，以此纪念仰韶村遗址发现六十五周年。

从仰韶村遗址发现，经过二十来年的勘查，以仰韶文化及其类似文化遗存为中心线索，北到辽宁大凌河、小凌河流域，西到青海湖，西南到长江上游，安特生几乎跑遍仰韶文化影响所及的边沿地区，他没有找到仰韶文化的真根源，他也没能给仰韶文化的范围加以界定。但他认识到仰韶文化是中国文化的重要源头，这就无异于说，他或许已经意识到它是产生中国文明的一种"基因"，如果还不是"种子"。实践证明：前者诚然来之不易，后者尤为难得。这正是我们今天还在探索中的一个重点课题（项目）。应该着重指出的是：在此之前，我们已经走过一段很长的道路了。

远在半个多世纪以前，20世纪30年代初梁思永去西辽河—

老哈河一带考察，认识到西辽河（西拉木伦河）南北新石器文化的差异，应作为一个专门课题进行工作。城子崖（1930—1931年）和稍后两城镇（1936年）的发掘，提出龙山文化是中国文化的另一源头。同一时期安阳后岗发现三叠层（仰韶、龙山、小屯），进一步证明了中国原始文化的两大期，以及它们和殷商文化间的继承关系。

自仰韶村遗址发现后，十多个年头，通过如上所述几项考古发现与研究，对于我们延续两千多年的传统史学编年产生巨大冲击波。其一，把中国古代史向上延伸到石器时代，中国文化起源上溯到原始社会；其二，传诵两千多年的"五千年文明古国"的庄严形象一时间似乎化为虚幻的传说。或者干脆用"仰韶文化、龙山文化"把商以前的一千多年填充起来，凑够五千年整数。或者进一步引申为"夷夏东西说"，把考古新材料与古史传说都派上用场。"五千年文明"落到真假参半。科学要求实事求是，亿万人心中不能不产生疑问：为什么中国文明的诞生像传说中的老子，生来就有白胡子？

记得苏联考古学家吉谢列夫访问中国时，在北京大学做学术演讲。会上有人递条子问，中国青铜器是否源于西伯利亚。他回答，他不相信，已经进入奴隶社会的中国青铜器会是来自原始社会的西伯利亚，并举殷墟出土铜戈等为例。实际情况很明显，递条子的这位同志何尝不清楚殷墟出土青铜器绝大部分只能从中国古文化中找到它们的原型。他提问的动机是，中国殷商高度发达的青铜文化源头究竟在哪里？会不会来自北方？这猜想不是全无道理的。殷墟出土青铜器中确有那么一部分和北方牧民社会青铜器有着亲缘关系，但如说它们是来自北方，年代关系不合（就当时所知，中国北方还没有发现过认为可以早到殷商的这类器物）；说中国北方那些同类青铜器是源自殷商，逻辑顺序也难讲通。

从20世纪30年代，中国文明起源问题被尖锐地提出来，半个世纪过去了。从殷墟（殷商晚期）往上追溯，已取得可喜成绩。但夏文化遗存是什么样子，还有待进一步探索。从中国古文化（新石器文化）遗存中寻找，或是以像龙山文化遗存中的版筑城堡，或是以像仰韶文化遗存中陶器上的刻划符号、大汶口文化遗存中的陶器刻划"文字"等迹象为依据，试图论证中国文明起源可以早到距今五千年，甚至六千年前。实践证明，这些努力，似乎都不能真正缩短起步点与目标之间的距离。

半个多世纪的实践使我们终于再一次认识到，仰韶文化遗存对于我们探索中国文化起源问题是至关重要的。而且，对于我们探索中国文明起源问题同样不可等闲视之。科学发展是有规律可循的。它可以被人认识、运用。捷径是没有的。新中国成立后，三十几年来有关仰韶文化的发现与研究已比过去大大加速发展的事实证明了这一点。

新中国成立后到"文革"前的十几年间，通过西安半坡、陕县庙底沟等几处仰韶文化遗址的发现与研究，对于这个考古学文化的基本特征，也就是我们据以论证它堪称中国文化起源重要源头之一的主要因素，取得了系统认识。它们的内容是：两种小口尖底瓶、两种花卉和两种动物彩陶图案。说它们是主要的文化特征因素的条件：第一，特征鲜明；第二，变化幅度大、节奏快；第三，从无到有，从有到无，序列完整。这都与其他特征因素不同。

两种"小口尖底瓶"

一种器口像壶罐碗盘（器上加器），我们暂称它"壶罐口尖底瓶"，主要出在"半坡类型"遗存。一种器口呈双唇（口上加口），我们暂称之"双唇口尖底瓶"，主要出在"庙底沟类型"遗存。这也是我们区分半坡、庙底沟两种仰韶文化类型的典型器类。北首岭遗址从下到上文化堆积层包含的这种陶器清楚地说明，二者从发生学角度，类似孪生兄弟，是平行成长起来的。从原型（唇部特征还未显露出来）到成熟（特征部分充分发育），跨越年代约当距今六七千年间。

两种小口尖底瓶的后期发展，分道扬镳。壶罐口尖底瓶后期发展序列，可以元君庙（从它们的墓地排列顺序看出）和姜寨（从它们的层位关系证明）材料作依据，发展曲线恰恰同它们的前期相反，从成熟型退化到起点。当然，我们能够从成型工艺区分前后两期的差异。双唇口尖底瓶的后期变化序列，泉护村遗址有较系统的标本，它的二期文化层中还有这种陶器临近消失阶段典型标本，同半坡二期遗存所出的没大分别。

两种花卉图案彩陶盆

完整的系列标本出自泉护村遗址。

我们为何不用"圆点钩叶弧三角"这类约定俗成的术语，曾经过一段长时间的斟酌。为此，曾请教过美术工作者和植物学家。他们认为，这种图案是花卉，而且我国是它们的原产地，又代表我国绘画最具特征的表现手法。

第一种是覆瓦状花冠，属蔷薇科的玫瑰（或月季）；第二种是合瓣花冠（整体结构又叫作盘状花序），属菊科（花）。二者原产地都是中国。覆瓦状花冠特征鲜明，几笔就可勾勒出来，不易混淆。合瓣花冠的菊科，特征同样鲜明。"合瓣"犹如人的五指微屈、合拢一起，状如勺形。这种"合瓣花冠"的表现技法不同于前者的"花冠"，不仅要表现它的"钩屈"，更要突出它的"合瓣"，常用两笔，外边一笔表现"勺形"的底面，里边一笔表现"勺形"的外缘。如统称"钩叶"，那就既没有表现出玫瑰花特点，更不足以表示出菊花特征了。

两种动物图案彩陶盆（鱼、鸟）

近似写实的鱼鸟合绘在一件陶壶（瓶）上，年代比较确切地出现在北首岭（中层），它们同图案化的，两者单独画在盆上的，意义有所不同。

从近似写真到初步图案化鱼形彩陶盆见于北首岭上层，和成熟型两种小口尖底瓶共生。年代比较确切，约当距今六千年。

半坡遗址包含鱼形彩陶盆完整序列（从近似写实到完全分解）。跨越时间（包括壶罐口尖底瓶从成熟型到退化型全过程），约当距今六千年到距今五千年期间。

鸟纹图案彩陶盆，从写真到完全解体全过程标本，出在泉护村，同双唇口尖底瓶从成熟型到退化型全过程相当。年代约当距今六千年到距今五千年期间。

含有以上三类六种文化特征因素的仰韶文化遗存，分布范围不超过西起宝鸡、东至陕县一带，跨越年代不超过距今七千年至五千年间。仰韶文化中心范围的时空界标大致如是。

以上关于仰韶文化基本特征因素的分析、认识，是从过去只在定性描述达到定量的科学认识过程。没有这个过程，任何更深入一层的研究都是没有牢固基础的。有了这个基础，仰韶文化的研究才得以进入一个新时期。

这样，仰韶文化的区系与源流问题就成为合乎逻辑的课题被提到日程表上来了。

首先，通过20世纪50年代末、60年代初洛阳王湾遗址，后来郑州大河村遗址（最近才挖到生土层）、仰韶村遗址、甘肃秦安大地湾遗址等几项重点工作，同宝鸡、陕县间仰韶文化中心区系对照比较，分析出它的东、西两个区系（支）。

东支以大河村—王湾为代表。它们缺乏中心区系特征因素中的大部分，缺乏中心区系中前后两大期间的紧密衔接关系。它们可以直接同中心区系对照比较的一种特征因素是玫瑰花图案彩陶盆，但不完全相同。只有花冠（朵）部分，缺乏枝叶、蕾等部分。发展序列自成一系：开始，用两笔勾画出覆瓦状花冠，中加圆点表示花蕊，两侧加弧形栏杆图形逐步简化，最后花冠部分变成"～"形，两侧栏杆变为工形。说它们像罗马字母的"S、X"倒也确切，只是把它的原始构思丢掉了。

介于陕县—洛阳间是崤山，仰韶村正居中部，近年挖掘材料证明，它的文化堆积同它的东西两大区系对照比较，确具中间性质，把它当作"模糊界线"可以。把它和黄河对岸的垣曲古城新石器较早阶段遗存合在一起，单独作为亚区系也无不可。

西支以大地湾为代表，发掘者把遗址分为四期。曾暂用"大地湾一期、半坡、庙底沟、石岭下"名称表示年代顺序和各期特征。同中心区系对比，缺乏器物群合逻辑的序列。它们各期名称以及它们前后之间衔接环节尚待进一步分析加深认识。借用四个遗址摞起来，虽不乏先例，但不说明问题。我们根据少量材料观察分析，似乎不是没有自己传统的。

由此看来，仰韶文化主要分布范围不出上述狭长地带。三大区系间以陇山、崤山为其模糊分界线。三者渊源、特征与发展道路不同，但它们可以中心区系为纽带连接起来成为一体。山西南部濒临陕、豫、冀南三省对应地区间，共性是清楚的。但更为重要的是：仰韶文化主要分布带约当北纬35度、东经105—114度间，北方的红山文化主要分布带约当北纬40多度、东经115—120多度间；山西地理位置恰在二者之间（北纬35—40度间），成为它们的联结通道；事实上它也确曾起到了非常重要的媒介作用。因此，山西应自成一区，但不是仰韶文化三个主要区系那种性质的支系。

有了对仰韶文化基本特征的初步认识，才可能有对它的区系分布的初步认识，然后，才可能有对它的源流的认识。

在整个仰韶文化主要分布范围内，近年都发现过较早的文化遗存。在仰韶文化诸重要遗址中大都包含晚于仰韶文化，又具有一定的前后衔接与变异的文化遗存。这些虽已得到大家普遍的认识，但这是否就可以说我们对仰韶文化的源流问题已经解决了呢？显然，问题远没有那么简单。例如，根据碳十四测试数据，仰韶文化遗存跨越年代约当距今七千年至五千年间。在仰韶文化主要分布范围内已经发现早于仰韶文化的遗存，它们跨越的年代约当距今八千年至七千年间。两千年间的仰韶文化当然可分早晚期。早于仰韶文化的遗存约一千年，不会千年一贯制。大约距今七千年，两者交汇点是怎样衔接的呢？还不清楚。我们不能把仰韶文化遗存作为一个整体，也不能把早于它的遗存作为一个整体，论证它们是承袭。由此可见，仰韶文化的源流问题，现在只能说是已经有条件探索、研究，但不等于说可以简单从事。

根据我们对仰韶文化基本特征因素（三类六种）的分析，进一步得出对仰韶文化主要分布范围内三个区系的认识和对三者间相互关系的认识。

根据我们对三个区系范围内各自包含的早于仰韶文化遗存那部分文化特征的认识，以及考虑到三个区系间为什么会产生如许的差异等，当我们着手探索它们的渊源问题时，不得不分头进行，而不能设想可以一揽子地解决，一劳永逸。

仰韶文化基本特征因素（三类六种）中两种小口尖底瓶，它们的原型、发生、发育完整过程，宝鸡北首岭的文化堆积提供了充分证据。鱼鸟图像彩陶初现时间和鱼纹开始图案化时间，彩陶图案常以底色（陶色）为主而不是着色为主的技法初现时间，花卉图案彩陶初现的时间等都从北首岭遗存得到证明。因此，我们似乎有理由猜想，北首岭遗址底层（该遗址只有小部分挖到底层）或同类遗址的底层或许代表典型的"前仰韶"文化遗存。

至于东西两区系自己的"前仰韶"遗存是什么，迄今我们还没有看到类似北首岭提供的条件，暂无从揣测。

仰韶文化的去向

洛阳王湾二期、陕县庙底沟二期、华县泉护村二期、西安客省庄二期等处遗存都为探索仰韶文化去向问题提供了线索。有一问题常使我感到困惑：小口尖底瓶的消失与袋足器的出现究竟是怎样关系。专讲年代关系，是衔接，是交叉，还是有间隔？在整个仰韶文化主要分布范围内，多年来注意寻找没有结果。

1984年去内蒙古呼和浩特参观。在自治区同志调查发掘伊克昭盟准格尔旗出土标本中，发现四件非常重要有趣的材料：两件小口尖底瓶（一件完整，一件残器底），两件尖底斝（都是残器底）。介绍如下：

一、准格尔旗石佛塔出土腹底部分形制完全一样的一瓶一斝。乳头状尖底，里面有锥状尖空隙。外印绳纹。

二、准格尔旗棋盘塬、黑岱沟出土腹底形制完全相同的一瓶（完整）一斝（残器底）。底呈锐角，里边圜底近平，外饰篮纹。完整器。器身似尖底瓶。

这一发现值得注意的是：两种小口瓶和两种斝形制互相对应，给我们的启示：第一，它们可能是交叉平行的；第二，不排除它们是直接的继承关系，即斝源于小口尖底瓶，"斝鬲"类是仰韶文化特征器小口尖底瓶的嫡系后裔；第三，这个递嬗过程可能不曾发生在仰韶文化的主要分布范围，而在仰韶文化与北方区系原始文化接触地带；第四，殷墟甲骨文字中有的"酉"字 ♉ 和这种小口尖底瓶（它的末期阶段）惟妙惟肖，有的"丙"字 ♅ 像尖腹底斝（仅仅是这个时期同小口瓶共生的一种型式），有的像鬲㞢。二字是"干支"中仅有的像器皿的两个；殷商已进入历史时期，甲骨文中却保留着距离它一千多年前迸发在"河套地区"的"火花"遗迹，把文明社会的殷商和仰韶文化末尾直接挂上了钩。

对仰韶文化源流的探索还给我们更深一层的启发。现在我们把发现于仰韶文化主要分布范围内，年代大约早于距今七千年和晚于五千年的（或更具体些说，距今七八千年间和距今四五千年间）诸文化遗存还没有正式定名的，似可统冠以"前仰韶"和"后仰韶"，再在仰韶文化的中间重要转折点分为"仰韶前"和"仰韶后"，共四大期，对我们今后的研究工作，目的性岂不更明确些吗？提出来同大家商讨。

还有两点意见，请同志们考虑。

长期以来，约定俗成地称作"小口尖底瓶"器类，很不"雅训"。对事物命名，我国原有自己的悠久传统。最一般的原则有两条：一、基本词最多用一个字；二、新事物或外来事物用几个字，和传统名称联系起来。甲骨文中明明有个现成的"酉"字，为什么不给它正名曰"酉"？为口语方便，可称"酉瓶"，或"陶酉瓶"。

再一个是"斝"。金石著录沿用已久，它的界定概念原不需再加论证。现在不同了。过去人们不知道它是"酉瓶"的嫡系后裔，又不知道它是鬲的祖型，更不知道它出现的社会意义（"文明"火花的象征）。现在需要的是：把斝同鬲的有联系、有区别的特征给以明确的界定说明。鬲的界定概念在古人旧说中最为可取的一说是"腹足不分"。依此定义，在生活中使用陶鬲初见时间约距今四千年前不久，下限是春秋战国之后，即约距今二千四五百年间。

鬲的型式尽管变化很大，细节部分尤为敏感，但都可用"腹足不分"一条概括进去。斝的起点时间约当距今五千年，斝、鬲交接时间当距今约四千年前不久。大约一千年间，斝的形制变化可以分为两大段。前一大段特征是：四个组合部件界限分明。后一大段特征是：四件各自作为一个独立器皿特征依然存在，但腹足交接痕迹渐不明晰。两大段各自的变化幅度相当大。两大段中间转折点还是清楚的。它的意义不容忽视。所以，用不同名称加以区别是必要的。我的意见可以另名"斝鬲"，表示它是斝的一支，又是斝向鬲发展的过渡形态。至于鬹、甗、斝等则是原始斝的另一种性质的分化。

仰韶文化的源流问题探索的启示

"仰韶村遗址发现六十五周年纪念会"上，张政烺同志题词"华夏文明，源远流长"。我很赞赏。从探索中国文化起源，到探索中国文明起源这一总课题出发，看仰韶文化在中国文化史上的地位，确实应给以恰如其分的评价，不应夸大，不应缩小。分寸的掌握，我认为，上面这个题词最为贴切。仰韶文化诚然重要，但"一枝花"代表不了"满园春"，"星星火"比不得"满天星"。

仰韶文化特征因素中最为突出的是"酉瓶"与"玫瑰花"彩陶。仰韶文化影响所及的范围要比它的中心区系大若干倍。它的主要文化特征因素中的"玫瑰花"图案彩陶比"酉瓶"的传播力大得多。"玫瑰花"图案为"一枝花"或"一朵花"，后者的传播力比前者大得多。现在我们已经知道，"一枝玫瑰花"图案彩陶从原产地（陕西关中）向外扩散路线是沿着渭河—黄河—汾河—桑干河，到达河北省西北部，同红山文化碰头就消失了。

再往东北到大凌河流域（昭乌达盟[1]和辽宁朝阳、阜新、锦州）简化为"一朵花"图案形式混在红山文化特征因素的"鳞纹"彩陶中，直到"后红山文化"期消失。从地图上看，以关中豫西为中心的仰韶文化同以大凌河流域为中心的红山文化，两者间距离要比关中同山东半岛之间的距离远好多，但从仰韶文化"玫瑰花"的传布、影响看，前者比后者显著很多，结果也不一样，前者是融合在红山文化中，成为当地文化因素之一；后者则不然，仅是"外来品"而已，并没落地生根。所以，仰韶与红山可以比作兄弟，而仰韶与大汶口仅是近邻而已。老一辈学者曾提出过"夷夏东西说"，有一定道理。当仰韶与红山一旦进一步结合起来，中国文化史面貌为之一新。这一过程的实现，当在距今五六千年间，即仰韶和红山后期。20世纪80年代初，我们获悉辽宁喀左东山嘴发现红山文化后期祭坛遗址时，感到吃惊。待到1982年，我们在河北蔚县西合营座谈壶流河流域几十处遗址发掘材料时，思想认识才开了窍。1983年，到辽宁喀左、朝阳现场"会诊"，大家对东山嘴的祭坛遗迹多少还有一些保留，建议在建平、凌源、喀左三县邻近地区继续进行勘查。当年就发现与喀左祭坛同时期的"女神庙"和"积石冢"（山陵）成组遗迹群。

新闻报道，仰韶村纪念会上"不少专家学者和考古工作者认为，仰韶文化中晚期已由母系氏族社会过渡到父系氏族社会"该是有一定依据的。值得注意的是，迄今为止，仰韶文化中晚期遗

---

1 现为赤峰市。——编者注

存中还没有发现同辽宁朝阳红山文化后期（相当仰韶文化后期）遗存可以比拟的遗物、遗迹。我们不得不认真考虑，辽宁朝阳发现的这一组红山文化后期的遗物、遗迹群，是否反映了氏族社会的解体或开始解体，以及是否传达了文明的曙光或信息。事情来得有点突然，没有思想准备。现在有的同志看到建平牛河梁和喀左东山嘴的玉龙竟和殷墟出土的相似，感到惊讶，这是可以理解的。

回头看来，从20世纪50年代仰韶文化中心区内连续发现仰韶文化遗存上边叠压的所谓"二期"，新出现的鬶类袋足器、篮纹陶、朱绘陶、方格纹陶等，一下子就在黄河中下游，远至长江中下游流行起来，背后的动力是什么？这究竟意味着什么？发人深思。

从仰韶村遗址发现到现在，六十五年以来，对仰韶文化的发现与研究已经发展到一个新的阶段，它的标志是：

一、对仰韶文化有了科学的认识。这里指的是对它所涉及的几个方面，如基本文化特征因素及其序列、区系类型、主要分布范围等有了定量、定性的分析论证。

二、对仰韶文化积累了系统的材料和研究。这里指的是四个大期的划分。这不必是大家共同的观点。但把仰韶文化上包"前仰韶"，下包几种所谓"二期"（后仰韶），对从文化史的角度或社会史的角度进行深入研究是有好处的。

三、中国文化起源问题，从一个侧面（仰韶—红山）取得了突破性成绩。

四、对于仰韶文化所跨越距今的八千年至四千年间，中国社会史的研究，现在初具条件，刚刚起步。今后还需要有计划地开展工作，进行专题研究，一揽子地研究不符合科学发展规律。

五、中国文明起源问题研究，在仰韶文化所涉及范围内有较好的条件。现在可以着手进行有计划的工作，或为此做些准备工作了。

六、六十五年前对传统史学观点"五千年文明"提出怀疑，现在该是如何证实它确有史实依据的问题了。

1986 年 6 月 30 日

关于仰韶文化的若干问题[1]

一、引言

仰韶文化是我国考古学研究上的重要课题之一。因为它正处于我国原始社会发展的一个重要阶段，我国古代民族文化关系发展的一个重要阶段。不言而喻，这一课题的研究具有重要的学术意义和社会意义。

仰韶文化的发现，是 20 世纪 20 年代初的事情，但大量的资料积累和有关诸问题的探索，还是新中国成立后进行的。

目前有关这方面的工作虽然已经做了不少，但由于正式发表的资料还不够多，发表的形式也不尽符合理想，从而使进一步的专题研究还存在着一定的困难。因此，对有关诸问题，如文化特征及其类型、年代分期、文化分布和分区、社会发展阶段及其性质、同其他原始文化的关系等，虽然都已经有所探索，但距离获得比较满意的成果，进而复原我国这一历史阶段的社会文化面貌，还有一段很长的距离，有待我们做出更大的努力。

---

[1] 原载《考古学报》1965 年 1 期；收入《苏秉琦考古学论述选集》，北京：文物出版社，1984 年。——编者注

笔者试图就上述诸业已提到日程上来的问题，提出一些初步认识，作为和同志们交换意见的基础，希望有助于这方面的问题更深入一步的研究。

本文所依据的资料，除已有正式报告发表的以外，还有未经正式发表过的，其中除属于中国科学院考古研究所[1]的之外，有河南省文物工作队、洛阳市文管会、甘肃省博物馆、南京博物院、山东省博物馆、济南市博物馆、陕西省考古研究所、内蒙古文物工作队、内蒙古历史研究所、河北省文物工作队以及北京大学历史系（考古专业）等单位工作的一些成果。

本文是在1964年为北京大学考古专业专题讲座准备的讲稿的基础上经过修改补充而重新写成的。

让我借此机会向提供资料和意见的单位和同志们表示诚挚的谢意！

二、什么是半坡类型和什么是庙底沟类型

近年来，我国考古工作者对于半坡、庙底沟两遗址的仰韶文化遗存，究竟谁早谁晚，曾经有过不少争论。但把仰韶文化"分为半坡和庙底沟两个类型"，并认为它们是"仰韶文化先后发展的两个阶段的遗存"[2]，则是争论双方的共同出发点。

这种论点是值得商榷的。仰韶文化在其长期发展过程中必然会形成的阶段性和差异性，是两类不同性质的问题。我们对仰韶

1　1977年改为中国社会科学院考古研究所。——编者注
2　中国科学院考古研究所：《新中国的考古收获》，北京：文物出版社，1961年，9、12页。

文化的文化类型和年代分期两问题的研究应该加以区分，而不应把它们混为一谈。我们认为，确定文化类型的基础是对于若干重要遗址文化特征要进行比较分析；而讨论一个文化的年代分期问题则首先应对一些重要遗址的文化遗存进行分期研究。

让我们首先对半坡类型和庙底沟类型两个概念加以澄清。

第一，半坡遗址的最上层或最晚期不宜算作半坡类型的一部分。

对半坡遗址的材料根据文化堆积和内涵进行分期的研究，原报告编写者做了一些有益的尝试。但我们如仅仅凭借报告而不去细检原始资料，想把这一部分材料同其余材料严格地区分开来是有一定困难的。

这一部分遗存的代表性文化遗物，主要有单唇小口、颈肩之间和肩腹之间呈圆折角的尖底瓶，宽平沿的曲腹盆，颈部加厚堆泥、折沿有附加堆泥纹、粗绳纹砂陶罐等（图一）。

这类遗存和同址其余部分文化面貌不一致，缺乏联系，却同

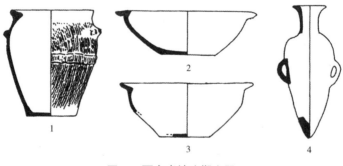

图一　西安半坡晚期陶器

1、2、3、4.《西安半坡》129页，图一〇三，1；111页，图九〇，9、10；116页，图九三，7

庙底沟和泉护村二期文化遗物极其相似，而后者则和同址一期文化的晚期阶段文化遗存之间具有明显联系。例如，它的腹壁有附加堆泥纹带、颈内加堆泥条带的砂陶罐，颈内外加堆泥条带的平底盆，退化的双唇口尖底瓶等，都是从庙底沟类型晚期同类器发展而来的（图二—图五）。

另外，这类遗存的分布情形有三种：一是叠压在庙底沟类型

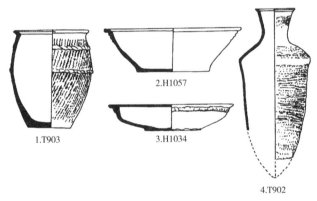

图二　华县泉护村二期文化陶器

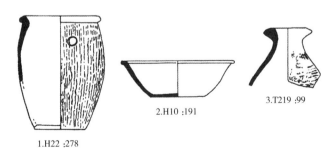

图三　华县泉护村仰韶文化晚期陶器

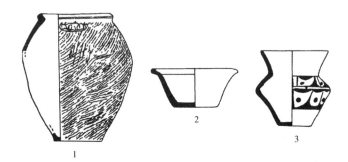

图四　陕县庙底沟仰韶文化晚期陶器

1、2、3.《庙底沟与三里桥》50页，图三二；45页，图二九；38页，图二四

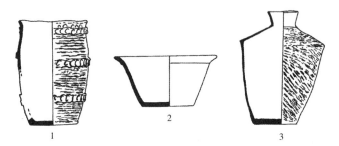

图五　陕县庙底沟二期文化陶器

1、2、3.《庙底沟与三里桥》67页，图四三；66页，图四二；73页，图四七

仰韶文化遗存之上，如泉护村遗址；二是叠压在半坡类型仰韶文化遗存之上，如半坡遗址，但迄今为止所发现的其他半坡类型遗址，如元君庙、北首岭等都不包括这类文化遗存；三是叠压在客省庄二期文化遗存的下边，如与半坡隔河相对的十里铺、米家崖遗址[1]。

从文化面貌与分布情形看来，这类文化遗存同庙底沟类型仰韶文化和客省庄二期文化或庙底沟、泉护村二期文化的关系，多于它同半坡类型仰韶文化的关系。因此，我们似乎可以把它归入以客省庄二期文化为代表的另一种文化的最初阶段，其年代大致同庙底沟、泉护村二期文化相当，而不应把它包括在半坡类型的仰韶文化之中。

第二，以北首岭、元君庙下层等为代表的文化遗存，应和半坡类型划分开来。

北首岭、元君庙两遗址材料的文化分期还有待研究。但我们只要略加分析，便可以看出，两遗址的下层文化遗存基本一致，而其余部分之间风格截然不同，也同整个仰韶文化面貌相异。

这类遗存，除见于元君庙、北首岭下层外，在华县老官台[2]和陕南西乡李家村[3]都发现过单独存在的遗址，在河南洛宁洛河沿岸[4]也发现过它的踪迹。

这类遗存的特征器物有：刻划纹、极细绳纹或细绳纹上加划纹砂陶罐，假圈足或圈足钵，口部加刻齿纹带、淡褐色硬质陶钵

---

1 1959年中国科学院考古研究所西安队发掘，材料尚未发表。
2 1958年北京大学考古专业学生实习调查材料。
3 陕西分院考古研究所：《陕西西乡李家村新石器时代遗址》，《考古》1961年7期，352—354页。
4 中国科学院考古研究所洛阳队调查材料。

碗，折沿小口大腹光面泥陶罐和三足器等（图六）。

我们从元君庙、北首岭两遗址的文化堆积和文化内涵上看来，这类文化遗存无疑同半坡类型的仰韶文化具有一定的渊源关系，如它的锥刺纹泥陶罐、口施一道彩带的钵碗、砂陶罐等，都和同址较晚遗存中的同类器有传统关系。

这类遗存在不同遗址之间，或同一遗址的不同层或不同单位之间，在文化内涵上是有相当大的变化和变异的，如刻齿纹带钵碗的刻齿从极细逐渐变粗，刻划纹、细线纹、绳纹到粗绳纹的变化等。北首岭下层的内涵比较单纯，延续时间比较短，同半坡类型仰韶文化的初期衔接；出在元君庙下层的可以划分层次，延续时间比较长，同半坡类型仰韶文化遗存的后期衔接；出在李家村的，层位关系不明，但有些器物，如堆泥纹绳纹双耳罐，则同庙

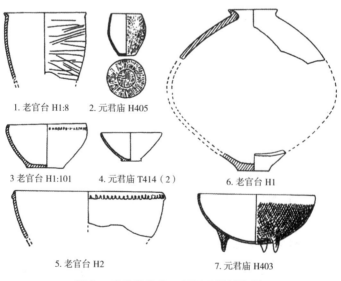

1. 老官台 H1:8　　2. 元君庙 H405

3. 老官台 H1:101　　4. 元君庙 T414（2）　　6. 老官台 H1

5. 老官台 H2　　7. 元君庙 H403

图六　华县老官台、元君庙遗址陶器

底沟、泉护村二期文化的同类器相似。

我们现在对于这类文化遗存的知识还不够多。但我们根据上述北首岭—老官台—元君庙—李家村等遗址间或同一遗址不同层、不同单位之间一些特征器物的变化，和它们同半坡类型仰韶文化遗存的衔接关系等，可以初步把它的发展过程归纳为几点：1. 它出现的时间要比半坡类型仰韶文化早些，但存在时间可能很长，可能比仰韶文化延续时间还要长，它的晚期阶段可能同庙底沟二期文化相当；2. 它分布在秦岭南北；3. 它同半坡类型仰韶文化有一定的渊源关系，同江汉地区的原始文化也有一定的渊源关系，但不属于后者，可能是同仰韶文化等曾长期并存的另一种文化。

显然，我们如不把上述两类文化遗存从半坡类型中分划出去，那么，半坡类型将成为包括几种内涵各不相同的混合体，而且将使我们对仰韶文化的概念发生混乱，不利于我们今后对有关仰韶文化诸问题的研究。

第三，洛阳地区王湾等遗址的仰韶文化遗存不宜把它归属于庙底沟类型。

1959—1960年发掘的洛阳王湾遗址的仰韶文化遗存[1]，据初步整理结果，分为既有明显的发展承袭关系，又有明显差异的两大期或两大层。一期特点是：罕见如庙底沟遗址的那类发达的植物图案花纹彩陶，而多彩带口沿陶钵；既有多量使用庙底沟类型特征器物的双唇小口瓶的瓮棺葬，又有如半坡使用圜底钵与卷沿砂陶罐结合的瓮棺葬，还有伴出类似半坡的圜底钵、卷沿砂陶罐、葫芦口尖底瓶等陶器组合的房子；既有类似庙底沟的釜、灶和釜

---

1 北京大学考古专业学生实习队发掘资料。

形鼎，还有罐形鼎。二期的特点是：灰黑陶逐渐增多；鼎、豆类器逐渐增多；陶器的轮旋部分逐渐从器口扩大到器腹；壶、罐逐渐代替尖底瓶；彩陶图案以网纹带为主。

洛河南的伊川土门、水寨，洛宁寨子等是和王湾同类的遗址[1]。根据初步整理的结果，它们与王湾一期相当的文化堆积厚达三米左右，因而我们可以比较容易地根据它们的层次、内涵把它们再分为几段（期）；并可以更清楚地看出这类仰韶文化遗存从早到晚，变化大，阶段性明显，连续性也明显；它们区别于庙底沟、半坡的自身特征也越来越清楚。例如：白衣彩陶，先出现的是白衣黑彩，后来出现白衣黑红彩，最后白衣变为灰白色；罐形鼎，从各式锥柱形足，变为加凹槽足，再变为鸭嘴形（或锛凿形）足。这类遗存中尽管出有少量类似庙底沟的植物图案彩陶，但白衣彩陶、红衣红彩陶在全部彩陶中占大部分；用宽道、直线、平行线、弧线构成的简单几何图案，以及后来流行的以网纹带为主体的图案均富特色。这类遗存中尽管出有像庙底沟的双唇小口尖底瓶、曲腹盆钵、断面作铁道轨式口沿的砂陶罐，像半坡的葫芦口尖底瓶、圜底钵碗、卷沿砂罐等，但不见或罕见于庙底沟和半坡的罐式鼎、豆等始终占一定比例，而且越到后来越多；后期出现的彩陶壶、黑灰壶罐等也是庙底沟和半坡所罕见的。

洛阳地区的这类遗存，在各遗址之间大体一致，先后连贯，同半坡和庙底沟都有联系，又有区别，自成一系，我们似乎不应把它们归入庙底沟类型，更不宜把它们归入半坡类型。

第四，以芮城西王村（下层）、夏县西阴村等晋南诸遗址为代

1　1962—1966年北京大学考古专业学生实习试掘资料。

表的仰韶文化遗存，也不宜归入庙底沟类型。

这类遗存同样缺乏如庙底沟那样发达的植物图案彩陶，彩陶比例较小，而多打制石器、细石器。

此外，如冀南、豫北的大司空村类型和后岗类型遗址，两者自身特征明显，不宜归入庙底沟或半坡类型，自不待言。

我们认为，所谓庙底沟类型，只宜以庙底沟、泉护村等同类遗址为代表，而两者间的差异性仍是值得注意加以区分的。

三、庙底沟类型主要文化特征的分析

同庙底沟遗址文化面貌最相近似，发掘面积较大、材料丰富的，到目下为止，还只有1958—1959年间发掘的华县泉护村遗址一处。

这类文化遗存中，特征容易识别，形制发展序列完整的器物有植物花纹图案彩陶盆、鸟形花纹彩陶盆、双唇小口尖底瓶、曲腹钵、砂陶罐等。这里只举前面三种为例，加以说明。

植物花纹中，构图比较复杂，序列完整的有两种：第一种，类似由蔷薇科的覆瓦状花冠、蕾、叶、茎蔓结合成图；第二种，类似由菊科的合瓣花冠构成的盘状花序。自然，它们是一种高度概括的工艺美术图案，不能同写生画相比。前者构图比后者变化大，传布也较广，差不多到达所有仰韶文化直接影响所及的地方。

两种图案在泉护村仰韶文化遗存中一般各自成图，标本序列完整，而在庙底沟遗存中有时把两种花冠结合成图。泉护村遗存中还包括第一种复合植物图案未出现前的一个阶段，只有它的单个图案。我们由此可以判断，这种图案的发生发展中心大概就在这一带地方。所以我们现在单举泉护村标本为例，并专就第一种图案构图及其变化序列加以分析说明（图七）。

这类图案的构图、技法和题材，曾经引起许多人的兴趣和猜测。这类图案因为是连续交错构图，所以单元不易分割。其实，我们只要以它的交叉斜曲线为界线，就不难把图案单元分析开，并且不难看出它们的基本组合方式。一旦我们把它们的基本组合方式弄清楚，它的表现手法（技法）也就容易识别，它的题材也就不难理解了。

试以图七甲Ⅰ—Ⅲ式为例：

三者都是从二方连续的全器图案分割开来的一个完整单元。三者间互见的部分是B、C、D。B、C部分是阴阳纹结合，D部分是阴纹。B、D部分同现代工艺美术图案常用阴纹和阴阳纹结合表现叶和蕾的技法相似，C部分则同现代工艺美术图案惯用阴阳纹结合表现蔷薇科的覆瓦状花冠（它的中心呈旋转状的部分）技法相似。A部分是同母题无关的补白。单元间的斜曲线具有界格和表现茎蔓的双重作用，也同近代工艺美术图案常用手法相似。

第二种，根据它的使用阳纹、间用双钩，同现代工艺美术图案描绘菊科的合瓣花冠技法相似。因此，我们揣想它所表现的是菊科花卉。

第一种，我们称它为蔷薇图案的彩陶盆，在构图、用笔、风格等方面的变化同器形的变化之间具有平行的发展序列关系（图八，中间一行）。尤其容易分辨的是它的彩绘图案的花冠部分的结构变化。我们试把它分为六式，说明如下：

第二章　满天星斗格局

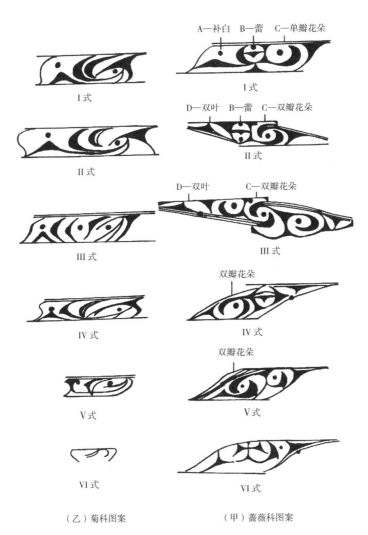

图七　庙底沟类型彩陶植物图案型式序列（标本均为华县泉护村出土）

（甲）Ⅰ.H1046　Ⅱ.H101　Ⅲ.H1078　Ⅳ.H14　Ⅴ.H224　Ⅵ.H1083
（乙）Ⅰ.H1053　Ⅱ.H1047　Ⅲ.H14　Ⅳ.H205　Ⅴ.H1103　Ⅵ.H1026

Ⅰ式：单瓣，阳纹瓣的根部连接花蕾；

Ⅱ式：双瓣，右侧阳纹瓣的根部连接花蕾，左侧阳纹瓣的根部连接茎蔓；

Ⅲ式：双瓣，两侧阳纹瓣的根部均连接茎蔓；

Ⅳ式：双瓣，右侧阳纹瓣的根部依附茎蔓；

Ⅴ式：双瓣，右侧阳纹瓣的根部连接茎蔓上的结节；

Ⅵ式：花朵分解。

我们称它为菊科图案的型式序列Ⅰ—Ⅵ式，基本上同这种图案的Ⅰ—Ⅵ式对照平行。两组的Ⅵ式的出现时间已是这类遗存的末期，而Ⅰ式出现的时间则不是它的最初阶段（图七）。

鸟纹图案，按它的发展序列，分为五式，说明如下（图八）：

1.式列	2.界框	3.头	4.身
Ⅰ	圆框，内加圆点	圆头，有眼，喙	短身
Ⅱ	圆框	长头，有眼，喙	短身
Ⅲ	无	长头，有眼，喙	长身
Ⅳ	无	圆点形头，无眼、长喙	长身
Ⅴ	无	圆点形头，无眼、喙	鸟形特征大部消失

双唇小口尖底瓶，按照它的型式发展序列，分为四式，说明如下（图八，上边一行）：

Ⅰ式：重口，溜肩，筒形腹，瘦尖底；

Ⅱ式：套口，溜肩，鼓腹，瘦或稍肥尖底；

Ⅲ式：子口（直口），圆肩，亚腰，乳状尖底；

Ⅳ式：侈口，圆折肩，亚腰，钝尖底（参看图三，3）。

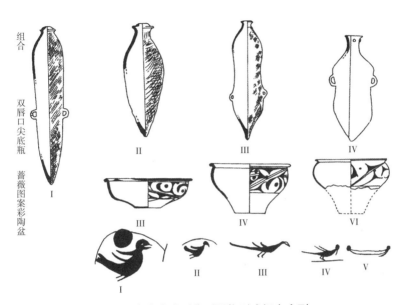

图八　庙底沟类型典型器物型式组合序列

尖底瓶：Ⅰ.伊川土门　Ⅱ.《庙底沟与三里桥》38页，图二四　Ⅲ.郑州后庄王 M153　Ⅳ.《西安半坡》116页，图九三，8

彩陶盆：Ⅲ、Ⅳ、Ⅵ.泉护村 H1078、H14、H1026

鸟纹：Ⅰ—Ⅴ.泉护村 H165、H245、H14、H1060、H1052

从泉护村遗址看来，上边的Ⅰ—Ⅳ式大体上代表这种陶器在这类遗存中自始至终的阶段性变化。

以上三种器物和图案型式的发展序列都具有一望而知的逻辑关系。蔷薇图案是从比较简单朴拙到比较繁复严密，再到松散、简化、分解。鸟纹图案是从写实到写意（表现鸟的几种不同动态）到象征。小口尖底瓶是从口上加口，上口套下口，上口变成子口，到上口只在下口唇内保留"遗型物"。

我们根据三种型式序列的大致共生平行关系，可以归纳为如下四种组合：

	双唇小口瓶	鸟纹盆	蔷薇花纹盆
（一）	Ⅰ		
（二）	Ⅱ	Ⅰ—Ⅱ	Ⅰ—Ⅲ
（三）	Ⅲ	Ⅲ—1	Ⅳ—Ⅴ
（四）	Ⅳ	Ⅳ—Ⅴ	Ⅵ—1

类似图中双唇小口瓶的Ⅰ—Ⅳ式四件完整标本的口、底，在泉护村及同类遗址中比较常见，它们的先后关系是在泉护村、西王村（山西芮城）、王湾等遗址发掘中，从层位关系上直接经过一再证明了的；鸟形彩陶盆和蔷薇花纹彩陶盆（前者仅存残片，不能复原全器），几件标本都出在泉护村遗址，它们的早晚关系是从出土单位证明的。

三种型式序列都各自包括了一个从发生、发展到逐渐消亡的完整过程。都曾经历过从初具原始特征到发展成熟，然后再到原始特征发生变化的转折点：小口瓶是在Ⅱ与Ⅲ式之间，从口小颈粗变为口颈相似；鸟纹也是在Ⅱ与Ⅲ式之间，从工笔的形似变为写意的神似；蔷薇花纹是在Ⅲ与Ⅳ式之间，从阴阳纹结合严密、笔画工细、对比鲜明，变为阳纹突出、笔画粗而豪放、构图松散。

因此，上面的四种组合也可以说就是这一文化类型四个发展阶段的典型特征器物。

四、半坡类型主要文化特征的分析

同半坡遗址文化内涵基本一致,经过较大规模发掘的遗址有1958—1959年间发掘的华县元君庙、华阴横阵村和宝鸡北首岭。

这类遗存中,特征明显、容易识别、型式变化序列完整的有葫芦口尖底瓶和鱼纹彩陶盆等。

葫芦口尖底瓶的自颈以上部分的型式变化是全器的最容易识别部分。根据它的发展序列,分为四式,说明如下(图九,上边一行):

Ⅰ式:壶形口,溜肩,筒形腹,尖底,细绳纹;

Ⅱ式:罐形口,溜肩,鼓腹,尖底,绳纹;

Ⅲ式:杯形口,溜肩,鼓腹,肥尖底,器身上下两端绳纹磨掉大部分;

Ⅳ式:碗形口,圆折肩,钝尖底,仅器身腰部保留绳纹。

Ⅰ式完整标本出自北首岭;Ⅱ式完整标本出自北首岭、半坡、王湾和下集(淅川);Ⅲ式完整标本出自北首岭、半坡、元君庙和横阵村等地;Ⅳ式完整标本出自北首岭、半坡、元君庙和横阵村等地。

鱼纹彩陶盆的花纹部分和器形的变化是平行的。不过,花纹的变化更容易辨认。按照鱼纹的变化序列可以分为四式(图九,下边两行),说明如下:

Ⅰ式:写实鱼形,画在盆的里壁;

Ⅱ式:简化写实鱼形,鳞纹简化,画在盆的里壁;

Ⅲ式:图案化鱼形,鳍消失,上下对称,画在盆的腹部外壁;

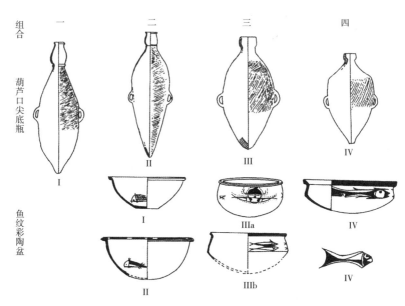

图九 半坡类型典型器物型式组合序列

尖底瓶：Ⅰ.宝鸡北首岭 60BIF23:23　Ⅱ.淅川下集 M43:1　Ⅲ、Ⅳ.元君庙 M410、M466

鱼纹盆：Ⅰ、Ⅲa、Ⅳ上.《西安半坡》图九〇，7；图版壹壹贰，4；图一三一　Ⅱ、Ⅲb、Ⅳ下.北首岭 M243/59BIT31:2A、M169:1

Ⅳ式：发展的图案鱼形，各部分解为几何图案纹。

Ⅰ式标本出自半坡；Ⅱ式标本出自北首岭；Ⅲ式标本出自北首岭、半坡；Ⅳ式标本出自北首岭、半坡。

各式小口瓶的早晚关系在元君庙、横阵村、北首岭都得到一些层位关系的证明。各式鱼纹彩陶盆的早晚关系从出土单位共生小口瓶的式别得到间接证明。

根据两种型式序列的大致共生平行关系，可以归纳为四种组合：

	尖底瓶	鱼纹盆
（一）	Ⅰ	
（二）	Ⅱ	Ⅰ—Ⅱ
（三）	Ⅲ	Ⅲ—1
（四）	Ⅳ	Ⅳ—1

两种型式序列发展变化的转折点都是在Ⅱ与Ⅲ式之间。小口瓶从小口变为大口；鱼纹从写实变为图案。

四种组合也就是这一文化类型四个发展阶段的主要典型特征器物。

五、庙底沟类型和半坡类型的关系

关于两者的相对年代关系，现有三种不同意见：第一种，半坡早于庙底沟；第二种，庙底沟早于半坡；第三种，两者同时。目前争论的焦点是两者谁早谁晚的问题，这说明第三种意见没有引起人们的注意。经过多方面的考察，我们认为两者是大体同时的。

第一，两类遗存中主要特征器物变化序列相似。

这反映两者曾经历过一段类似的发展过程，而同后一历史文化阶段衔接。我们全然看不出有从这一类型的最末一组转变为另一类型的最初一组的衔接或转折的迹象。例如：

1. 两类型中的两种小口尖底瓶变化序列相似。

半坡类型的小口尖底瓶的最初型式是由两个壶形器重叠成器，通过上边一个壶的体型变短，器口变大，从口小颈小的葫芦形器变为口大颈小的瓶形器，从溜肩变为圆折肩，从较瘦尖底变为钝尖底。

庙底沟类型的小口尖底瓶是从口上加口，上下两重器口之间里壁形成圆折角，通过上加器口部分收缩为套在下边器口的外边，里壁形成夹缝，到上边器口变为子口，到子口消失，成为单唇小口瓶，整个体型变化也是从溜肩到圆折肩，从瘦尖底到钝尖底。

两者的最后型式都同庙底沟二期文化、泉护村二期文化或客省庄二期文化的高领、折肩尖底瓶，或高领折肩罐相似。而我们在这两种小口瓶的型式序列之间，就是说，在这一型式序列的最末一式同另一型式序列的最初一式之间，则看不出它们具有连续发展的关系。

2. 两类型中主要彩绘图案作风变化序列相似。

庙底沟类型中的植物花纹图案无疑不是从鸟纹发展变化而来，两者是平行发展的。

这是从它们的层位、共生关系业已证明了的。庙底沟类型中的鸟纹和蔷薇花纹的原始型式都很逼真，到它们的最后型式都呈现分散解体，这正同半坡类型的鱼纹变化序列互相一致。我们看不到在半坡类型中的鱼纹的最后型式同庙底沟类型中的鸟纹或蔷薇花纹的最初型式之间具有发展关系，反过来说也一样。而两类型中两种彩陶盆的型式变化序列之间则具有相似之处。尽管两种彩陶盆具有不同的体型和风格，但在两者前后期之间的型式变化却具有明显的共同之点：两者的唇沿部分都是从沿面向上变为沿面向里；圆角变为棱角，侈口收腹（口径大于腹径）变为收口曲腹（口径腹径相似或口径小于腹径）。

第二，两类型遗存中的平底葫芦瓶型式变化相似。

泉护村出的这种葫芦瓶的型式序列属于该遗址仰韶文化遗存从早到晚各阶段；半坡和北首岭两遗址也都出有类似的陶器和类似的型式变化（图一〇）。

需要指出的是，这种葫芦口瓶的体型变化同两类遗存中的两种尖底瓶的体型变化也大体相似。更有意味的是，半坡类型中的这种葫芦瓶的口型变化同庙底沟类型中的双唇口尖底瓶的口型变化相似，而庙底沟类型中的这种葫芦瓶的口型变化则同半坡类型中的葫芦口尖底瓶的口型变化相似。两者互相交叉，却又极其相似。

第三，庙底沟类型中特征器物之一的双唇口瓶在半坡类型遗存中同葫芦口瓶的共生平行关系。

据手下资料，横阵村、北首岭和半坡三遗址中都有双唇口瓶（器口）和葫芦口瓶（器口）共生。

横阵村是双唇口瓶Ⅰ、Ⅱ同葫芦口瓶Ⅰ、Ⅱ共生；北首岭是双唇口瓶Ⅰ、Ⅱ和葫芦口瓶Ⅱ共生；半坡是双唇口瓶Ⅱ—Ⅳ和葫芦口瓶Ⅰ—Ⅳ共生。

第四，半坡类型中特征器物之一的葫芦口瓶在庙底沟类型遗存中同双唇口瓶的共生平行关系。

据手下资料，庙底沟是葫芦口瓶Ⅱ与双唇口瓶Ⅱ共生；泉护

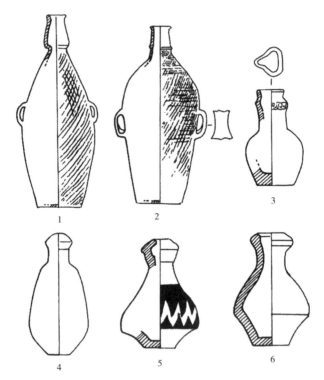

图一〇　庙底沟类型和半坡类型遗址出土平底葫芦瓶型式序列

1—3. 泉护村 H5、H1103、H1　4—6. 北首岭 M179、M286、M226

村是葫芦口瓶Ⅰ与双唇口瓶Ⅱ、葫芦口瓶Ⅱ与双唇口瓶Ⅲ、葫芦口瓶Ⅲ与双唇口瓶Ⅳ共生。

此外，洛阳、南阳地区的早期仰韶文化遗存中是葫芦口瓶Ⅰ—Ⅱ与双唇口瓶Ⅰ—Ⅱ共生。

由此可见，两种小口尖底瓶的型式序列大致是互相对照平行的，只是有的地方葫芦口瓶似落后一步（如上述泉护村是葫芦口瓶Ⅰ—Ⅲ与双唇口瓶Ⅱ—Ⅳ对照共生），而在另外一些地方则相反

(如洛宁孟村是葫芦口瓶Ⅱ与双唇口瓶Ⅰ共生)。

第五,两类遗存的层位关系。

邠县下孟村遗址发现一处四层叠压打破的遗存:一个灰坑(H14)打破房子(F1),房子(F1)压着三个灰坑,其中一个(H31)打破另一个(H32)[1]。

我们根据文化内涵,可以把它分为三层:①下层:出半坡类型的Ⅱ式葫芦口瓶(器口);②中层(F1),出半坡类型的Ⅲ式葫芦口瓶(器口、器身);③上层(H14),出庙底沟类型的Ⅲ式双唇口瓶和Ⅴ式蔷薇花纹彩陶盆(罐)。就是说,它的下层属于半坡类型的第二种组合,它的中层属于半坡类型的第三种组合,而它的上层则属于庙底沟类型的第四种组合。

由此可见,这里所证明了的,不能笼统地说是庙底沟晚于半坡,而只能说是庙底沟类型的最晚阶段晚于半坡类型的中间阶段。这正好说明两类型的各个对照的组合是大体相应的。

两类遗存的分布,虽然常常互相交错,但不是没有分际;两者的影响所及虽然都相当广,但它们各自的主要分布范围都不很大。

半坡类型遗址中,含有葫芦口瓶和鱼纹彩陶盆两项主要特征因素,并包括其早晚发展阶段的,据现有发掘材料,只有半坡和北首岭。由此推测,这一类型的主要分布地区是在关中的西半部。

庙底沟类型遗址中,含有鸟纹、蔷薇花纹、双唇口瓶三种主

---

[1] 陕西省社会科学院考古研究所泾水队:《陕西邠县下孟村遗址发掘简报》,《考古》1960年1期;《陕西邠县下孟村仰韶文化遗址续掘简报》,《考古》1962年6期。

要特征因素,并包括它们的早晚发展阶段的,据现有资料,还只有泉护村一处;含有鸟纹以外其他两种特征因素,并包括它们的早晚发展阶段的,据现有资料,大约东不过陕县一带,西不过西安一带。由此推测,这一类型的主要分布地区是在关中东部和河南极西一部。

两者的文化关系,可以归纳为以下两点:①两者具有不少的共同因素或共同之点。这应该是由于:两者大致同时,经历过类似的发展过程和阶段;两者主要都分布在关中,邻境交错,联系密切。②两者各自具有独特的文化面貌(主要表现在饮食炊盛器皿的基本型式和彩陶花纹上)。其原因大概主要由于两者文化渊源不同。半坡类型的发生似与北首岭、元君庙下层文化具有直接的关系。而庙底沟类型(如泉护村遗址)的最初阶段,如缺乏大型陶器,使用极细绳纹等,虽然也具有与元君庙—北首岭下层文化的最初阶段一些类似之处,但看来关系比较间接。

两者在文化面貌上的差异是一望而知的。两者在经济生活上的不同,只需稍加分析比较,也不难看得出来。①作为农业收割工具的刀类,半坡出土石刀六十七件,陶刀一百五十件,合共二百一十七件;庙底沟出土石刀、陶刀各一百件,合共二百件。两者相差不多。②作为伐木或主要作为伐木的工具类,半坡出土石斧三百一十三件,而庙底沟则只出二十七件;半坡出石锛七十一件,而庙底沟则只出五件;半坡出土石砍伐器五十九件,而庙底沟则缺乏同类工具。这说明伐木业庙底沟远逊于半坡。③作为渔猎工具类,半坡出土渔叉二十一件,鱼钩九件,矛头六件,而庙底沟则完全缺乏同类工具；半坡出土网坠三百二十件，镞二百八十八件，而庙底沟则只出土网坠五件，镞七十一件。这说明在渔猎业方面庙底沟比半坡相差更远。④作为纺织缝纫工具类，庙底沟出土纺轮一百件，半坡只出土五十二件；相反，半坡出土骨锥七百一十五件，骨针二百八十一件，而庙底沟则只出土骨锥九件，骨针十七件。

由此可见，在经济生活上，半坡人是农渔猎伐木并重，而庙底沟人则是农业为主，渔猎伐木所占比重较小；半坡人衣着材料多用兽皮，而庙底沟人衣着材料则多用植物纤维。这说明，两者在经济发展水平上可能不相上下，但在经济文化类型上却有着明显的差异。

总结起来，我们对两个文化类型的关系问题，可以得出以下两点暂时的结论：①半坡类型和庙底沟类型是仰韶文化在其长期发展过程中形成的诸变体中两种主要的变体，而不是"仰韶文化先后发展的两个阶段"；②半坡类型和庙底沟类型的主要分布面，对整个仰韶文化的分布范围来说，并不很广，在两者主要分布范围以外地区诸仰韶文化遗存的特征性质——文化类型问题还有待探索，不宜简单笼统地说整个仰韶文化遗存"分为半坡和庙底沟两个类型"。

六、年代和分期

这里主要涉及两个方面：①诸仰韶文化遗存的相对年代关系；②诸仰韶文化遗存的统一分期。

研究这一问题的目的有两个：一是为了进行田野考古工作自身的需要；二是为了考察它的社会文化各方面的发展和变化，为进一步探讨它的社会发展阶段和性质问题提供线索。

研究这一问题的步骤，我们认为首先是对若干重要遗址的自身分期，其次是同类遗存的相对年代关系，最后是对整个仰韶文化遗存的统一分期。而解决这一问题的关键之一，则是找出那些在全部重要遗存中可以作为中介的典型器物的型式变化序列及其共生平行关系。这在前边几节中已经讨论过一些了。

现在先分别谈一下庙底沟、半坡两类型遗存的年代和分期问题。

《庙底沟与三里桥》报告编写者对庙底沟一期文化没有进行再分期。近年有些考古工作者对此进行了一些尝试。

华县报告编写者把泉护村一期文化遗存分为三期。它的早期同前边第三节庙底沟类型典型器物图表（一）（二）组大体相当。根据整理资料，这一部分材料还可以细分为二或三期。它的中、晚期同前边图表（三）（四）组大体相当。根据整理资料，这部分资料再分析为三期也是可能的。

庙底沟一期文化遗存所出同类器物标本的型式变化不超出此范围，可知庙底沟一期文化遗存的年代不会超出泉护村一期文化遗存的范围。看来，泉护村和庙底沟两遗址不仅可以作为这一文化类型的典型遗址，而且它们的内涵也大体上代表这类遗存的自始至终的发展历程。

根据前边第二节的论述，我们暂把半坡的最晚期一部分材料和北首岭的最早期一部分材料从半坡类型划分出去，从而也从仰韶文化中划分出去。

　　《西安半坡》报告编写者对遗址做了分期尝试。但我们如根据报告分期图表看来，似乎还不足以代表遗址全部遗存从早到晚整个时期的材料[1]。我们仅仅根据报告资料对半坡遗址企图进行更细的分期工作是困难的。但是，把它的"早期"部分再分为两期也不是不可能的。

　　元君庙墓地材料比半坡为单纯。报告编写者把它分为三期。它的全部内涵不超出本文第四节中半坡类型特征器物图表的（三）（四）两组。横阵村墓地材料同元君庙差不多。

　　北首岭遗址，暂把它的最早期部分除去外，包括本文第四节半坡类型特征器物图表的（一）至（四）组。看来北首岭的半坡类型遗存的早期部分要比半坡遗址丰富，我们如果利用它的这一部分材料进行更细的分期要方便一些。

　　总之，庙底沟与半坡两类型的仰韶文化遗存可各自分为两大期，两期又可以各自再分为两到三期。至于两者的相对年代关系则已在第五节讨论过了。

　　前边第二节中已经谈过，洛阳—南阳地区的仰韶文化遗存是不宜算作半坡或庙底沟类型的；并已谈到它们的早晚的变化。现在再进一步谈一下洛阳地区仰韶文化遗存的年代与分期问题。

　　1954年在洛阳中州路靠近涧河东岸发掘的仰韶文化遗存，报告编写者已经注意到它们的层位和分布关系，以及早晚之间的变化[2]。

1　参看本文图九和《西安半坡》图一一一。
2　中国科学院考古研究所：《洛阳中州路（西工段）》，北京：科学出版社，1959年，18、137—138页。

1954—1955年在洛阳西郊孙旗屯发掘的仰韶文化遗存，发掘者把它分为早晚两期。它的早期部分的特征器物有双唇口尖底瓶（Ⅱ式），细线纹砂陶罐，类似庙底沟类型的植物图案彩陶盆（残片），彩绘带陶钵等，把它的晚期部分又分为三段[1]。1959—1960年在洛阳西郊王湾发掘和在偃师高崖试掘的仰韶文化遗存，大致和孙旗屯的相似，也可以分为两大期。在有些探方内包括两期的成层堆积。一期材料较少，变化相当大，再分期有困难。二期材料比一期多，可以再分为连续发展、衔接紧密的三期（段）。在两大期之间的转折变化明显突出[2]。

1962年在伊川土门、水寨两遗址进行的试掘，证明了这里的仰韶文化遗存保留了远比洛阳郊区几处遗址丰富完整的原生文化堆积层，从而使我们得到对洛阳地区仰韶文化早期遗存再分期的重要层位关系的证据[3]。

以土门试掘探坑为例：相当王湾一期部分的文化堆积，根据层次和内涵被再分为两期，每期堆积都在1米以上；相当王湾二期部分的文化堆积也有1米左右。这次试掘，一方面给这里仰韶文化早期阶段的再分期问题提供了一些具体材料，另方面还证明了洛阳地区仰韶文化早晚两期之间过去注意到的类似中断现象的转折变化，中间实际并没有间隔（缺环）。

1963年在洛宁孟村、寨子两遗址进行的试掘，发现和土门、水寨相类似的堆积。根据层位和内涵，初步把仰韶文化遗存的早

1　河南省文物工作队资料。
2　北京大学考古专业学生实习资料。
3　同上。

期部分再分为三段——孟村下、孟村上、寨子下[1]。

通过这些工作,现在我们已对洛阳地区仰韶文化遗存的分期问题有了一个大致的轮廓,即两期六段。它的前期部分可以孟村(下、上)、寨子(下)为代表,它的后期部分可以王湾(二期)为代表。

仰韶文化遗存的统一分期问题。探索这一问题的基础是诸遗存之间的相对年代关系。而确定诸遗存之间的相对年代关系,目前可作依据的条件是诸不同类型或地区文化遗存之间一些共同的特征器物的形制序列的对照关系。如前边所讲过的,这主要有葫芦口和双唇口瓶、鱼鸟纹和植物纹彩陶等。把那些缺乏这类器物的诸仰韶文化遗存,要纳入统一的分期之中,目下还具有一定的困难。现在我们可以据此建立仰韶文化统一分期的材料,大致只能限于宝鸡—陕县间的半坡和庙底沟两类型的遗存,和洛阳—南阳间的以王湾为代表的诸同类遗存。而问题的关键则是两者的相对年代关系。

1. 洛阳地区一期出Ⅰ、Ⅱ式双唇小口尖底瓶(如王湾T246:5、4),二期初出Ⅲ式双唇小口尖底瓶(如王湾T246:3),说明它的两期中间分界线同庙底沟类型特征器物组合(二)(三)之间的分界线是一致的。

2. 洛阳地区一期第一、二段(洛宁孟村下、上)出的两种葫芦口瓶(器口、耳)的形制变化,同半坡类型特征器物组合(一)(二)的同类器变化一致。

3. 洛阳地区一期第三段(如寨子H4)出的类似庙底沟类型的

---

[1] 北京大学考古专业学生实习资料。

蔷薇图案彩陶，构图特征类似后者的Ⅰ—Ⅲ式。王湾二期初段出土一种类似的植物图案，它的花冠部分的中心不是呈旋转形的单、双瓣，而是呈阴纹的六角星形（六瓣花冠）。它的"花冠"与茎蔓（或界格）衔接处的构图技法同庙底沟类型蔷薇花纹Ⅳ式相似。这又说明洛阳地区一、二期之间的分界线同庙底沟类型特征器物组合（二）（三）之间的分界线一致。

4. 洛阳地区一期初段（如洛宁孟村下层）流行小卷沿彩带浅腹盆、领壁外鼓细绳纹中小型砂陶罐、腹壁呈锐折角陶釜等，都是庙底沟类型的泉护村遗址最初阶段的特征器物。

5. 洛阳王湾二期末段的网纹带彩陶罐和绳纹、附加堆纹砂陶罐等，同庙底沟二期文化出土同类器相接近。

由此可知，洛阳地区仰韶文化遗存的两大期，同陕县—宝鸡间的庙底沟、半坡两类型仰韶文化遗存的相对年代关系和分期大致相当，即首尾大致相当，中间转折点也大致相当。

根据文化内涵变化与堆积现象，我们可以把上述这一范围内的诸仰韶文化遗存统一分为两期，而两期又可以各自再分为2—3段。

七、社会发展阶段

近几年来，在一部分考古工作者中进行了关于仰韶文化社会性质问题的讨论。有些同志认为它是母系氏族制，也有些同志认为已经进入父系氏族制。这是我国原始社会史上的一个大问题。

我们认为，这一问题的探讨，应分几个步骤：第一，仰韶文化诸遗存的年代分期；第二，各分期的社会文化面貌；第三，各分期各自处于原始社会发展过程中哪一个特定的社会发展阶段。

第一点，是讨论这个问题的前提，这一点前边已经论述过了；第二点，是讨论这个问题的关键，下面准备就现有可资利用的材料中所提出的线索加以阐述；第三点，只提出一些个人的暂时的看法，提供大家讨论。

仰韶文化的两期，在社会文化面貌上具有明显的差异，表现在社会生活的一切方面。

在生产工具的制作技术上，仰韶文化后期比前期具有明显的进步。突出的一项是推广使用了切锯技术，就是先把大块石料切锯出所要制作工具的大致形体，再加工琢磨成所需要的工具。

使用这种制作技术的优点之一是扩大了选用石料的范围，可以不受或少受原石材料形体的限制，可以完全按照需要选择石材，进行加工成型，制作出大小形式完全符合要求的工具，例如，大型、薄体、宽刃的工具，或小型、精致、棱角整齐的工具，从而使社会生产力提高一步。

这种技术的发明不一定是仰韶文化后期的事情，但它的被推广使用看来是在仰韶文化的后期而不是前期。

应用这种技术加工过的石料标本在半坡等地发现过[1]。

我们在仰韶文化前期遗存中所见的石斧、石锛，一般都缺乏整齐的棱角而保留着部分的石料皮层；罕见通体琢磨加工的工具。这说明这时候人们一般是选用自然石块，经过部分加工制成工具的。而在它的后期则普遍出现棱角整齐、薄体、大型、或精细、

---

1 《西安半坡》图版陆伍，7、8。

小型的铲、斧、锛、凿，如庙底沟出的棱角整齐的小型石斧、小型石锛、小型石凿、大型薄平杏叶状石铲，泉护村附近太平庄墓出的大型薄平梯形石铲、石斧等（图一一）。

石器的穿孔技术在后期也有所改进。如庙底沟、王湾（二期）出的带磨槽穿孔石刀（图一一，5），同庙底沟二期文化的一样。泉护村附近太平庄墓出的一件石斧的穿孔是从一面直穿透的（图一一，8）。

在生活用器的制作技术上，后期出现小型轮制陶器。如泉护村的仰韶文化后期遗存中出土一件小陶碟，底部带有明显的轮旋纹。这是前期所未见过的。这是轮制陶器技术的一项新的试制品。这类标本在南阳淅川下集仰韶文化遗存的相应阶段有更多的发现。

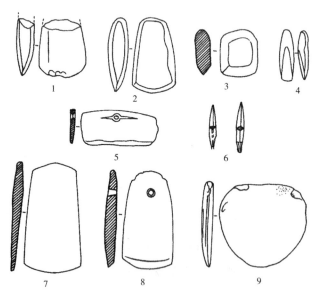

图一一　庙底沟类型晚期出土生产工具

这些属于技术上的新成就,不仅说明仰韶文化后期的生产发展水平有所提高,还说明在经济上必然会带来社会分工的新发展。就是说,农业有了进一步的发展,制陶业有了进一步的发展,这不仅会加强男子在社会生产中的地位,还会酝酿着社会第二次大分工,手工业脱离农业而独立的苗头。

仰韶文化后期在社会关系上也发生了深刻的变化。一个重要的现象是,氏族墓地埋葬秩序开始被破坏和对少数墓的厚葬。

元君庙、横阵村的仰韶文化后期墓地流行一种合葬墓。合葬的典型例子是包括成年男女和幼儿,一次葬和二次葬。一墓中既包括了不同性别的成年人和幼儿,而且根据我们的分析,如果说他(她)们是属于同一个母系家族的,还该是属于不同辈分的。

通过对元君庙墓葬的分期结果证明,整个墓地分为两组,六排,每组三排,各组墓是按照自己的顺序排列,埋满第一排,再埋第二排、第三排。两组墓是平行埋葬的。

由此看来,整个墓地两组之间,以及各组各墓之间,是秩序井然的,是符合于氏族制传统习俗的;但同时,每一座墓把属于不同辈分、不同性别、成年人和幼儿埋葬在一起,却又是同氏族制的传统习俗相抵触的。

有些同志设想这埋在一起的是属于一个母系家族,这是值得深思的一个论点[1]。

我们知道,在母系氏族制的盛期,氏族是构成社会的基本单位,而这一单位又是按性别、辈分、年龄(成年人和幼儿)区

---

1 中国科学院考古研究所编:《新中国的考古收获》,北京:文物出版社,1961年,12页。

分的。

现在出现的这种一方面人们把同氏族的人按照死去的顺序整齐地埋葬在同一个墓地上，这是符合传统习俗的；另一方面人们却又把近亲血缘的不同辈分、不同性别、成年人和幼童埋在一起，这又说明旧的传统习俗已被突破，酝酿着新的社会变革。

半坡墓地则表现为另一种情形，它的纵横排列顺序北部相当整齐，东部和南部则比较凌乱，方向也不一致。

两者情形不同，但它们都说明仰韶文化后期旧的氏族作为社会基本单位的制度逐渐受到破坏，则是一致的。

元君庙五十七座墓中，从葬具和随葬品看来，一般差别不大，但有五座比较特殊的厚葬现象。五座墓的骨架各不相同，有老年男性单人葬、成年女性合葬、少年女性与幼童合葬、成年女性与幼童合葬和成年男女与幼儿合葬。

它们的厚葬情形，有墓穴加砌砾石，陶器较多（六至十六件），有骨珠、骨笄、骨针、蚌刀或猪下颌骨、鱼骨等。

半坡墓地也有一座厚葬的墓，主人是一个3—4岁的小孩儿，有木材葬具，随葬陶器六件、石珠六十九件、石球三件、白玉坠一件，共七十九件，还有粟盛在器中。

更值得注意的是，半坡墓地凡是有随葬品的都仰卧直肢，而无随葬品的墓中有俯身葬十五个，屈肢葬四个。

属于庙底沟类型晚期的太平庄（泉护村南）墓，主人是成年女性，情形更为特殊一些。头西脚东，直肢仰身。随葬品有细泥黑陶小口瓶一件，细泥黑陶钵一件，红砂陶釜灶一套，黑泥质大型陶鸮鼎（尊）一件（图一二），石铲一件，有穿石斧一件，骨匕十四件和骨笄一件。这些随葬品在遗址中都很稀罕,特别是那件大陶鸮鼎(高约36厘米),在遗址中根本没发现过同类之物。此外,这座墓附近再无其他墓葬,更说明死者在氏族中的特殊地位。

图一二　陶鸮鼎(华县太平庄墓出土)

有关仰韶文化后期住所的变化,我们可以从半坡和南阳黄山的情形看到一个大概的趋势。

半坡晚期的方形房子变为长方形,面积加大,灶也加大加深。附属的窖穴也加大(从早期的最大直径在1米或1米以下变为多数在1.8米以上)[1]。

南阳黄山遗址的文化性质还有待深入研究。我们从它出土的

---

1 《西安半坡》,37—38和45—47页。

文化遗物看来，是同洛阳王湾仰韶文化遗存二期大致相当的，而且它位置又在仰韶文化主要分布范围之内。所以，我们也不妨暂把它放在仰韶文化晚期一起来考察。这里发现的房子，除单间式的方形房子外，还有双间和多间式的房子[1]。

仅仅根据这些，我们自然不能断言仰韶文化的晚期私有制已经出现，"家"已经成为社会基本单位。但是我们可否说它业已向这方面迈出了第一步呢？

在庙底沟、半坡两类型典型遗址出土的彩陶纹饰的变化，鱼、鸟和植物图案从写实或逼真，描绘谨严，变化到图案化、简化，直到分解、消失，我们不仅应从技术、经济方面去寻找原因，还应该从社会意识形态的变化中来加以解释。

因此，我们似乎不能认为仰韶文化的两期是属于可以不加区别的一个社会发展阶段。看来，它的前期还在原始社会氏族制的盛期——上升阶段，而它的后期则已经越过了这个发展阶段。

我们从它们后期全部材料中，还看不到足以说明它业已进入父系氏族制的任何社会迹象，还看不到它业已具备进入父系氏族制的经济发展水平。

我们知道，以父系家长制家庭为社会基本单位构成的父系氏族制，意味着原始公社氏族制的即将解体，这是动摇了原始社会基础的一次革命。这一革命变化的到来，应该有其从量的积累到质的飞跃的过程，而不可能是一下子实现的。

我们可否这样说，仰韶文化的后期，正是我国原始社会氏族

---

[1] 河南省文物工作队资料。

制从它的上升阶段的终点到它的发生革命变化阶段的起点之间的文化遗存呢？就是说，它的后期还是母系氏族制，但是在它的躯体内孕育着新的萌芽；而更大的变化则是在它的后期结束以后的文化阶段。

另外，值得我们注意的一点是，从各方面看来，在仰韶文化分布的中心范围内，它的后期的变化，陕县以东的部分要比陕县以西的部分更为明显；而它的西半部的西安以东的部分又比西安以西的部分更为明显。这是否说明它的后期各地社会发展的不平衡，东边要比西边更高更快一些呢？

八、分布和分区

这里主要涉及两个问题：①仰韶文化的分布中心在哪里，它的外围范围到哪里？②在它的中心范围内的主要区域性变化和变异如何？

首先让我们从仰韶文化的发生来看。根据宝鸡北首岭、华县元君庙等遗址包含的下层文化同半坡类型的仰韶文化遗存之间的叠压与渊源关系，我们可以大致判断，仰韶文化这一类型文化遗存发生的中心是在关中西部一带。如前所述，庙底沟类型的文化遗存的发达中心不出西安—陕县之间。据此我们可以推测，仰韶文化的这一类型的发生的中心可能就在华山脚下。

晋南豫西的仰韶文化遗存虽有所不同，但也有共同之点。重要的一点是它们的彩陶图案题材都是以编结织物为主，包括绳索、条辫、席、网、布纹等。这说明这一地带诸类型仰韶文化遗存的发生中心就在汾、涑、伊、洛之间的黄河两侧。由此推测,仰韶文化的发生不出关中和晋豫之间这一狭长地带。

其次让我们从仰韶文化的发展来看。分布在宝鸡—陕县之间这一东西狭长地带的半坡、庙底沟两类型文化遗存,包括了两者从早到晚密切衔接的整个发展过程。从晋南到豫西,包括晋南、洛阳、南阳三个地区的这一南北狭长地带的仰韶文化遗存,也各自有其从早到晚的发展过程。

甘肃东部的平凉—天水间这一南北狭长地带,根据一些调查材料看来,也包括了仰韶文化从早到晚的各个发展阶段[1]。

三个狭长地带构成一个"H"形,东西全长约600公里。各地仰韶文化遗存在文化面貌上有着相当大的差异。它们的共同点是基本陶器组合都是小口瓶、砂陶罐和细泥彩陶盆钵,其中最具特征的器物是小口瓶。看来,这大概就是仰韶文化的中心分布范围。

再让我们从仰韶文化的传布来看。西到洮河流域的临洮一带和青海东部边缘的民和一带,发现的仰韶文化遗存中的彩陶盆钵和小口瓶,都同前边所述庙底沟类型的典型器物组合的(三)组相当。东至郑州一带,如较早的后庄王遗址所出的双唇小口尖底瓶和彩陶罐,也同前边所述以庙底沟类型的典型器物组合的(三)组相当。南至陕南汉中与湖北襄阳间的汉水流域一带,都发现仰韶文化遗存。以郧县大寺遗址下层为例,它所出的彩陶盆钵和小口瓶,同庙底沟和半坡两类型的典型器物组合的(一)(二)组相

---

[1] 甘肃省博物馆调查资料。

似[1]。北至内蒙古托克托县一带，可以白泥窑子、喇嘛湾遗址材料为例，出土彩陶盆钵和小口瓶也同半坡和庙底沟两类型的典型器物组合的（一）（二）组相似[2]。

这一范围也就是仰韶文化的外围范围。如以潼关为中心，西北方半径约长700公里，东南方半径约为300公里。这说明仰韶文化向西北方的传布要远于向东南方的传布；而向南北两方的传布主要是在它的前期阶段，向东西两方的传布主要是在它的后期阶段之初。

最后，让我们从它的发展的阶段性或不平衡性来看。在它的中心范围之内，可以从陕县一带把它分为东西两部分；在两部分之内，西安以东地区同西安以西地区有所不同，晋南地区、洛阳地区、安阳地区又有所不同。总的来说，在前后两期之间，是东半部比西半部阶段性明显，而西安以东地区又比西安以西地区阶段性明显。

西安以东地区同西安以西地区发展阶段性的差异，在前边已有所说明。洛阳地区前后两期之间的阶段性变化，再举例补充说明如下。

1. 红灰陶比例：以伊川土门试掘探沟统计数字为例，红陶在前期占60%—70%，在后期只占36%；灰陶在前期只占5%—6%，在后期占17%。

2. 陶器的种类形制：后期鼎、豆增多；壶、罐逐渐代替小口尖底瓶；出现薄壁黑陶杯；折腹盆的轮旋部分逐渐扩大。

---

[1] 长办文物考古队直属工作队：《一九五八至一九六一年湖北郧县和均县发掘简报》，《考古》1961年10期。

[2] 内蒙古文物工作队、历史研究所调查资料。

3. 彩陶：后期完全类似庙底沟类型的植物花纹图案彩陶盆钵消失，以网纹带为主的彩陶罐流行，这种花纹也越来越草率。

4. 生产工具：后期除出现具有平整截面和棱角的石斧、石锛，横磨沟槽的穿孔石刀等外，还出现有肩石锛、有肩石铲等。

拿洛阳地区同自陕县以西地区的仰韶文化遗存的前后两期之间的变化互相对比，两者的共同之点是，两期之间的分界线的时间相当，内容相似。这说明它们的这一转折变化，都主要是由于它们自身的社会规律性发展的结果，但它们两者之间又有差异。洛阳地区的前后两期之间在文化内涵上具有比关中地区前后两期之间更为明确的中间分界线，即后期与前期在文化面貌上有较大较快的变化和变异，从而很容易给人一种印象，陕县以西的仰韶文化遗存从早到晚联系密切，而洛阳地区前后两期之间则判然不同，在同一遗址的发掘工作中常常使人感到似乎有些突然。

南阳地区与洛阳地区邻近，两地区的仰韶文化遗存比较接近，但又有不小的差别。试以1959年发掘的淅川下集遗址为例加以说明[1]。

下集遗址的下、中两层相当仰韶文化的两期。下层出有庙底沟类型的典型器物Ⅰ、Ⅱ式双唇小口瓶，又出有半坡类型的典型器物Ⅰ、Ⅱ式葫芦口瓶，还出有类似庙底沟类型的Ⅰ—Ⅲ式蔷薇花纹彩陶片。中层出有类似庙底沟类型的Ⅳ式蔷薇花纹彩陶盆。中层与下层比较，突出的变化是：彩陶大幅度地减少（从约占20%减至约占3%）；两种小口瓶发展中断；出现类似屈家岭

---

[1] 河南省文物工作队资料。

文化的蛋壳彩陶杯、圈足壶等。两期之间的阶段性变化异常明显，而在后期文化面貌上的变异似乎比洛阳地区还要显著一些。此外，鼎、豆在两地区仰韶文化遗存中都占有一定的分量，而南阳地区尤其多些，豆及其他圈足器更为突出；网纹带彩陶、穿孔石锛、有肩石器等出现的时间，在南阳地区似乎也比在洛阳地区早些。

总结起来，我们可以归纳为两点：

1.以关中为纽带，联结甘肃东部、晋南和豫西，形成仰韶文化的中心范围；在它的邻近地区形成一个外围地带。从它的中心地区向外围推进，先南北，后东西；向西北推进较远，向东南推进较近。

2.在仰韶文化的中心分布范围以内的区域性变化，主要表现在陕县以西和陕县以东的不同。

所以会产生上述这些现象，我们除去可以从仰韶文化发生的多元性和它在发展过程中的不平衡性，以及必然会有的种种变异性得到部分的解释之外，它同其他原始文化的关系也是我们必须加以考察的一个方面。

九、同其他原始文化的关系

这是一项复杂的研究课题。我们现在只准备就两个方面进行初步的探讨：仰韶文化同其西部邻近原始文化的关系，仰韶文化同其东部邻近原始文化的关系。

仰韶文化同其西部邻近原始文化的关系问题，主要涉及两个方面：①仰韶文化同马家窑文化的关系；②马家窑文化诸类型文化遗存之间的关系。

前边已经讲过，仰韶文化前期遗存的分布范围包括甘肃东部，而它的后期遗存的分布范围则可达洮河、湟河（青海的东部边缘）。

我们知道，在渭河上游和洮河流域都发现过马家窑文化同仰韶文化两种遗存重叠堆积的遗址，证明了马家窑文化出现的时间晚于仰韶文化。

根据近年发现的材料，我们对马家窑文化诸类型的文化遗存及其相互关系有了更多的知识，从而使我们对它们同仰韶文化的关系有了进一步的认识。

顺便在这里提一下，1963年在兰州青岗权遗址发掘的一座半山类型的房子，是一个重要发现。出土的十多件能复原的陶器，其组合基本上同过去发现的同类型墓葬随葬陶器组合一致[1]。

首先，我们认为马家窑文化的马家窑、半山、马厂三类不同的遗存应该加以区分。

三者分布交错，但范围各不相同。马家窑类型主要分布在甘肃东部和中部，往西延伸到武威；半山类型分布在中部；马厂类型则分布在中部和河西走廊，直到酒泉（下河清、谷家坪滩）。

三者的年代关系，有先后，也有交错。马家窑类型的发生较早，半山类型次之，马厂类型较晚。

从文化关系上看来，马家窑类型同马厂类型的关系是以半山为中介；而三者同仰韶文化的联系则以马家窑类型为最明显。

---

1 北京大学考古专业学生实习资料。

马家窑类型诸遗存中，甘肃东部静宁威戎城（镇）出土一件小口双耳彩陶瓶，同庙底沟类型仰韶文化的泉护村遗址中期的一件同类器（图一〇，2）相似，它的彩绘图案还保留着同庙底沟类型的蔷薇花纹相似的构图技法。属于马家窑类型的兰州小坪子遗址出土一件小口双耳彩陶瓶，则同泉护村仰韶文化遗存的晚期同类器（图一〇，3）体型相似。

兰州西坡山瓜和雁儿湾两处马家窑类型遗址的材料经过初步的比较分析研究，我们可以看出，它们的年代略有不同。它们所出的彩陶钵的型式变化，大致同泉护村遗址的中晚期仰韶文化遗存中的同类器型式变化序列相似。西坡山瓜遗址的一个灰坑（H9）中还出土一件彩陶钵（残片），它的彩绘图案虽不完整，但我们可以看出其构图特征同庙底沟类型的蔷薇花纹图案Ⅳ式相似。

属于马厂类型的兰州白道沟坪墓葬出土随葬陶器组合中的彩陶罐和豆的型式变化序列，基本上同洛阳王湾二期的一至三段的同类器的型式变化序列相似。

由此可见，仰韶文化遗存在甘肃境内的移动方向是自东部到中部；马家窑文化中出现时间较早、同仰韶文化联系比较密切的马家窑类型遗存的移动方向也是自东部到中部，显然是从马家窑类型派生出来的，出现时间稍晚的半山、马厂类型遗存，则是自中部向西延伸直到河西走廊的西端。

因此，我们似乎可以说，甘肃境内的马家窑文化诸类型同仰韶文化的相互影响关系，后者始终居于主体地位。

从泰山南麓起，沿海、沿长江，到鄂西北角的江汉之间这一弧形地带的诸原始文化的相互之间的年代关系和文化关系，是有待我们深入探索的一项课题。仅仅是自泰山以南到长江三角洲这一狭长地带的青莲岗—大汶口诸文化遗存之间的年代与文化关系问题，也还有待我们进行更多的工作。现在我们只能根据现有材料和研究成果，勾画出一个大略轮廓。

1963年发掘的江苏北部邳县大墩子遗址，给我们提供了一个解决这类文化遗存的年代、分期与文化关系问题的重要线索[1]。

大墩子遗址的上、下两层文化遗存出土遗物虽不多，但我们可以利用同它的下层文化相当的1955—1956年发掘的南京市北阴阳营下层的文化遗存以及属于下层的部分墓葬材料[2]，利用同它的上层文化相当的1959年在大汶口发掘的墓葬材料[3]，看出它的前后两期的大致社会文化面貌。

大墩子报告编写者认为"刘林类型的遗存约略晚于中原的仰韶文化，而青莲岗类型的遗存（仅指苏北）约与中原仰韶文化同时"。我们认为，这一论点基本上是正确的。不过，我们如改换一个提法，说青莲岗类型或大墩子下层文化与仰韶文化前期同时，刘林、大汶口类型或大墩子上层文化与仰韶文化后期同时，似乎更恰当一些。

大墩子报告编写者没有提出详细的论据，我们在此可以补充以下几点：

1.同大墩子下层文化相当的北阴阳营下层典型器物组合是鼎、豆、钵、釜，其中鼎、钵、釜的形制变化序列同洛阳、南阳地区

---

1 南京博物院：《江苏邳县四户镇大墩子遗址探掘报告》，《考古学报》1964年2期。
2 南京博物院：《南京市北阴阳营第一、二次的发掘》，《考古学报》1958年1期。
3 杨子范：《山东宁阳县堡头遗址清理简报》，《文物》1959年10期。

仰韶文化前期的同类器的形制变化序列相似。

2. 同大墩子上层文化相当的大汶口墓葬的典型陶器组合是鼎、豆、罐（或壶）、背壶、鬶、杯等，其中鼎、豆、罐（或壶）的形制变化序列同洛阳王湾二期文化的一至三段的同类陶器的形制变化序列相似。

3. 大墩子上层文化的一座墓（墓30）中出土一件不完整的彩陶钵[1]，同庙底沟类型的蔷薇图案的Ⅴ式相当。大汶口遗址中也出有同类图案彩陶盆的残片。

4. 大墩子上层文化的一座墓（墓44）中出土一件彩陶盆[2]上画八角形图案，同洛阳王湾二期文化初段出的一种六角形图案相似。大汶口也出土一件同类残片，中心部分作圆形而不作方块，同洛阳地区的六角星形图案更为接近。不过，洛阳地区出的这种六角星形图案具有附加部分，构图技法类似庙底沟类型蔷薇图案的Ⅳ式，从而使它具有某种植物花朵的形象更为明显。

由此可见，东边的青莲岗—大汶口诸文化的两期是同仰韶文化的两期大体相应的；两者在文化上具有无可怀疑的联系。

值得注意的是，在它们的前期，我们很难分辨两者的哪一方对另一方的影响更多一些，两者在文化面貌上的差异是比较大的；而在它们的后期，则显然像是东边对中原的影响要多一些。例如，在东边发现的那种彩陶是很个别的；而在中原所发现的鼎、豆等显然是受东边影响之下产生的东西，不仅已占有相当的比重，而且具有极其相似的型式变化序列，从而大大地缩小了两者在文

1　南京博物院：《江苏邳县四户镇大墩子遗址探掘报告》，图二六，2、4，《考古学报》1964年2期，34页。
2　同上。

化面貌上的差异。

更值得注意的是，不论在文化面貌上，还是在社会经济发展水平上，我们都可以明显地看出，青莲岗——大汶口诸文化的后期比前期具有较仰韶文化的两期之间更为显著的变化。例如：

1. 在大汶口和大墩子上层文化中出的石铲极薄而具有直的穿孔，出有极为整齐的有段石锛和普通石锛，用蛇纹石等硬度不大的石料磨制的石刀和玉质工具。

2. 大汶口墓葬出的牙、骨、角器，如骨梳、骨匕、象牙雕刻器等，有的加工极为精细。

3. 我们从整个大汶口墓地平面分布图上看不出整齐的排列顺序，而只能在一些小的范围内才看得出一些排列的顺序。

4. 大墩子上层文化和大汶口两个墓群的随葬品组合都有男女之别，大墩子的分化情形更为明显。男性的有斧、锛、铲、獐牙钩形器、骨鱼鳔、穿孔龟甲、猪牙、狗骨等；女性的有纺轮、彩陶、猪下颌骨等。

5. 对个别墓的厚葬情形更为突出。大墩子的一座男性墓（墓44）随葬器物五十三件，另一座男性墓（墓49）随葬狗骨架之外，还破坏了两具人架，后者随葬品少，而两臂曲张，左腿弯曲。大汶口123座墓中最大的一座是女性墓（墓10），墓穴达4.2米×3.4米，周围木材结构，中央另挖长方坑，头佩三串石质饰品，随身佩带有石斧、玉臂环、指环、铲、大型象牙雕筒、象牙梳之外，另有许多件精致的黑陶、白陶器和一个猪头骨。

6. 合葬墓情形同仰韶文化的有所不同。大汶口墓群中随葬猪头骨最多，其他随葬品也很丰富的是一座男女合葬墓（墓13）。男性随身器物远比女性多，包括象牙琮、石铲、牙镰、骨匕、骨镖、骨镞等。大汶口另一座男女合葬墓（墓1）更为特殊，男性埋在正墓穴内，而女性则埋在正坑外的另扩的长方小坑内。随葬品集中放在男性的一方。

问题是，大汶口或大墩子上层文化的这种变化究竟意味着什么？或者说，大汶口或大墩子上层文化同仰韶文化后期的这种差异究竟意味着什么？

技术、经济和社会分工都有了新的发展，这是仰韶文化后期同大汶口或大墩子上层文化的共同现象。对个别墓的埋葬特别优厚一些，其中有的是男性，有的是女性，这也是两者共同的现象。合葬墓有成年男女，也有成年男女和幼儿，这也是两者共同的现象。两者的不同主要表现在两方面：①男女合葬的不同。我们如果说仰韶文化的元君庙、横阵村的是属于血缘关系的集体，那么，大汶口的则很像是属于姻缘关系的结合。前者是平等的关系，后者是不平等的关系。②大汶口或大墩子上层文化的墓地埋葬秩序显然比仰韶文化后期的更为混乱，这说明前者对传统习俗破坏情形更甚一些。

所有这些现象，自然都足以说明大汶口或大墩子上层文化的人们，在社会经济方面有了更高的发展。但我们是否根据这些就能判断他们业已进入父系氏族制呢？我们似乎还不能马上就得出这样的结论。

1. 从这里所反映的社会现象看来，如对于氏族成员一律平等原则的破坏，对于氏族作为社会基本单位的破坏，我们似乎只能说是在旧的母系氏族内出现与旧制度相违背的现象更为突出，矛盾更为尖锐一些。

2. 从这里所反映的经济现象来看，如男子在生产中的重要性提高，分配上的悬殊，似乎只能说促成母系氏族制最后让位于父系氏族制的经济条件已经接近边缘程度。

3. 大墩子遗址出土的猪骨，经过鉴定都在两周岁以上。大汶口的未经鉴定，看起来也差不多是这样。从猪骨的出土数量来看，大墩子上层文化同下层文化没有显著差别。这说明它的后期在社会经济上还没有发生飞跃性的变化。

因此，我们毋宁认为，这里仍是处于和仰韶文化后期大致相同的一个社会历史发展阶段，即母系氏族制的最后阶段。两者的不同仅仅是在社会的发展水平上，新与旧之间的矛盾和斗争上，略有程度高低的差别而已。这正好说明，为什么这时期东部地区的人们对中原地区的人们发生了较大影响。

类似的情形，还有仰韶文化后期同它南方邻境江汉之间的屈家岭文化的关系，也表现为自南而北的影响要多于自北而南的影响。

我们知道，江汉之间的屈家岭文化同鲁南苏北的青莲岗——大汶口诸文化是有密切关系的。在郧县青龙泉下中层出土的鼎、豆、罐以及有肩石器等器物组合及其型式变化序列，同洛阳王湾二期文化诸阶段之间的关系也很清楚。

这一时期三方面文化联系的主导活动方向用图形解释便不难看出，在此期间内，我国民族文化关系上发生的一个重大变化是：其前期是以关中、晋南、豫西地带为核心的仰韶文化向周围扩大影响为主，其后期则是以东南方诸原始文化集中影响于中原

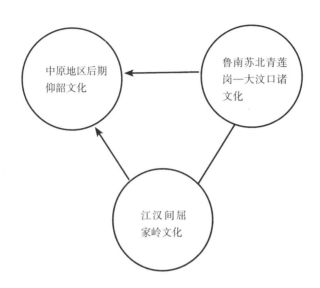

地区的仰韶文化为主。正是由于这样一个发展过程的变化,遂使得在我国民族文化关系史上,还在原始社会上行阶段之末,就一方面形成了一个以中原为核心的主体,另一方面又把原来关系比较疏远的江淮河汉之间的诸原始文化联系起来,或者简单地说,以发源于华山之下的为一方,与发源于泰山之下和长江下游的为另一方的诸原始文化,向建立起密切的联系的方向前进了一大步。

十、结语

在关于仰韶文化的一系列问题之中,其中心问题是社会发展阶段(或性质)和民族文化关系。

仰韶文化遗存可以统一地分为两期。两者之间联系密切,阶段性明显。它们应属于两个不同的社会发展阶段。对两期社会经济发展水平的估计，是探讨仰韶文化社会性质问题的关键所在。

两期之间在社会文化面貌上的差异和变化，表现在两个方面：①一些具有明显特征的典型器物组合从发生发展到衰落消亡的完整过程；②在它的后期文化遗存中出现若干同旧因素或社会现象相对立的新因素或社会现象。这一由新变旧与新旧交替相结合的现象，既构成了整个仰韶文化发展过程的统一性质，又使得它具有划分为两个互相区别、互相衔接的社会发展阶段的性质。我们如果说它的前期是母系氏族制，它的后期也只能还是母系氏族制。不同的是，它的前期似乎还处在母系氏族制的繁荣阶段，它的后期则似乎是已经达到了它的顶峰——最后阶段，并孕育着新的变化，而同原始公社氏族制的下行阶段的起点互相衔接。至于父系氏族制的产生，这一革命变化的实现则是在它结束以后的事情。

从整个社会文化面貌上看来，仰韶文化向河南龙山文化早期或与其相当的诸文化类型的过渡，鲜明地反映了我国原始社会史上从量变到质变的一个飞跃发展，这正足以说明是它自身规律性发展的必然结果，而不是外来的影响。

仰韶文化大约同传说神农氏时代相当，河南龙山文化的早期则大约同传说黄帝尧舜时代相当。传说神农氏时代，是和平发展的时代，而传说黄帝尧舜时代则是在战争中诞生的，是在新与旧、集团与集团之间尖锐的矛盾斗争中启幕的。由此可见，仰韶文化向河南龙山文化早期及与其相当的诸文化类型的过渡之所以具有如此显著的飞跃形式，是同这一历史背景分不开的。

仰韶文化的两期是华族或华夏族（汉族）及其文化发生和最初形成的两阶段，也是华族同其他兄弟民族文化关系发展的两阶段。

仰韶文化遗存有中心和外围的区别；在其中心范围内主要有以陕县一带为分界线的东部和西部的区别，在其中心范围的中心则有半坡类型和庙底沟类型的区别。

仰韶文化诸特征因素中传布最广的是属于庙底沟类型的。庙底沟类型遗存的分布中心是在华山附近。这正和传说华族发生及其最初形成阶段的活动和分布情形相像。所以，仰韶文化的庙底沟类型可能就是形成华族核心的人们的遗存；庙底沟类型的主要特征之一的花卉图案彩陶可能就是华族得名的由来，华山则是可能由于华族最初所居之地而得名；这种花卉图案彩陶是土生土长的，在一切原始文化中是独一无二的，华族及其文化也无疑是土生土长的。

庙底沟类型的人们之所以成为最初华族的核心，并对远方邻近地区产生很大影响（主要是在仰韶文化的前期或初、中期），渭河下游在当时技术条件下具有较其他地区发展原始农业更为优越的自然条件，可能是原因之一；而庙底沟类型与半坡类型在经济生活上具有明显差异的人们交错杂居，从而使他们能得到互相补充，在经济上具有比当时其他地区的人更为多样化的性质，在政治上能够较早地实现部落间范围较大程度较高的联合，可能也是一个原因。

仰韶文化后期，在其中心分布范围内表现出东部与西部发展不平衡的现象,东部变化较大较快,西部变化较小较慢。

仰韶文化同其西北邻近与同其东南邻近诸原始文化的关系表现出两种不同的情形:它同其西北邻近诸原始文化的相互关系似乎始终处于主导地位;而它同其东南邻近诸原始文化的相互关系则表现为前期联系不很密切,后期来自东南方诸原始文化的影响似乎更多一些。

由此可见,华族文化同其他兄弟民族文化的关系是随着社会的发展而发展的,不是一成不变,而是随着诸地区之间社会发展的不平衡而变化的。由于这一反复变化的结果,并结合其他条件,遂使得华族文化在其初期发展过程中(仰韶文化时期),一方面确立了它在我国民族文化关系中的主体地位,另一方面还为它的活动中心从华山附近移至中原,从而为它的进一步更高的发展,为它同其他兄弟民族文化关系的进一步更高的发展,做好了准备。

仰韶文化同历史传说的关系[1]

主要谈两个问题：一、仰韶文化相当我国古代历史传说的哪一个发展阶段？二、仰韶文化相当我国汉族共同体形成的哪一个发展阶段？

一、有可能同仰韶文化联系的历史传说时代不外如下三个阶段：一、神农氏；二、黄帝尧舜氏；三、夏代。

传说材料对三个阶段的社会生活的描述，以及对各阶段早晚期之间的变化的描述，完全符合社会发展的规律，说明它们具有很高的史料价值。

神农氏时代

传说："神农之世，卧则居居，起则于于；民知其母，不知其父，与麋鹿共处。耕而食，织而衣，无有相害之心。此至德之隆也。"（《庄子·盗跖》）"神农之世，男耕而食，妇织而衣，刑政不用而治，甲兵不起而王。"（《商君书·画策》）这里讲的是它的前

---

[1] 本文是作者《关于仰韶文化的若干问题》一文原稿的第十部分（当时未发表）。——编者注

期的情形。这反映的是原始公社氏族制正在它的繁荣阶段，它的盛期。

传说："神农氏世衰，诸侯相侵伐，暴虐百姓，而神农氏弗能征。"(《史记·五帝本纪》)这讲的是它的后期情形，它反映了原始公社氏族制已越过它的盛期而向解体阶段过渡的社会现象。

黄帝尧舜氏时代

传说："神农氏没，黄帝尧舜氏作。"(《易·系辞》)这说明它同前时代衔接而具有划时代的变化。

传说："黄帝尧舜垂衣裳而天下治。……垂门击柝，以待暴客。"(《易·系辞》)这说明私有制产生，并有了一定程度的发展。

传说："悉举贵戚及疏远隐匿者。"(《史记·五帝本纪》)这说明氏族贵族阶层已经形成。

传说："(尧)嗣子丹朱""鲧负命毁族"。(《史记·五帝本纪》)这说明父系家长制大家庭已产生。

传说："黄帝之时，以玉为兵。"(《越绝书·卷十一》)这说明专用兵器产生。

传说："于是轩辕乃习用干戈，以征不享，诸侯咸来宾从。"(《史记·五帝本纪》)这说明部落联盟制已经确立。并由"四岳"决定联盟继承人等重大问题，盟主地位已类似后世之"天子""帝位"。这说明部落联盟制逐渐从临时性的变为常设性的，而被巩固下来。"请流共工于幽陵，以变北狄；放驩兜于崇山，以变南蛮；

迁三苗于三危，以变西戎；殛鲧于羽山，以变东夷。"（《史记·五帝本纪》）这说明中原民族已在利用联盟的力量加强对四周邻近诸兄弟民族影响。

最足以说明这时代社会发展阶段特点及其前后期的变化的是关于舜的一段传说故事。据《史记·五帝本纪》记载，传说"舜父瞽叟顽，母嚚，弟象傲，皆欲杀舜。舜顺适不失子道"。"舜年二十，以孝闻。"他的两个妻子，尧的二女也"如妇礼""有妇道"。当他的父和后母弟象设计把他诱骗到井里，"下土实井""以舜为已死"之后，他后母弟象要同他父母瓜分舜的遗产时，他要求"舜妻尧二女，与琴，象取之。牛羊仓廪予父母"。

这故事说明：1. 死者的遗产可以由他的兄弟（后母弟）、父母（后母）继承，这当然不是母系氏族制的原则；2. 舜的二妻同牲畜一样被当作死者的遗产处理；3. 在大家庭中有属于小家庭的牛羊仓廪等财产。

值得我们注意的是，在此之前的传说故事中不仅全然没有这一类的记载，如"妇道""妇礼""子道""以孝闻"这类褒辞，也从未见加给过舜以前的传说人物身上。

这一传说明确无误地告诉我们，这一时代父系氏族制不仅已经确立，而且在父系家长制大家庭中还酝酿着新的变化——父系家长制大家庭中已有了属于小家庭的私有财产。

因此，我们可以把这一时代看作我国古代历史上父系氏族制发生（或确立）和发展的阶段。

夏代

有关夏代的历史记载，最重要的一点是，说明我国古代最早国家产生的历史。具体地讲，从启到少康是它的第一个阶段——国家开始形成但还没有巩固下来；自少康以后是它的第二阶段——国家形成业已被固定下来。

仰韶文化究竟同上述三个传说时代的哪一个相当呢？

过去学者们对此问题已进行过不少的研究。但是，只有近年的考古工作和研究的成果才为我们认真探讨这一问题提供了条件。

近年在洛阳东干沟、偃师二里头、郑州洛达庙和巩义稍柴等地发现的一类文化遗存早于郑州二里岗的早商文化遗存是可以肯定的了。但它们是早商还是先商，或者说，二者的具体分界线在哪里，现在还不十分明确；它们是先商还是夏，或者说，哪些可能是先商，哪些可能是夏，还有待进一步探索。无疑的是，这已经为我们追踪夏代的文化遗存提供了一个重要线索，就是说，我们现在业已找到了若干可能是属于夏代的物质文化遗存，暂不论它们是夏的还是先商的。

现在的问题是，现有考古资料中还有哪些可能是属于夏代呢？根据现有资料，在年代关系、文化面貌和地理分布上同前者关系密切的是河南龙山文化的晚期以及同它相当的诸文化类型的遗存。

河南龙山文化晚于仰韶文化已经得到充分证明，而河南龙山文化可以分为先后衔接、文化面貌上又有所变化的两期，也在洛阳王湾得到了直接的层位证明。

河北邯郸龟台有相当河南龙山文化晚期同相当二里岗早商文化遗存直接叠压的堆积[1]。两者文化联系密切。同时，这类文化遗存又同东干沟、二里头、洛达庙类型的文化遗存，在文化面貌上非常接近。由此看来，这类文化遗存也有可能属于夏代。至于河南龙山文化早期以及同它相当的诸文化遗存中，我们还完全没有看到它们业已具有产生国家的迹象或社会物质条件。

有一个值得注意的现象，就是在河南、河北，分布在黄河下游两岸的河南龙山文化的早晚两期直接叠压在一起，类似洛阳王湾的例子是罕见的，而多数是不在一起，如陕县庙底沟与三里桥，洛阳的涧河两岸和东岸，邯郸的涧沟和龟台，安阳后岗的南坡和顶部，以及登封、禹县间沿颍水的诸龙山文化遗址等，都是早期的地势较低，而晚期的地势较高。

我们如果把这一现象同古代洪水传说结合起来看，恰好给我们提供了一个线索，即河南龙山文化的晚期属于夏代，而其早期则属于夏代以前的传说黄帝尧舜时代。

我们在仰韶文化遗存中，即使是在它的晚期阶段，还完全看不到它业已具有如上所说，黄帝尧舜时代那样高的社会经济发展水平；也看不到如上所说那样以中原为中心的人们对其邻近地区的人们给以强大影响的迹象，而是恰恰相反。

根据我们近年对洛阳地区仰韶、龙山诸文化诸阶段与其邻近地区原始文化关系变化的分析结果，说明形成以洛阳地区为中心，对其周围地区扩大影响，并形成一个范围广大的民族文化共同体的时代，不是在仰韶文化的后期，而是在河南龙山文化时代。

1　北京大学、河北省文化局邯郸考古发掘队：《1957年邯郸发掘简报》，《考古》1959年10期。

因此，仰韶文化只能是相当早于黄帝尧舜的神农氏时代，而仰韶文化的两期即神农氏时代的两阶段。

二、仰韶文化相当汉族共同体形成的哪一个历史阶段呢？

称中原为"中国"，居住在"中国"之人自称为夏，当早于夏代，而属于传说的黄帝尧舜时代。

传说："舜曰：'天也'，夫而后之中国。"（《史记·五帝本纪》）

传说："蛮夷猾夏。"（《尚书·舜典》）

这些都讲的是夏以前的事。

从考古材料来看，仰韶文化分布范围始终以关中、晋南、豫西为中心，中心的中心则在华山附近，而不是中原。真正达到把江淮河汉的广大范围联系起来，从而使中原成为这个共同体的地理中心，应该是河南龙山文化早期的事情。

由此推测，仰韶文化应该相当华族或夏族的最初形成阶段。

附带提出一个问题，仰韶文化和华族命名来源的关系。

华族同华山有关系是不成问题的。华族由华山得名，这是传统的解释。

章太炎《中华民国解》说："诸华之名，因其民族初至之地而为言。"又说，"就华山以定限，名其国土曰华"。[1]

引人深思的是，华山又因何得名呢？如果说因山中多花，我们知道，华山中的花并不特别多，而哪一个深山幽谷之中又少得了野花呢？我们为什么不可以这样设想，此山正是由于居住在它附近的人群得名，而这一人群则是由于他们使用了这样一种具有

---

[1] 章氏丛书《太炎文录初编》，别录卷一。

特色的族徽——花卉图案而得名。

我们知道，仰韶文化的人们是形成后来汉族共同体的核心，核心的核心则是它的庙底沟类型。它的主要文化特征之一是这类花卉图案的彩陶，几乎凡是它影响所及的地方，如泰山脚下的大汶口、苏北邳县的大墩子、青海边缘的民和县、内蒙古乌兰察布盟的托克托县、湖北中部的黄冈螺蛳山等地，都发现有这类图案的彩陶。这说明同仰韶文化的人们生活具有最密切关系的，以及给其邻近诸原始文化的人们印象最深的，应就是这种图案花纹的彩陶，而不是他们最初居住之地的华山。

总结起来，归纳为三点：

1. 仰韶文化的两期相当我国传说时代神农氏的兴盛期和衰落期，也即原始氏族公社制从繁荣走向解体的转变时期。

2. 仰韶文化的两期相当汉族共同体一个直根系（华族）的最早两个阶段。

3. 华族的核心是仰韶文化庙底沟类型的人们。华族之名即源于他们使用的花卉图案，而华山之名则由于它是华族最初所居之地。

谈"晋文化"考古[1]

"晋"或"三晋"(韩、赵、魏)是先秦时期的古国。先秦古国大都具有自己的古文化(背景)。把"晋文化"考古作为中国考古学的一个专门课题是新事物。看来平常,实际上大不寻常。这是中国考古学发展到20世纪80年代的一件新事。

二十年前,在侯马"晋国古城"考古发掘的初期,一次,文物局的陈滋德同志和我在侯马工地谈论侯马古城址发掘意义时,我曾说过"南楚北晋"都是考古学的大课题。当时我说这话,不过是认为对湖北、山西两省的考古工作应该给予足够的重视和支持。20世纪70年代后期,在我思考中国考古学文化区系类型问题时常常想:"楚材晋用"这个典故究竟意味着什么更深刻的社会原因?

摘录《左传》和《国语》两书记载有关的原文如下:

《左传·哀公廿六年》(公元前547年):"声子(蔡国——引

---

[1] 本文据1985年11月7日在山西省考古研究所召开的"晋文化研究会"上的讲话稿修改;原载《文物与考古论集》,北京:文物出版社,1987年;收入《华人·龙的传人·中国人——考古寻根记》,沈阳:辽宁大学出版社,1994年;收入《苏秉琦文集》时增加了插图。——编者注

者注）通使于晋，还如楚。令尹子木与之语，问晋故焉。且曰：晋大夫与楚孰贤？对曰：晋卿不如楚，其大夫则贤，皆卿材也。如杞梓皮革，自楚德也，虽楚有材，晋实用之（言楚亡臣多在晋——引者注）。子木曰：夫独无族姻宗（指晋国——引者注）？对曰：虽有，而用楚材实多。"

《国语·晋语》："蔡声子将如晋……还见令尹子木。子木与之语，曰：'……二国孰贤？'对曰：'晋卿不若楚，其大夫则贤，其大夫皆卿材也。若杞梓焉，楚实遗之。虽楚有材，不能用也。'"

发生在公元前6世纪中期、涉及晋楚两霸关系的这段插曲，很有价值。无疑，我们不应仅仅利用文献记载中任何一时一地的孤立事件，作为对当时社会历史问题提出论证的依据。但我认为这段记载确实为我们考察这期间涉及全局的晋楚两霸各种关系的变化提供了线索。譬如：为什么楚国大量人才外流和大量特产物资贩卖到晋国？晋国对于楚国这些人才和物资的吸引力和容纳力又源于什么样的具体条件？这能否对我们研究"晋文化"考古提供一些有益的启示？

不容置疑的事实是，新中国成立以来三十多年间，我们在山西省及其邻近省区范围内的考古工作比较其他地区为多，且较集中。另一方面，这些年来，我们对这一地区的考古工作（包括材料和研究）提出的课题，大都是把它们放在全国范围的一种具有普遍性质的位置上加以论述，而似乎从没有作为晋文化考古这样一个课题来进行考察。现在，我们把这个课题提出来了。很难说这是某人或某几个人的独出心裁、心血来潮；这是我们几十年探索的产物，是大家共同的发明创造。这项课题的提出说明，这一地区的工作，多半不能够简单地纳入其他课题范畴，尽管它涉及围绕着若干个其他课题。现在摆在我们面前的首要问题是：把现有全部材料理顺，做出一些符合客观实际的定性、定量的初步论证。这将有利于我们今后工作、研究的深入。

"晋文化考古"大致包括如下三个相互关联的部分或侧面：

第一，晋南地区属于"中原古文化"的一个组成部分，但有它自己的特色；

第二，晋北地区属于"北方古文化"的一个组成部分，又有它自己的特色；

第三，从整体来看，它是"中原古文化"与"北方古文化"两大古文化区系的重要纽带，这一点，正是它之所以应作为一大课题的条件。

对于"纽带"一词，如果我们仅仅理解为桥梁，或连接点，未免过于简单化了。实际上，它的重要意义远不止此。由此而产生的中国古文明的"火花"才是它之大不平凡的所在。

一、作为中原古文化一个组成部分的晋文化

所谓"中原古文化"，在中国考古学中只能算作我们为了研究的方便而约定俗成的一个暂设的"区系"概念，还说不上是经过科学论证的考古学术语。其范围大致包括关中（陕西）、豫西和晋南一带。

对于这个考古学文化区系概念的形成，我们应该历史地来看。它是在对近若干年来，西起甘（肃）青（海），东至山东一线考古

工作成果进行总结得出的一种"暂设"的认识（概念）。这个认识的依据，包括以下几点：

第一，陕西、甘肃两省间隔着六盘山—陇山这样一条不清晰（模糊）的界限（文化的）。

第二，豫东（郑州以东）、鲁西（大运河以西）间也存在一条不清晰（模糊）的界限（文化的）。

第三，宝鸡—郑州间是仰韶文化的中心地带，连成一片，并保持同步的发展。

第四，在上述范围内可以划分出两个区系。其一，可暂称西支，约在宝鸡—陕县间；其二，可暂称东支，约在洛阳—郑州间。

第五，位于上述东、西两支（区系）之间的洛阳—陕县一段（大致与老函谷关—新函谷关之间相当），也就是以仰韶村遗址为代表的文化类型，除了和东、西两支部分文化特征相似并具同步发展的过程之外，如果把它同隔河（黄河）对应的山西垣曲一带连成一气，它自身并不乏明显地区别于东、西两支的特征因素，很有可能自成一系。

根据上述认识，再来分析属于"中原古文化"一部分的晋南地区古文化，恰好也可以区分为三个对应分区。

第一分区——晋西南，恰与陕西华县—河南陕县地区对应，与所谓仰韶文化庙底沟类型中心范围相接。它的两项重要文化特征因素——包含枝、叶、花、蕾的玫瑰花图案彩陶和双唇小口尖底瓶，从成熟型到蜕化型阶段，从渭河下游（关中东部）→黄河→汾河（下游、晋西南）→汾河源与桑干河源邻接处（晋北）→桑干河下段（冀西北），以及晋西南夏县西阴村等遗址，晋中部太谷、汾阳、娄烦等同类遗址为代表的诸中间环节，直到冀西北部的蔚县（西合营诸含有同类文化因素遗址）形成的"⌐"形曲线水路交通线上，由包含同类文化特征因素的诸遗址连接起来。晋西南夏县西阴村遗存的其他明显特征是含有较为丰富的细石器。

第二分区——晋南中段，以同渑池县隔河相对的旧垣曲城附近遗址为代表，除与仰韶村遗址后期时间相当、文化特征因素相似的遗存外，还有一种年代可能早于仰韶村遗址，不含彩陶，却含有区别于其东、西两大支系仰韶文化遗存的两种特征因素（无颈小口瓶和打制盘状石器）。

第三分区——晋东南（长治、晋城地区），同邻省河南的洛阳—郑州相连接。山西境内这一地区工作较少，材料零星。据我所知的少数线索，以沁水县沿沁河的端氏镇一带为例，与邻境郑—洛间联系，很像垣曲和渑池间情况。

二、作为北方古文化一个组成部分的晋文化

"北方古文化"一词，这里专指和山西北部古文化密切连接的地区。从考古学文化区系角度加以重视并给以界定的认识，是20世纪70年代后期到80年代这几年间的事情。它的界定范围大致是：西以包头市—东胜（不清晰界线），南以太原—榆次地区（不清晰界线），东以张家口（地区）—锡林郭勒（盟）（不清晰界线）为限，大体与习惯上称作"三北"中的"北方"相当（包括内蒙古中南部一部分、晋北、陕北和冀西北一部分）。

这个概念的形成过程，至少要追溯到十几年前。当时，内蒙

古自治区几个单位在内蒙古中南地区的广泛考古调查、发掘取得了一些成果，其中特别引起我们注意的是伊金霍洛旗朱开沟最初期间发现的若干重要线索，即为数不多的一批小墓和文化层堆积。从它们的内涵与粗略的年代分期中，我们看到了过去从没有机会接触到的鄂尔多斯古文化的部分缩影。这项材料大致包含两大部分：

其一，含有类似庙底沟类型仰韶文化特征因素中的成熟阶段双唇口尖底瓶和彩陶，以及具有自己特征的磨制和打制石器工具。

其二，含有成系列的罪（底部呈尖圆、圆、近平）、把手鬲（有的鋬着壁处加类似铆钉的小泥饼）、单耳或双耳壶（杯或瓶）、三袋足瓮、盂盆（一类饰绳纹，一类饰雷纹）等组合，此外还出"大头针形"铜戒指和铜锥各一件。特别需要指出的是，出了一件横篮纹钝圜底、类似小口瓶的器物。

1980年春，在内蒙古自治区考古学会成立大会期间，我看到《内蒙古准格尔旗西部石佛塔等遗址调查——并试论内蒙古中南部龙山文化的类型和早晚关系》（崔璇）一文及附图。文中列举三处遗址（图一）：

其一，壕赖梁（仰韶文化）含有一件圜底器（残部），一件尖底瓶（残部），均素面，细泥，灰胎，红色陶衣。

其二，石佛塔（龙山文化）含有素面小口尖底瓶（口、底拼合），还有篮纹、方格纹小口瓶（残部）。

其三，张家塔（大口二期）含三袋足瓮（口、底拼起）、甗、鬲等。

与此同时（20世纪70年代到80年代初），辽河以西地区（简

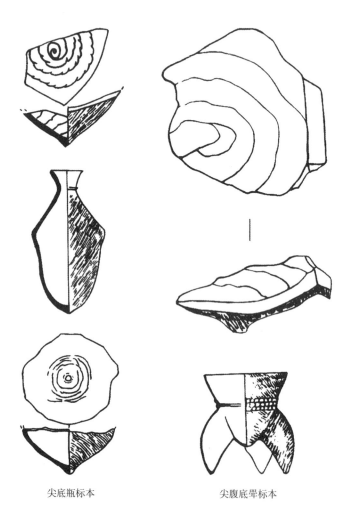

尖底瓶标本　　　　　尖腹底斝标本

图一　河曲地区尖底瓶标本和尖腹底斝标本

称"辽西地区"），老哈河（西辽河主要支流）—大凌河流域，主要在内蒙古昭乌达盟、辽宁朝阳两地区的考古工作取得重要成果：

其一，沿西辽河两侧存在着两种新石器文化（红山文化、富河文化）；

其二，同一地区又存在着两种青铜文化（夏家店下层文化、夏家店上层文化）。

以上两项，红山文化与夏家店下层文化的分布（覆盖面）大致相似；富河文化与夏家店上层文化分布（覆盖面）大致相似。

从它们同中原古文化关系的角度来看，很明显，"红山文化—夏家店下层文化"更为重要。

第一，中原地区古文化主体和发展道路是：新石器时代（仰韶文化）→青铜时代（夏商周）。

第二，以辽西地区为主体的北方古文化发展道路是：新石器时代（红山文化）→青铜时代（夏家店下层文化）。

第三，连接两者的中间环节（纽带）是太行山东西两侧的冀、晋两省。

以上三点，是这一地区近几十年考古工作成果的总结。但这样的认识，虽有大量考古资料为依据，却和传统史学一向认为"黄河是中华民族的摇篮"这一论点有着明显的差异。差异之所在，简单地说，后者突出了两者的共性，而前者则是突出了两者的个性。两者间的共性，是明摆着的事实。两者间的个性差异，同样是明摆着的事实。但我认为，从认识论角度，如果不按照前者观点去进行深入一层的考察，我们将很难认识真实社会历史的辩证发展。

从 1979 年开始，连续几年时间，在河北张家口地区蔚县西合营一带，沿着桑干河支流壶流河流域，还在晋中地区以太谷白燕遗址为基地和附近几县进行的考古调查发掘，正是以这一课题的探索为出发点的。

两项工作都取得了丰硕成果。它们的共同点是，全部资料所跨越的时间自距今六七千年到距今三四千年间，有较清楚的序列，也有相应明确的阶段，既能看出它们各自的社会文化发展道路，又可看到它们各自不同阶段的文化面貌特征。这就为我们下一步更深入地探索辽西地区"北方古文化"和"中原古文化"两者间的相互关系、相互作用，以及它们自身所处的特定地位，所起的特定作用，提供了必要的条件。

1982 年在河北蔚县西合营（工地），1983 年在辽宁喀左、朝阳，1984 年在内蒙古凉城、包头、伊金霍洛旗等工地的三次专题座谈会都是围绕这个目的（课题）讨论的。

1982 年西合营为期四天的参观、讨论结果是：对西合营古文化，当时我们曾使用"三岔口"这一概念形象地概括它的特征性质。所谓"三岔口"，指的是它东北方的辽西地区"红山文化—夏家店下层文化"为一方；它西南方的"仰韶文化（庙底沟类型）—夏商文化"为一方；它西方的"河套地区新石器文化—青铜文化"为另一方。

这里突出的内容（文化特征因素）是什么呢？

其一，源于陕西华山脚下的成熟阶段的庙底沟类型两种特征因素——双唇小口尖底瓶和玫瑰花图案彩陶，在这里延续到它们的后期阶段中止了。其平面分布的东北向范围也到此止步。

其二，源于辽西（老哈河与大凌河流域）的"红山文化—夏家店下层文化"的特征因素——鳞纹图案彩陶，彩绘罨、鬲类陶器等，从东北向西南，经过冀西北部，延伸到太行山脚下的拒马河、滹沱河流域（石家庄一带）。

其三，源于河套一带的蛋形瓮、三足蛋形瓮等，自西而东分布延伸，大致到此为止（图二）。

这些事实能给我们提供的启示是什么呢？

我认为，最重要的是，辽西地区的"北方古文化"不能认为是（或仅仅是）"中原古文化"衍生的一个支系（或地方变体）。因此，我们绝不可以低估辽西地区、河套地区"北方古文化"在我"中华古文化"形成发展中曾起过的作用。

1983年的辽宁喀左、朝阳的座谈会，参观、讨论还不到四天，

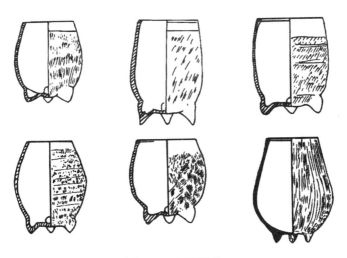

图二　三足蛋形瓮

下右为蔚县出土，其余的都出土于朱开沟

其中心内容是，对喀左发现的红山文化"祭坛"遗址的评价、认识。就当时所知，具有与此文化特征相似、时间大致相当的，还有阜新胡头沟"积石冢"遗址。彩陶图案是连续"卷云纹"（图三）。从纹样变化幅度看，其年代约当红山文化后期阶段，属于分布在大凌河流域红山文化的一个支系（或类型）。值得重视的是：第一，这种遗迹的性质显然属于宗教性活动场所；第二，全部遗物中属日常生活用具性质的极少；第三，遗物中除若干无头泥塑孕妇（大小不一）外，还有玉雕龙形璜、龟、鸮鸟等（图四）。该遗址的年代，初步定在距今五千年前一个时期。给人特别深刻的印象是，相当这时期，中原地区似乎只有陕西华县泉护村遗址一座墓中随葬的黑光陶大鸮尊（或鼎）与之遥相呼应。

1984年内蒙古三次座谈会的重要收获有两项：

其一，第一次明确分辨出西以包头—东胜为界，东以张家口、锡林郭勒盟为界，包括内蒙古中南地区的一部分和冀北、陕北和晋北，晋中太原一带是它的南界。自包头以西同这里的差异，是在距今五千年前后才产生的。以西地区，一种新型彩陶发展起来。自张家口以东，则是红山文化—夏家店下层文化的分布区。

其二，本地区（内蒙古中南一部分、晋北、陕北、冀西北）古文化区别于其东、南、西三面的一个突出的特征因素是，大约相当距今五千年时期的转折变化，以及它的自成一系的青铜文化。现在我只谈前者。

大家知道，三袋足器或鬲类陶器最初发生的地点、时间及其渊源问题，几乎可以说是自近代中国考古学发生以来，一直困扰着许多从事这一工作的学人，迄未得到比较满意或是有相当说服

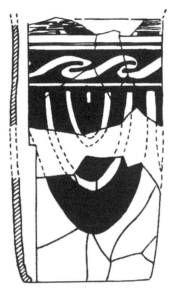

图三 胡头沟红山文化彩陶筒形器

1. 双龙首玉璜和松石鸮形饰

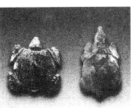
2. 玉龟

3. 无头孕妇陶塑像

图四 红山文化遗物

力的答案的课题。现在，取得突破性的成果已为期不远了。下面介绍几件标本。

第一，准旗石佛塔出绳纹的具乳突尖底瓶底（残片）一件，绳纹类似前者的乳突尖底（腹部）斝（残片）一件。

第二，准旗棋盘塂出篮纹的实心乳突圜底斝（残片）一件，准旗黑岱沟张家屹坦遗址出完整小口尖底瓶一件（底部内、外特征和前一件残斝底部极为相似）。

至于只出尖底腹斝的标本而未见具相应特征的尖底瓶的地点，还有伊金霍洛旗朱开沟和河北蔚县西合营的筛子绫罗等。

此外，在本地区（指"北方古文化"范围）内其他部分所发现的较原始的斝类器上有圜底器腹，未见尖底器腹的标本。

这里无疑还有许多问题有待进一步澄清。如：

第一、第二两组标本是否具有共生关系？

第一、第二两组之间是否代表两个前后衔接的阶段？

除内蒙古中南区一区之外，紧邻的三北（冀北、晋北、陕北）地区是否还有类此尖底瓶、尖底斝交叉遗存？我们曾经长期注意、寄予希望的中原地区是否也有这种现象？等等。现在都还不能做出完全否定的结论。

1985年11月间在侯马市区北部一处遗址试掘，发现一件可以复原的篮纹、侈平沿、尖圆底器，很像北方（内蒙古准格尔旗、河北西合营）出的尖底斝的腹部。我曾想，如果中原地区的人们把另三件同类尖底器安在它的腹部，合成一器，不就是斝了吗？但事实上，我们没有找到这类器物残片的踪影。这使我不能不进一步设想，为什么在"北方"这个大范围内，迄今只在河套东北一角的准格尔旗发现上述遗存？这一小块古文化的整体特征因素组合能否给我们提供某些启示呢？值得重视的现象是：第一，该地区晚期小口尖底瓶既属常见器物，且发展序列完整，这和中原地区（特别在晋南一带）没什么不同；第二，该地区较突出的一个文化特征因素是蛋形瓮，数量多，变化快，序列完整，在"北方"范围内同其余部分有所不同；第三，我们在西合营见到的几件尖圆腹底斝，实际上，从器体部分观察，应属于蛋形袋足瓮。因此，我又设想，在河套地区东北一角的袋足器很可能是从蛋形瓮发展到三空足瓮与斝；三袋足器的发源地大概应在北方，而不是中原。

至于晋北在"北方古文化"区系中的特点是什么，因为现有材料实在太少，还有待今后工作探索。不过，我们可以肯定的是，这不是凭空想象，因为近年来在雁北左云、右玉等地发现的一些商、周青铜器，足以说明它们会有自己特点的古文化背景。

三、中原和北方两大古文化区系间的重要纽带

晋文化的第三个层次的内涵，比起前两个层次的内涵具有更为重要的意义。它说明晋文化在中国考古学文化中具有特殊的重要性，在中国古文化发生、发展过程中曾起过特殊作用。

第一，晋文化在史前期，在中原、北方两大古文化区系史前时期的三次主要的古文化迸发出"火花"时，起了纽带作用，使两大区系的史前文化不断扩散、融合。

（一）源于陕西关中西部的仰韶文化，约当距今六千年前分化

出一个支系（宝鸡北首岭上层为代表），在华山脚下形成以成熟型的双唇小口尖底瓶与玫瑰花枝图案彩陶组合为其基本特征的"庙底沟类型"，这是中华远古文化中以较发达的原始农业为基础的、最具中华民族文化特色的"火花"（花朵），其影响面最广、最为深远，大致波及中国远古时代所谓"中国"全境，从某种意义上讲，影响了当时中华历史的全过程。而这一支系的主流正是通过山西省境，到河北省西北一隅，和源于辽西的红山文化的一支（西支）会合的。

（二）源于辽西走廊（辽宁阜新—锦州一带），包括整个辽西地区及大凌河上游的喀左、凌源、建平三县邻境一角，属于这一地区的"东支"文化。后期阶段发现三种特殊文化遗迹：1.喀左东山嘴的"祭坛"；2.三县交界牛河梁的"女神庙"及其附属广场；3."女神庙"不远处"积石冢"群（位置在小山包上，类"山陵"或"陵墓"性质）。时间距今五千年。这是燕山北侧史前"北方古文化"发展到最高水平的标志（"火花"）。其年代略晚于中原华山脚下的"庙底沟类型"仰韶文化，其社会发展阶段却显然跨进了一大步。"祭坛"出土的玉雕龙纹璜，"女神庙"的大型泥塑女神像，"积石冢"的云纹玉佩、玉雕猪（龙）等，对中华古文化后来的发展的影响，现在还不甚清楚。但特别值得指出的是，在筒缸上的"之"字压印纹是红山文化最基本特征因素之一，从无到有，一直发展到"类篮纹"；圆麻点和细泥条堆纹直筒缸从无到有，一直发展到"类方格纹"（有的近真正拍印方格纹）。现在我们可以确切地说，中原古文化中这两种制陶工艺在当地没有找到最早的线索。如果说，它们是源于北方的红山诸文化，那么，其中间环节（渠道）自然只能是以山西为中心的太行山上下和晋陕间的黄河东西两侧。

（三）主要以河套东北一角为出发点，包括三北（冀北、晋北、陕北）地带，约当距今五千年前后，由蛋形瓮这一当地主要文化特征因素与小口尖底瓶末期交错共存期间，结合形成三袋足瓮和斝，再由斝分化出一支，其特点是斝鬲。这一发展过程，多半是从北而南，通过晋中，达到晋南以及整个中原地区。这项由几个古文化区系会合迸发出的"火花"〔蛋形瓮、小口尖底瓶、篮纹方格纹至篮纹（方格纹）三袋足瓮、斝到斝鬲、三实足瓮〕，从北向南传布，山西所起的不仅仅是纽带（渠道）作用，还是晋文化从史前阶段过渡到历史时期重要转折点。

第二，晋文化在中国古文化发展过程中的特殊地位。

我认为，近十多年间，晋南地区考古工作的成果，最为重要的一项是，我们能够把临汾地区（大约从霍山以南到稷山以北，跨越一百余公里）同其余地区分开，作为我们探索"晋文化"问题的重点，进而把它当作一个大课题（"晋文化"考古）的核心内容，认识、评价它在中华古文化中的历史地位和意义，从而使我们能对整个中华古文化发展的认识深入一步。

按照传统史学观点，中国是有五千年文明的古国，历史悠久，连绵不断。但从严格的史实来说，肯定也罢，怀疑也罢，过去都拿不出令人信服的论证。这不仅是广大史学工作者关注的问题，而且是牵动着亿万人心的大问题。作为中国的考古工作者，哪一个人能不对此感到有义不容辞的责任呢？很长时间内，讲历史只能借助传说材料，讲考古也只能存疑勿论。现在，是否可以加以论证了呢？似乎还不能这么说。但晋文化考古工作的进展，确已使我们有条件来试叩一下它的大门了。这不值得我们高兴吗？理由如下：

（一）包括晋北的北方一角（内蒙古伊克昭盟东北部）有属于末期发展阶段的双唇小口尖底瓶和三袋足器（蛋形瓮或斝）交错共存的现象，二者间应有渊源继承关系。双唇小口尖底瓶是和玫瑰花图案彩陶共存共荣的。这种文化特征应是中华古文化的一个组成部分。由它繁衍出来的三袋足器，就是鬲的祖型。鬲的流行存在至少延续到公元前5世纪，而鬲这个字（包括作偏旁使用的形声字）的形义依然被保留至今。

（二）比历史悠久、连绵不断更为重要的，当然还是"五千年文明古国"的问题。辽西红山文化三种文化遗迹的发现，已拍下考古纪录片。片名未定，拟用"红山文化的坛、庙、冢——五千年中华文明的曙光"。取名意图是：这三种文化遗迹的年代要久于五千年，这种建筑遗迹出现在五千年前的辽宁朝阳地区，而不是出现于中原，有些出乎人们意料，紧接着它出现在河套一角，约当距今五千年的三袋足器与末期阶段的双唇小口瓶交叉衔接，确比中原先行一步。伊金霍洛旗朱开沟遗址早期无陶器墓出了铜指环（戒指）一枚。该组墓的年代，据发掘者认为，不晚于或稍早于出尖圆底腹斝的墓。因此，初步推断河套地区出尖圆底腹斝和出金属指环的墓可能不会晚于距今五千年左右。

晋南襄汾县陶寺遗址的墓地面积5000平方米，居住址面积约2000平方米，后者不但面积少于前者，内涵也不理想，同墓地材料很不相称。需要指出的是，整个工作期间从未忽视对居住址范围及内涵性质的探索。总的说来，墓地超出了原始社会阶段氏族一部落墓地的规模，大型墓的葬制与随葬品，不仅是一般意义上的丰富。更为重要的是，出土了如土鼓、鼍鼓、石磬等成组乐器，还有朱绘龙纹陶盘等成组彩绘陶器、成组漆木器等（图五）。值得指出的是，这里既有从圆底腹斝到三袋足捏合成型的鬲的序列（它们的原型可以追溯到河套东北角与河北西北部出土的尖圆底腹斝）；还出土一种扁陶壶序列，它们的近亲只能到远方的山东大汶口文化中寻找；墓葬随葬品中类似"厨刀"（∠字形）的石制切割器，更要到远方的浙北杭嘉湖去攀亲。

1. 陶寺第 1001 号大墓

2. 彩绘陶壶

3. 特异形陶壶

图五　山西襄汾陶寺大墓及彩绘陶壶、特异形陶器

1985 年因修铁路开挖一条深沟，位置在陶寺正南，距离约 10 公里，发现一处长约 1 公里的同陶寺文化性质类似的遗址——东许，东许北边的方城遗址比东许遗址规模还大，与陶寺间横隔塔儿山，遥遥相对。从采集陶片分析，遗址跨越年代和陶寺相似。因此，我们不能不重新估计陶寺遗址的范围，不应孤立地看待，应从更大一些的范围来考虑它的布局。

现在我们可以初步判断的是，这类遗址不应归属于现有的任何一种文化或类型，也不宜另给它一个新的文化或类型名称，直称"陶寺"可能更好。理由是：

1. 陶寺现已发掘墓地约 5000 平方米，连成一片，已发掘居住址约 2000 平方米，布点分散。结合大面积钻探工作，迄未找到重要建筑遗迹。东许遗址文化层也连接成片；陶寺一带缺乏开阔地，方城、东许一带则地势平坦，和山北侧（阴面）陶寺大墓群相应的重要居住遗迹很有可能在方城、东许一带（山阳）。

2. 陶寺遗址的文化特征因素明显区别于山西省境内同时期其他遗址，它所反映的社会发展水平是国内其他同时期遗址所难以比拟的。

3. 把陶寺—东许连接一起，把曲村—侯马连接一起，两大块重叠交错。二者间年代不衔接。但二者间在文化特征因素组合与发展水平方面同样是山西境内比较突出的。因此，陶寺—东许遗址所代表的文化，不妨称之为晋文化的原型阶段（早期成型阶段）。

"陶寺—东许"同"曲村—侯马"之间大致相隔约当为距今四千年至三千年间的夏商两代。夏商时期山西考古文化遗址遗存，由于经历过"陶寺—东许"时期的飞跃发展，已经基本上改变了原来处于黎明时期（新石器后期）古文化的格局。新的格局是：

1. 前半段（相当夏）的两类文化遗存共生：

第一类，以位于晋南中条山、稷山间的夏县东下冯遗址（东区下层遗存）为代表，特征是鬲多鼎少，出蛋形瓮等，类似同时期晋中遗存。

第二类，以位于晋西南隅的永济东马铺头遗址为代表，特征是鼎多鬲少，类似同时期河南偃师二里头（下层）遗址。

2.后半段（相当商后期）的两类遗存共生：

第一类，以位于晋西部黄河沿岸、晋北忻县、晋中南霍山北的灵石等同时期遗存为代表，特征是出铜器底带小铜铃，铜刀、削、匕、匙等的柄部呈兽头形，舌能活动等，明显属于北方古文化特征因素。

第二类，以位于晋东南一隅的长子县北高庙遗存为代表，特征与河南郑州、安阳同时期遗存相似。

根据传统史学（文献记载），夏商周三代文化传统不同。夏未亡而商已成大国，商未亡而周已成大国，"汤武革命"使中原发生翻天覆地的变化。

周初封叔虞于唐（晋）在河、汾之东，方百里。现在我们在曲村—侯马一带发现的约当殷周之际到春秋战国之际的一片遗址就是当时晋国所在之地。它的北部压在陶寺—东许大遗址之上。两者间前后相距约一千年的夏商两代山西境内的重要遗址遗存的区系分布：前一时期在晋西南隅的夏县与永济之间，没有自然屏障，而文化特征因素组合却有明显差异；后一时期在晋东南的长治地区与属晋中地区的灵石之间，隔着中条山和霍山。因此，史书记载周初封叔虞于唐（晋）的施政方针"启以夏政，疆以戎索"，我们当如何解释呢？照我的粗浅认识，周人对殷人的文化传统有意识地贬抑，对夏人文化传统则怀有认同的感情，而对于所谓戎人的旧俗似采取容许（尊重）的态度。如此，既迁就（承认）了现实，又不失周人身份（原则）。指导思想仍推行周人的政制。

自20世纪50年代中发现侯马晋国古城遗址到现在，二十余年来田野工作规模不小。从侯马到曲村范围内，除对侯马古城址及出盟书地点附近有关诸建筑遗迹的探掘外，还有重要发掘点三大项：（1）浍河南上马墓地；（2）古城南铸铜作坊遗址；（3）曲村墓区和部分居住址。三项材料跨越年代，约自商周之际到春秋战国之际，现已进行过初步整理，排出序列。因此，我们已有条件谈些对它们的学术意义的看法。当然，这还不是整理研究的结果，也绝不会影响正式报告编写者可能提出的任何学术论点，最多不过供大家整理研究和今后的实践参考，给关心这项工作的同志们提供一些信息。

现将我的初步认识归纳如下：

第一，应将分布于山西南部临汾地区的霍山至稷山间百余公里范围内，从距今四五千年间到距今二千四五百年间的考古遗存作为一个专题——"晋文化"考古。

第二，这专题可分为两项：（1）陶寺—东许；（2）曲村—侯马。前者是"晋文化"的原型（雏形），后者是"晋文化"的主体。

第三，前后两项并非互不连贯，同样在中国考古学中占有特殊重要地位。对此，暂不深论，俟诸来日。

关于陶寺发掘报告编写及有关问题[1]

一、关于陶寺遗址的文化特点

陶寺遗址的发掘，进行了七八个年头，挖了七八千平方米，现在暂时告一段落，要着手整理，编写报告了。

从发掘之初，我们就认为陶寺遗址不同一般。如果说，与陶寺时间相当的遗址，可以找到若干个；但是，与陶寺既是同时，又具有同样规模和水平的遗址，却不容易找到。例如东下冯，在时间上，有一段与陶寺是交叉的，但陶寺那些特殊的东西，东下冯并没有。不仅晋南如此，扩展开来说，从宝鸡到郑州，沿陇海路两侧，在距今五千年至四千年之间，包括庙底沟二期和所谓"龙山文化"阶段，也还没有一处遗址的规格和水平能与陶寺相提并论。起码目前尚未得到有关的确切信息。无疑，陶寺遗址的发现，为中国考古学增添了重要的一页。

尽管暂时还没有挖到城，还没有发现城墙或大型夯土建筑基

---

[1] 以"关于编写田野考古发掘报告问题"为题与大南沟、大甸子遗址的有关材料一起载于《辽海文物学刊》1987年1期；收入《华人·龙的传人·中国人——考古寻根记》，沈阳：辽宁大学出版社，1994年。——编者注

础，我仍然认为，这里就是一处古城。道理很简单：一般的村落遗址不会有那样的墓群，达不到那样高的水平。"晋文化研究会"期间，我拟了一首《晋文化颂》，其中"汾河湾旁磐和鼓"一句，便是指陶寺而言。特磐同鼍鼓是配套的，演奏时可以和声，不能视同一般的乐器，这是陈于庙堂之上的高级乐器，庄严的礼器。普通的村庄，怎么能有这样的重器？鼍鼓、特磐的出现，突出地表明了陶寺遗址的规格和水平。

在晋南，丁村是一枝花，是别处代替不了的；陶寺是一枝花；其后，曲村、侯马又是一枝花，或可说是山西古代史上出现过的几个黄金时代。

我们说陶寺是一枝花，在相同的时期，中原旁的地方没有开出这样的花，北方长城沿线地区也没有开出这样的花。可是，在汾河湾旁的陶寺能开出这样的花不是偶然的，有它的土壤，有它产生的内在、外在的条件。陶寺是中原的文化，但又不完全是中原的文化。陶寺的斝、鬲很发达，有朱绘、彩绘龙纹陶盘，有彩绘黑皮陶器，从中可以看出，它包含了北方的因素，根与北方有关系。不妨说，陶寺是两块石头碰出的火花，即：华山脚下的仰韶文化同燕山一带红山文化两大文化系统在汾河湾旁交汇与碰击出的火花，这是文明的火花，人类智慧的火花。

燕山以北的新石器时代文化有红山诸文化，后来又有夏家店下层和上层等青铜文化。在辽河流域，这两种文化的覆盖面基本一致。它们之间有承袭关系。当然，从红山诸文化发展到夏家店下层、上层等文化，还经历了若干中间环节。再者中原地区，从宝鸡到郑州，沿陇海路一线，新石器时代有仰韶文化，后来有夏、商、周青铜文化，当然其间也存在若干中间环节，覆盖面也大体一致。一个在中原，一个在北方；一个是仰韶文化—夏、商、周青铜文化，一个是红山诸文化—夏家店下层、上层等文化，南北对应，何其相似！只是红山文化所处经度偏东，仰韶文化所处经度偏西，略有交错而已。

对于这两大文化系统，不能简单地说谁是谁的变种。红山文化不是仰韶文化的变种，夏家店下层文化也不是中原地区龙山文化的变种。大家都清楚，北方青铜文化与中原的青铜文化不一样，夏、商、周是铸鼎，以铸酒器、礼器和兵器为主；北方，从辽河到河套地区所谓"鄂尔多斯"诸青铜文化却是以铸武器、工具、饰牌等为多，两种青铜文化的特征明显不同。

关于这两大文化系统之间的关系，我们否定谁是谁的变种之说，并不否认两者之间在它们的发展过程中曾经有过接触并相互影响。根据已有的发现，我曾经设想：在古代北方与中原之间，可能存在一条呈"S"形的通路，"S"形的上弯是大凌河、桑干河，中经汾河，下弯是黄河、渭河（也包括伊、洛河）。为了证实这一设想（假说），从1979年以来曾在桑干河上游地区进行探索。吉林大学和河北省的同志经过四年艰苦努力，终于在蔚县西合营发现红山诸文化的一个重要特征因素——鳞纹彩陶罐、"之"字纹筒形罐与玫瑰花彩陶盆共生，证明红山诸文化与仰韶文化在这里会合了。仰韶文化的玫瑰花图案，从华山脚下向北延伸，就走了这么一条"S"形的路线，起码一直走到蔚县西合营，可贵的是，西合营发现的彩陶盆图案，是枝、叶、花、蕾俱全的玫瑰花。这样完整的玫瑰花图案，从华山向东似乎到陕县为止。如在洛阳王湾、郑州大河村，或只一朵花，或只有叶，没见到花蕾。若按一般化的说法，叫"弧线三角、圆点纹"，当然是这一大片都有，那就把问题简单化了。我们不能停留在"弧线三角"这类笼统的说法上，要得出精确的概念，必须做进一步的具体分析。倘若仔细观察一番，便会发现，连洛阳都找不到枝、叶、花、蕾组成的图案，只见到花朵，而不见有一枝花。所谓"S"纹实是玫瑰花朵的覆瓦状花冠（S）的简化，"X"纹乃是两朵花中间的界格，这就产生了一个问题：为什么枝、叶、花、蕾组成的玫瑰花图案出现在张家口地区？对此也不难解释，因为我们近年从华山下渭河，经黄河、汾河一线已找到若干处含有这种图案的仰韶文化遗址，而汾河的源头正和桑干河源头很接近，这就在中原的仰韶文化与北方红山文化之间，连成一条西南—东北向的通道，使典型的仰韶文化（庙底沟类型）的这种彩陶图案到达北方。

与西合营东、西对应的河套地区的准格尔旗、伊金霍洛旗的朱开沟等地点，已建立起从五六千年前至商、周时期的序列。大致相当红山文化晚期至夏家店下层文化之间的阶段，其重要特征是尖底瓶与"原型斝"交错，能看到尖底瓶变斝的过程：一个大尖底瓶截去上半部，尖底周再加三个小尖底瓶，就成为斝。换句话说，斝的腹部是一个大尖底瓶的下腹和底，三个足就是三个小尖底瓶，即四个尖底瓶拼成一个尖底腹斝，三足的做法与这时期尖底瓶底的制法一模一样。这个事实，同样证明源于关中的仰韶文化与其北方文化之间通道的存在的长期性。

赤峰大南沟红山文化遗存可分三段，末段已出现朱绘黑皮陶。在张家口地区也看到朱绘黑皮陶（先有朱绘，后有彩绘）和篮纹的出现，以及由盆变尊的过程（篮纹尊形器在前，黑皮陶彩绘尊在后），也见到尖底腹斝。总之，在冀北、晋北、河套那样一个相当大的范围，大致在北纬40度左右，或说是张家口—（大同）—伊金霍洛旗一线，距今五千年左右，曾发生过上述一系列变化。在北方所发生的这一过程，大约比陶寺（含有斝类器文化层）早几百年。

陶寺的彩绘、斝、龙纹（盘）是哪里来的？当然不是天上掉下来的。我们前面已经讨论过了。从石器时代文化到青铜文化，在大凌河、桑干河、汾河、黄河、渭河，包括伊、洛之间，确确实实存在一条东北—西南向的"S"形通道。这条通道通过山西，以汾河沟通南北。不难看到，陶寺便是在这条通道上的。正是由于有本身的土壤，又有不同文化的交汇，才产生陶寺这样一支独具特色的文明火花。红山文化晚期（大约距今五千五百年）已经有了玉雕龙，《赤峰红山后》报告中有一片彩陶片上便是龙纹（图一），后来又有三星他拉的玉龙。红山文化的末尾已经出现朱绘黑皮陶。在陶寺没见到尖底腹斝与尖底瓶衔接的迹象，但在北方衔接起来了。这些发人深思的例证，告诉我们，对于陶寺的一些文化因素，若在本地（指晋南）庙底沟二期文化中找不到根源，就应到北方去找。太谷白燕是北方到陶寺之间的中间站，值得注意。

山西在古代是个复杂的地方。说起复杂，就是多民族、多种族、多文化。复杂并没有什么不好，美国不是很复杂吗？所谓中原也者，无非也像美洲新大陆，人来自四面八方，中原的古文化也是吸收了四面八方的优秀文化因素会合而成，不全是土生土长一根独苗开出的花、结出的果。夏、商、周都是外来户，秦、汉

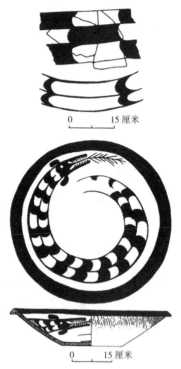

图一 红山文化彩陶龙纹（上）与陶寺彩绘龙纹（下）比较图

以后许多王朝建都中原，可皇帝原本多非中原人。许多事实一再证明，没有不同文化的交错，就没有火花，就产生不了中华文明。

二、关于发掘资料的整理和报告编写

这次编写报告的性质，首先应肯定是正式报告，又是阶段性的报告，初次报告，初步报告。遗址的发掘工作还要继续做下去，以后还要陆续出报告。不妨标明"1978—1985"，说明这是第一阶段的报告,是有时间限制的,以便于在材料处理和某些提法上留有余地。

既然如此,这次的报告似可不要求把发掘材料一无遗漏地包括进去。这样说,包含两层意思:一是从空间来看,目前发掘的探方,必然会有许多房子、灰坑、墓穴暴露一半,若是重要,则以后还会扩方。类似这样的遗迹,不论今后是否往外扩,这次报告可不收入。5000平方米墓地,2000平方米居住址,报告中包括哪些块块,不包括哪些块块,是可以斟酌的。二是从内容来看,有些材料一时弄不清楚,经过翻书查资料,与别处对照比较,仍然弄不清楚;把有关的同志请来,开会研究,也得不出较满意的解答,就不如把这部分材料先挂起来或只简单报道,提到为止,免得为难。例如,墓地的排列问题就存在这类情况,我想,第一次报告必须把墓群排列解决一部分,包括纵的年代顺序(先后关系)、横的社会关系,从排列的形式和墓葬内容加以分析,能说清楚的,务必说清。但肯定有一部分说不清楚,先后关系分辨不清,横的关系同样不甚了了,就先挂起来。不必全包下来,用不着对每一个墓都做分析和交代。陶寺毕竟是个大遗址,有一块能说清楚就不容易了,墓地挖了5000平方米,若有一部分能说清早、晚顺序和横的关系,也算不错了。搞社会调查并非挨家挨户都去调查,而是搞典型抽样。编写发掘报告也要筛选典型,作为重点来写。哪块重要又容易突破,就突破哪块,暂时说不清楚的材料,并非一律不重要,并非甩掉不要。今天看是困难的问题,一时无法解决的问题,可以留待以后解决。过一段时间,各方面条件具备了,或许就容易解决了。总之,碰到钉子不是非去碰不可,克服不了的难题可以暂时绕开，别钻牛角尖。这样做的目的，一是争取时间，发掘用了七八年，报告不能再拖七八年，以力争尽早出书为好；其次是留有余地，避免吃夹生饭。说不清楚的问题，我们暂时不说，总比端出一锅夹生饭，让别人去议论；或匆匆忙忙做结论，刚弄出报告，自己又不得不做更正要好一些。

陶寺的报告要有所创新。这样的遗址，在山西是第一次发现，在全国也是第一次发现，特点是它的内涵。尽管与其他遗址有关系，或有不少关系，但不是主要的。相反，与其他遗址、其他地区不同的东西是更重要的。不存在与它完全相同的遗址。因此，少跟别处比。东比西比、比来比去，并不能回答陶寺的问题。对这本报告，要求高，并不要求全。要求高，是说要有特色。遗址本身有特色，决定了报告必须搞出特色。或是报告写得一般化，不深不透，就反映不出遗址的特色，要想搞出特色，就必须突出重点，不能平等看待材料，平均使用力量。材料很重要，我们又能讲出些道理，尽可多说一些，该大书特书的，就大书特书，墨线插图、黑白照片、彩色照片、局部特写，这些手段都可用上；材料虽然重要，但说不清子丑寅卯，又不好不发表，可只报材料；一些不太重要的材料，可一笔带过。有话即长，无话即短，避开一时难以解决的问题，在有办法的地方多下功夫。

要了解陶寺，了解陶寺的特点和变化，首先要从认识陶器上下手。1979年，我来看过几个有层位关系的典型单位的陶片，重点看了袋足器、直筒器、高领器，看出一些道理。从序列上看，有头有尾，可以分段，从共生关系看，组合比较清楚。这次又看了标本架上经过复原的器物，反而觉得没有1979年翻陶片筐看得清楚，问题绝不是复原的完整器没有用。不，绝对有用。有可能复原而尚未复原的，还要下功夫粘对、复原。但对分析遗址来说，仅靠复原器远远不够。因为完整器、复原器种类不全，形式不全，有的多，有的少，还必须在陶片上花大力气。

说到陶片的用处，不免想起一段往事：抗战时期，大约是1940—1941年，中央研究院历史语言研究所搬到李庄之前。当时，我正在写《瓦鬲的研究》，有机会与史语所的诸位先生接触，在考古组中，有人整理甲骨文，有人整理铜器，有人整理西北岗大墓的材料，李济作为考古组主任、安阳发掘报告的总负责人，却偏偏整理四百多个灰坑，数瓦片，摸瓦片，对着瓦片出神，又是画图，又是照相。奇怪吗？不奇怪。李济能够对殷墟有较全面的了解，摸瓦片是基础。要知道，殷墟作为殷都，是一个严格的历史概念。建都之前，还有殷人在此生活；武王灭殷后，仍然有人在此生活。有人生活，便有居住址、文化层。建都前、建都时期与灭殷后，社会生活不会毫无变化。这种变化，在物质文化方面不会没有反映。因此，作为殷都，必须有明确的上、下限。犹如1949年10月1日是个历史的分界线，从这天起是社会主义新中国，在这以前是半封建、半殖民地的旧中国。倘若笼统地把安阳的殷人遗存都看成殷都遗存，岂不把一个历史概念弄糊涂了？而要把哪些是殷都的遗存，哪些是建都以前的遗存，哪些是周初的殷人遗存，做出明确的区分，唯一途径是搞地层、摸陶片。我们挖那么多灰坑，收集大量陶片，目的就是为了解决历史问题。

还可以举一个例子：对敖汉旗大甸子挖的七八百座墓，起初分析起来很困难，总是不得门径。1977年在居住址挖了几条探沟，虽然挖的地方不够理想，陶片很碎，然而排排这些碎陶片，鬲等器类的序列关系就一目了然了，可以按层位分出几个阶段。反过来再看墓地，就发现随葬明器的制作方法与实用器大体一致，发展过程也一致，参照居住址的陶器序列，就能比较清楚地看出大甸子墓地与居住址头、尾基本一致，也能分出几个阶段。这再一次说明陶片的重要，用它来衡量完整器之间的关系有用，衡量墓与墓的关系同样有用。

面对多年积累的大量材料，编写报告的基础工作是搞编年序列、分期。陶片的重要，也突出表现在这方面。当年司马迁写《史记》，肯定是先在年表上下了很大功夫，才能把国与国、人与人以及各种事件的关系讲清楚。曹雪芹写《红楼梦》，也要先对荣国府的家谱、世系有个整体构思，把出场人物的亲属关系、主仆关系理清楚，贾宝玉、林黛玉等主要人物还要有各自的详细年表，不然就会写乱了套。我们整理报告，若不把材料排出年表，分不清先、后，分不出阶段，就不便驾驭材料。因此，必须突破这一关。搞出一个整体的编年序列，才能谈到进一步消化材料，才能谈到报告的编写。这步工作常常花的时间较多，所做的工作并不一定都写进报告，但这步工作又非做不可：如同上演两小时的戏，台下排练的时间不知要多少倍于两小时。道理是一样的，这就叫"磨刀不误砍柴工"。编年表、划分阶段的目的，就是为了消化材料，弄懂这个遗址究竟具备什么特征。

建立遗址编年序列的途径，是研究地层（包括共生关系、排列顺序、打破关系、叠压关系）和摸陶片。当然，无论是地层或是陶片，都不是泛泛地谈，而是挑选那些具有典型性的东西，进行深入、具体的分析、排比。筛选典型探方、典型堆积关系、典型单位、典型器物，这是整理过程中一项十分重要的任务。从典型探方中选取典型堆积关系，在典型堆积关系中选取典型单位，于典型单位中挑选典型器物。典型探方的条件是：材料丰富，发掘工作又做得较仔细、可靠。至于堆积的时间跨度，长有长的好处，短有短的好处。跨度大，叠压关系复杂，发掘时又做得很清楚，是理想的；叠压关系虽很复杂，但做得不太清楚，就未必有用；叠压关系简单的，好处是完整器物可能保存较多，容易看清问题。典型器物也不一定要很多种，就陶寺来讲，少则三种，多则五种，差不多够了。

　　对典型器物的分析，要肯下功夫。开始时，切切不要从目前划分的这三大段出发，先不要带这个框框，而是从堆积关系、层位关系入手，从头排比、分析。这样做，势必花费时间，但这是必要的。我有这样的一些经验，可供参考：第一，到任何地方去，都从头开始，绝不拿过去的框框看新材料。听说协和医院的张孝骞老大夫，80多岁了，还坚持参加查房、看门诊。他说：从来没遇到过两个完全相同的病例，对我来说，每一位病人，都是一个新病例，都要认真对待。我们做考古学研究，同样需要懂得这个道理。世界上没有完全等同的事物，两个遗址尽管时代相当，内涵则不会完全一样。客观事物本来就是千差万别，把什么都看得简单一律，不下功夫，不是科学态度。第二，同一层、同一单位的东西，我还要比，甚至同一单位里的同类器物，也绝不简单地看成都是同时的产品。对某些发展、变化快的器类来说，常常在同一单位中，也能看出早、晚。同一墓内的器物，无疑大多是同时入葬的，但有新，有旧，有制作早、晚之分。二里头遗址近年发掘的一些墓葬，就可看到这样一些现象；凡一墓有两件同类器物时，两件的早、晚未必一样。如有两件小口鼓腹罐，或两件大口尊，或两件爵杯，或两件盉，凡此类情况，常常可在两件之间看出某种细微变化。而且，从宏观上，从二里头遗址的层位和已知的器物发展序列，已经证明上述的分析是可信的。墓内的器物是同时埋藏的尚且如此，至于灰坑、井等等遗迹，情况自然更复杂一些。井和较大的灰坑，大多要相当时间才能填满，总要有一个过程，一般不是一次填埋的。对其中包含的器物，需要分析自不待言。就是说，不能只停留在明确的层位关系，还应再进一步，对同一单位或同一层次的器物进行排比。发掘时，把灰坑的堆积分出层次，很有必要。这样划分的层次比地层更有价值。因为地层的面较广，很难设想能形成连续不断的堆积层；再者，那样的一层可能包含了很长一段时间，如在北京城，地下可能分出辽、金、元、明、清几层，一层就是一个朝代，有的长达两三百年。明或清都有两三百年的历史，怎能笼统地说一层就是同一个时间？针对这样的情况，就需要对同一层器物的变化进行分析，明确这一层的上、下限以及划分阶段的可能。发掘时，灰坑未分层的，仍然可以通过分析陶片，对堆积过程做出判断，勿"一锅煮"。若灰坑的堆积能够分出层次，对这样小层中的包含物，仍不应轻易放过，也不搞"一锅煮"。这样分析的结果，肯定会把我们的认识引向深化，从而更具体，也更符合历史实际。

概括起来说，以层位关系为基本出发点，进而深入到对器物本身的变化进行具体研究，找出它的发展规律，再反过来根据层位关系进行核对、验证。这便是地层学与器物形态学的辩证关系，至于陶片与已复原的完整器的关系，则可先用陶片理出顺序，以陶片为纲，再填充完整器，肯定比只用完整器丰富多了。这是整理报告必须经历的过程，这样做了，编年序列解决了，就会一通百通。

欲研究遗址本身的发展规律，离不开年代顺序，正像研究历史离不开年表一样。然而，不等于说排出编年序列就找到了规律性。恰恰相反，只从年表上往往看不出规律。1983年我在郑州说过：企图用串糖葫芦的办法，把早、晚不同的考古学文化依次串联起来，用以说明中国古代的历史，是过于天真和简单化了。譬如说，根据小屯、二里岗、二里头、煤山、龙山文化、仰韶文化的顺序，或按照后岗三叠层的层位顺序，便得出结论说"小屯来源于仰韶"，似乎问题都解决了。其实，一部上古史绝没有这么简单，仰韶文化与龙山文化的问题，就不那么简单，仰韶文化分布于黄河中游，基本上是郑州以西。龙山文化是在黄河下游。龙山文化代表性的东西——蛋壳陶，只局限在胶县、诸城、潍坊地区，它发展到最高水平就那么几个县，山东境内的其他地区尚未达到这样的水平，何况西安以西算得上什么"龙山文化"？现在从陇海路一线到山东半岛都叫"龙山文化"，但肯定不是一种文化。

事物的发展规律是客观存在的，问题是我们并非轻而易举就能认识它、掌握它，而往往要经过一段曲折的过程，才能透过纷乱复杂的现象得其真谛。如果说，从头到尾理出年代顺序，尚属容易，那么，究竟如何划分阶段（分期）就是一个难题。显然，按照器物排列顺序任意切成几段，是行不通的。因为客观规律是不以人的主观意志为转移的。分期界线到底应该划在哪里？能不能向前移或向后错？这样划分的理由是什么？内在依据是什么？有什么实际意义？早、晚不同的各期之间质的差别是什么？需要回答这一连串的问题。这一连串的问题，实际上只是一个问题——期或阶段的划分是要有客观标准的。我们搞分期、分段，必须符合客观规律，才是正确的，才能反映历史的实际。遗址分期，就像一个人的一生有青年、中年、老年几个阶段一样。人的青年、中年与老年，不能只从面貌上看，那只是表面现象；也不能单纯从年龄上卡，搞"一刀切"，只能有一个大致的年龄范围。划分的根据是生理上的变化，生理上质的区别。例如，人到中年，冠状动脉沉积物多了，开始硬化，导致生理机能发生一系列变化，这便是人由青年进入中年的内在根据，中年与老年的交界是更年期。更年期到来的时间因人而异，男人与女人不一样，中国人与外国人不一样，并不是所有人同步发展的。就一个人本身的各个器官来说，从成熟到老化，也不是同步发展的，所以不能拿一个固定年龄卡所有的人。但是，更年期后进入老年，本质依据是一样的，任何人都要有这个阶段性的变化。同样，我们研究遗址分期，要以具有划时代意义的本质区别作为依据，要提出最充分的理由。除了定性分析，还要做定量分析，真正的科学要数学化。当代科学都要以定量分析作为立论的基础和手段，考古学也不例外。不然就没有是非标准了。总之，主观规定的东西不是规律，单纯客观描述，只陈述现象，未能揭露本质，也不是规律。年代顺序不等于规律，单纯的逻辑顺序也不等于规律。年代顺序与逻辑顺序吻合的部分才是规律，要使主观与客观、认识与实际统一起来很不容易，但又必须统一起来。要使人们的认识确实反映客观规律，并以这种符合客观规律性的认识能动地去指导实践。

最忌罗列豆腐账，有些报告，罗列材料是一大通病。其结果，重点没有了，个性（特征）没有了，只剩下一堆让人摸不着头脑的材料。

重点和特征从何而来呢？

一是通过比较。人的高矮、胖瘦、美丑都是比出来的。没有比较就没有鉴别，通过与上、下、左、右、前、后的比较，至少可以把陶寺所在的范围与时间、空间位置搞清楚。

光靠比较并不能解决全部问题，更重要的，还靠花力气去进行分析。所谓分析，不是摆死东西，静态描写，罗列现象，静止的、表面的现象说明不了本质，列宁在《辩证唯物主义和经验批判主义》一书中有一句至理名言："世界上除了运动的事物，什么也没有。"运动才是事物的本质，就如仅从相片上并看不出一个人的学历、修养、能力，靠衣帽取人，靠相貌取人，往往失误。只有从多年交往中，通过许许多多具体事情，才能真正认识一个人，就是说，对人的认识也是在动态中才能完成的。诚然，标本是死的，当时的运动已经完结了，我们的目的是追溯它的发展过程史，探索它的运动规律。单个的动物化石是死的，但把不同地层中不同时代的化石联系起来，就能看出一个运动过程。这样的运动过程，也就是生物的进化。任何事物都是从低级向高级发展，这是共同规律；同时，不同事物又都有各自的运动法则，各自的本质，同龄人中，各有各的经历，各有各的特长。同年同月同日生的两个人，相同点只是出生年、月、日，由于主、客观条件不同，运动的过程不同，张三是张三，李四是李四。我们要想回答陶寺的特征，就必须从居住址和墓地各找出三五种主要器物，研究它们的运动方式、运动规律。

例如，扁壶是一种从早到晚多见的、有特点的器物，即可抓住扁壶，认真进行排列比较，找出它的序列，找出它的头、尾和变化阶段来。同时，还要研究引起形态上变化的内在根据是什么，包括从使用角度研究所以这样变的目的，从制作角度研究所以能够这样变的技术条件，从静态中看到动态，透过器物看到社会和人的活动。如是，就能抓住扁壶变化的本质和规律，也就抓住了特征。若讨论陶寺扁壶与大汶口背壶的关系，同样需要从各自的运动系统、工艺条件，结合对应的时间、空间关系加以论证，方可明了二者之间究竟有无关系或有什么样的关系。

再如，斝和鬲是陶寺的主要器物，可选作重点研究对象。从斝发展到鬲，在很大范围内都有这个过程，但各地的具体情况不一样。我们抓住陶寺从斝到鬲的具体演变过程，并从使用和制作技术的角度对每一阶段的变化加以论证，就抓住了本地区的特征。相反，若只停留在外部形态的描写或拿来陶寺的斝、鬲就与别处做对比，则永远说不清陶寺的特征。

又如墓中的盘豆，盘沿涂朱，显然与一般的陶器不同，似乎是模仿漆、木器，大甸子有大量彩绘，陶寺的陶器和漆、木器上也有彩绘，繁缛、流畅的线条一笔画下来，能有如此的功力，非高度专业化不可，能产生这样的工艺，社会的生产和分工要达到怎样的水平？若是把这类器物分析透，排起队来，不难看到那时工艺技术的发展和社会分工的变化。

陶寺遗址的头一段，现在把它叫作"庙底沟二期"，对这段材料，同样不能简单化，应同样认真对待。本来"庙底沟二期"就是一个含糊的概念。我一直考虑，在中原地区应对这一段的认识有所突破。泉护村这段的材料面貌比较清晰一些。泉护村二期不等于仰韶文化的末期，已经有部分质变；但又不等于一个新时期的开始，还没有质的飞跃。关中、豫西、晋南走的都是这条路，即在仰韶文化末尾陶器组合发生了变化，但毕竟还像是仰韶文化，像是它的结尾；所谓"二期"，与前、后的衔接关系清楚，但它保留的旧东西是一小部分，新出现的东西是一大部分，但又不构成后面一大段的开始。我们可以清楚地分辨出它是一个承前启后的转折点，但又看不出它是一个独立的文化。它包含了前、后两者的若干特征，不是一个独立的质态，或者说本身的特征不清楚，不构成一个新的时期。陶寺遗址的主要部分的特征在这段并没表露出来，或者说还未充分表露出来。它与后段可能有间隔，也许未必有间隔。目前把这段材料单独划出来整理有好处，材料集中起来，仔细分析它本身的发展过程，对理解后面一段大有助益，它的变化可能不像河套地区从尖底瓶发展到尖底罂那样明显。究竟有什么变化，排队之后再说。没有变化是不可能的，不然陶寺后面一段的出现就太突然了。

墓地与居住址有共性，又有它特殊之处。属于"庙底沟二期"的墓葬目前尚未能确认，可暂时挂一下，与居住址在时间上能对应的那一大部分墓，应是主要的研究对象，目前居住址中发现的房子、灰坑，在规格上未见显著区别，但大、中、小墓的差别十分醒目，我们尚未找到与大墓相对应的大型建筑基址。对墓区材料，我倾向于把成片、成排，大、中、小墓俱全，又能排出大致顺序的较完整的一块，作为这次整理的重点。

据初步认识，五个大墓分成前、后几排，若果真如此，可拿它当突破口。既然有排列，就会有头有尾，有前后顺序。区别各排之间的早、晚，地形是个因素（一般是依地势从高而下），头向是个因素（一般情况，晚辈往往在长辈脚下），随葬品是个因素。根据以上诸因素的配合，排出五座墓的早、晚顺序并分出段落。再按排列关系将其他若干墓串联起来，于是可以明确几群（排）墓的早、晚关系，进而有条件对墓群做横的分析。同时代的墓、同排的墓，规模大小不一，从社会关系的角度看，存在两种可能：（一）有亲疏之别；（二）有地位高下之分，从一排到另一排又是另一种性质的人与人之间关系、社会关系。这种运动又是陶寺的一大特色，在别处还难找出完全相同的例子。天下从来没有简单照抄的模式，古往今来概莫能外。

再讲一点：怎样使报告具有特色，现成的一点，是要突出陶寺在晋南地区上下、左右的关系。一个陶寺不会只与晋南有关系，与北方有关系，与东南沿海有没有关系？不能说路远就没有关系。例如，∠字形石刀与杭、嘉、湖地区联得上；扁壶与大汶口联得上，但因暂时不易说清所以然，本报告也可不触及，瞎猜不如不猜。陶寺类型的东西有个范围，就把这范围内的情况说清楚。在晋南，左邻右舍与陶寺遗址相似的不少，据说发现七八十处，但陶寺遗址相当特殊，与它完全一样的大概未必有。在这个范围内，陶寺遗址在时间、空间上的地位，它的重要性，应该摆一摆，这也是报告应有之义。

三、关于晋南的考古学课题

我在晋文化研究会上说过：课题是进入科学的大门。课题的研究，绝不能只停留在现象的描述上，而必须触及事物的本质，进行本质的分析。本质的分析，必须包含明确的量的概念。课题不能脱口而出，不是想当然的产物，它的产生是有条件的，要在理论与实践的结合点上提出课题。目前，我们的工作范围受到省界的限制，但课题是没有省界的。晋南的问题不仅限于晋南，起码南面与陇海路一大片有联系，北面与晋中、晋北、冀北、陕北、内蒙古的一大片有联系。

现在有进行课题研究的良好条件。首先，从已有的成果来讲，晋南地区距今六七千年至两千年前大的考古年代序列，已初步建立起来，其中的哪一段都不是空白；从横断面看，每个阶段都不单纯。就是说，这里有做研究工作的广阔天地，可以大有作为。其次，从目前田野工作来看，又搞普查，又配合基建，又有主动发掘的重点工地，有点有面，不断有新发现，这就是我们的实践。现在的问题是怎样抓住重点，提出课题，怎样在理论与实践的结合点上提出课题。什么叫理论与实践的结合点？一句话，根据我们对这一地区已有成果和存在问题的了解，同时考虑地下新发现的重点苗头，带着目的去工作，这就叫课题研究。究竟抓哪个课题，要经过比较、斟酌、筛选，筛选的标准是看哪个问题或哪些问题、地点最具有突破性的意义。

为了便于大家对这个问题的理解，我不妨再举几个例子：

过去大家谈仰韶村，都是笼而统之，包括一些教材在内，缺乏对仰韶村做纵断面的观察。1980—1981年,河南的同志在仰韶村做了小面积发掘,分出层次,分出四期,看一看发表在《史前研究》上的简报的图,就可以得出结论:仰韶村可以排出西面的关中同东面的郑州、洛阳间的仰韶文化大致对应的序列。这样,就填补了在陕县、洛阳间或者说是新、老函谷关之间仰韶文化的空白,为宝鸡、郑州间的仰韶文化补上中间的一环。

搞课题,也不一定非要花很多钱不可。这几年,西北大学戴忠贤带同学实习,一次只花几千元,多则七千,少则三千,工作做得不错。前不久,他们选了一个宝鸡渭河对岸的石嘴头遗址,在东、西两侧都做了发掘,共同点是堆积都相当丰厚,但文化内涵不一样。渭河及其支流两岸,有许多这样的遗址。据介绍,通过石嘴头的发掘,发现它和六盘山东、西两侧的古遗存有关系,但不等同;又讲,宝鸡地区不是笼统的关中,这里的古文化与甘肃有关系。讲得很对。我们知道,所谓关中,在西安以西同西安以东不能混为一谈。关中平原的西端是个重要的地方,散氏盘就出在这里,陈仓、阳平、虢(西虢)都是古国。甘肃(陇东)的古文化是多种多样的,宝鸡一带的古文化也比较复杂。有不同的古文化,就会产生不同的古城、古国。宝鸡地区的考古工作,至今已有半个世纪,但对这一带古文化的序列如何,跨度有多长,每个阶段的特点是什么,过去少有人讲,有的同志讲过,但讲得不够清楚。我认为,石嘴头的发掘资料对阐明关中西端(不是关中平原的大部分,也不是甘肃)古文化的特点及其与后来古城、古国的关系,是有突破意义的。

四川是个一亿多人口的大省,四川境内的古文化,还笼罩着一层迷雾。前几年，四川省博物馆用两年时间，在广汉发掘2000平方米，使我们看到古蜀的文化遗存，上下几千年，有很多特色。

最近，我考虑在辽宁阜新和兴城的两个地点各挖两个探方，收集几箱陶片，我准备明年再下辽西，想根据这些材料探索一下辽西走廊（锦州、阜新、沈阳）的文化面貌问题。

可见，课题也者，并不那么难于捉摸。有时从地面踏察时捡来的几袋陶片也能看出一个遗址大致的文化面貌。挖两个探方，就是正式的考古材料，也有可能说明考古学上的一个问题。晋南如此，晋北更是这样，从冀北、陕北、河套地区的情况看，晋北的古遗存一定很有特色。遗憾的是，目前这一地区的考古工作还是薄弱环节，我想，只要在汾河和桑干河源头地带做点工作，准会有所收获。

时隔六年半，又到晋南，总的感觉是形势很好，陶寺、曲村、侯马的工作都大有进展。从已有的工作基础看，解决晋南一系列重大课题的条件渐渐成熟了，希望同志们努力。只要工作需要，我愿意再来，同大家一起学习、研究。

（高炜记录整理）

楚文化探索中提出的问题[1]
——在"中国考古学会第二次年会"闭幕式上的讲话

真正从考古学角度探索楚文化,是从20世纪50年代初长沙楚墓的正式发掘开始的。现在已经过去三十年了。回首三十年前,从考古学角度来看,我们对楚文化的认识,还是非常模糊的。现在总算已经有一些比较具体的概念,虽然还说不上有了比较科学的概念。经过同行们的多年努力,已经积累了数量可观的资料,取得了不少重要线索,提出了许多问题,并对它们进行了尝试性的探讨。楚文化研究是我国考古学科的一个重要课题。现在摆在我们面前的问题是如何深入探索楚文化形成和发展的奥秘,把楚文化在我国古代文明中的重要地位真正揭示出来。为此目的,我准备根据所接触到的材料、线索,对下面三组课题,谈谈个人的一些不成熟的想法。

一、楚文化探索的对象和目的

楚文化就是"楚"的文化。这个"楚"有四个互相关联又

---

[1] 原载《中国考古学会通讯》第一二期;收入《苏秉琦考古学论述选集》,北京:文物出版社,1984年;收入《苏秉琦文集》时增加了插图。——编者注

互相区别的概念：第一，是地域概念；第二，是国家概念；第三，是民族概念；第四，是文化概念。作为一种考古学文化，楚文化的内容和特征还是一个有待探索的课题。也就是说，我们所要研究的对象究竟是什么，还是一个有待澄清的问题。我们不能简单地说，楚地、楚国、楚族的文化就是楚文化。因为前边三者是因时而异的。楚就好像一棵大树，有大的树干，大的树冠，还有大的树根体系。这是一个譬喻，是为了说明楚文化应有两个范畴：其一是，犹如这棵大树的树干，指的是因时而异的楚文化自身；其二是，犹如包括树根、树冠和树叶的这棵大树，指的是楚文化整个形成和发展过程中的基础、背景以及同它有关系的诸不同地区、不同文化之间的相互影响和相互作用。为什么我们必须把研究对象区分为这两个范畴呢？就是为了探索楚文化的中心目的——把楚文化形成和发展的奥秘，把楚文化在我国古代文明中的重要地位，真正揭示出来。

如果说，由于秦代曾经统一过全国，从而表现出了秦文化在我国古代文明中的重要地位的话，那么，楚文化在秦统一以前以及秦代以后相当长的一个时期，几乎影响了整个南中国。从这个意义来说，楚文化至少跟秦文化同样重要。在秦始皇统一中国以前，楚国和秦国不正是两个最强大的国家吗？

探索这样一种文化的发展过程，自然可以看到中国古代文化发展的一种道路。重复一句：探索楚文化的目的，主要就是为了要看到中国古代文化发展的一种道路。

二、探索楚文化的特征和渊源问题

怎样去探索楚文化的特征和渊源？我看可以从两方面来进行。一是从下而上，一是从上而下。

从下而上，就是追溯。现在已经发掘出来的数以千计的大量楚墓是属于东周时期的，主要分布在江汉平原。根据这些墓的内容特征可以看出大致以古云梦泽——洞庭湖为界，可分为东西两大块。它们既有共性，又有个性。共性当然多于个性。两大块的发展可以说大致平衡又不完全一致。

从这一大批东周楚墓的综合分析中，我们可以清楚地看出，在它们的诸特征中比较突出的一种是陶鬲。可由此往上追溯。在江汉地区发现的商周遗址不多，发掘的材料更少。从这些为数不多的材料中，我们却能够清楚地看到存在于东周楚墓中那种特征鲜明的陶鬲是有它自己一脉相承的发展序列的。不仅如此，我们再往上追溯，或者是从上而下地追寻陶鬲在江汉地区发生过程，也可以看到若干线索。这是个有趣的事例。我们是否可以从这件事例中得出这样一个合乎逻辑的结论呢，就是说：我们先从这批已知的大量的认为是楚文化的材料中，分析出那些具有明显特征的因素，然后再就这些特征因素从下而上，又从上而下地探索它们各自的发生发展过程，照此办法来回答楚文化的特征与渊源问题。

这种陶鬲我们可以把它叫作"楚式鬲"，或"鼎式鬲"，或"斝式鬲"。把它叫作"楚式鬲"的理由是：它的基本结构和特征，同曾流行于中原地区的"殷式鬲"和"周式鬲"不同，自成一系。

"殷式鬲"——指的是以郑州二里岗、安阳殷墟等商代遗址所出的典型陶鬲为代表的那种鬲。它的基本结构和特征是：器的腹足结构连为一体；足间分裆清楚；从垂直角度观察，器底轮廓略如菊科花卉的三个花瓣连在一起。

"周式鬲"——指的是以关中、洛阳一带的周代遗址所出的典型陶鬲为代表的那种鬲。它的基本结构特征是：器腹和足连为一体，腹足的底部是加上去的；足间的裆部呈弧形（所以有时被称作"瘪裆"）；从垂直角度观察，腹足的底部轮廓略呈弧边三角形。

"楚式鬲"——指的是以江汉地区诸商周（包括东周）遗址和墓葬所出的富有特色的那种鬲。它的基本结构特征是：器体的腹底连接一起，空足由核心与外壳两部分构成，核心部分略呈浅凹顶圆锥体，从器体腹底由里向外穿过底壁，外壳部分略呈空心圆锥体，从器体外面紧紧地裹住核心部分的圆锥体，整个器足犹如从器体里面穿透腹壁的"螺钉"加上从外面再套上去的"螺母"，两部分从器体的内外两面牢牢地粘在腹壁；足间裆部实际就是器体的腹底；空足很浅，有的甚至若有若无（图一）。

以上三种基本结构不同的鬲，都有自己的发展序列。在黄陂盘龙城商代遗址出土的鬲类，过去我们注意到它同"殷式鬲"相同或相似的那一部分，实际上，"殷式鬲"与"楚式鬲"是共生、平行的。从两者外部形体的发展变化过程看来，确有相似的一面，但绝看不出两者之间有从这一种派生出另一种的迹象。"周式鬲"在江汉间也曾流行过，但也看不到它对"楚式鬲"曾发生过明显

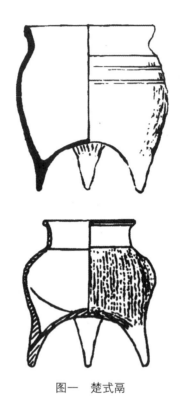

图一 楚式鬲

的影响。因此,我们可以把长期流行于江汉地区的这种典型鬲类称作"楚式鬲",并且把它确认为楚文化的特征因素之一。

这种"楚式鬲"我们似乎又可以把它称作"鼎式鬲"。这是专就它的形体特征而言的。鼎同鬲的区别,在商周古文字形被表现为:鼎的器底原是圜底釜,再加上实足;鬲字形象则是腹足不分。两者原应是泾渭分明的,但实际上却并不都是如此。青铜鼎中确有似"殷式鬲"之具有"分裆"器体的,这种鼎或称"鬲鼎"。但这种"楚式鬲"则恰恰相反,并不像通常所见的鬲类都有比较明显的"裆"。因此，我们如果专就它的外部形体观察，称它为鬲还不如称它为鼎。还有，即使我们从它的基本结构来看，陶鼎中也有实足夹心，并把它的"夹心"像"榫"的凸出部分穿透器底的。为什么我们还是把它叫作鬲而不叫作鼎呢？为什么不把它叫作"鬲鼎"而把它叫作"鼎式鬲"呢？第一，这种鬲（楚式鬲）同这种鼎（带榫足鼎）在结构（或者说制作方法）上虽有相似的一面，但没有直接的渊源承袭关系。第二，它确实具有鬲类器的基本特征（腹足不分），符合鬲类器实用目的的要求。第三，它确实很接近鼎。

这种鬲我们似乎还可以把它叫作"斝式鬲"。斝的形制特征是：在一个缶形器的底部开三个圆洞口，口外安装上三个空足。这种"楚式鬲"，如果把它的三足的"核心"部分去掉，只剩下它的圆锥体实心外壳，实际上就变成了大体上名实相符的斝。

鬲类陶器的出现（包括鬶、甗、盉、斝等）远在商代之前。"殷式鬲"的发生也早于商代。我们根据黄陂盘龙城的材料判断（或推测）"楚式鬲"的发生也应早于商代。"楚式鬲"的主要分布范围不越出江汉平原。"楚式鬲"应该属于"楚人"或楚的先人的创造。关于这种鬲最初出现的时间、地点以及它的前身等细节还有待我们探索。现在，我们只就这一地区原始文化发展概况谈一些有关线索。

江汉地区的原始文化，从现有材料来看，它的起源、特征与发展道路，可以看作是一个整体，又是中国原始文化的一个有机组成部分。同时，必须看到，在这地区范围内几个较大块块之间在文化面貌上还存在着明显的差异，它们相互之间又存在着错综复杂的关系。我们追踪"楚式鬲"的发生问题,就不能不从商周以前江汉地区原始文化遗存中探索陶鬲的发生、鬲类陶器的发生以及鬲类陶器发生之前的背景。

江汉地区鬲类陶器的出现时间,估计在距今五千至四千年间的后期,存在于大部分被称为"湖北龙山文化"的遗存中。对于这类遗存,我意似乎可以按照习惯改称作"石家河(天门县)类型"(同类遗存中最早被发现的一处)。

在这类遗存中出有高袋足的鬹形器。它的口部具有用手捏制的流,所以也可把它叫作盉。在已知这一类型遗存的遗址中,在房县七里河的几个不同层位所含鬹形器中看到它的形制有发展变化。

在同类型遗存中,房县之北的郧县(与河南南阳地区淅川相邻)青龙泉(上层)出有斝类器,而且在一个相当长的时间内,它的形制也有发展变化。应该指出:这里恰是仰韶文化分布范围的南部边缘地带,所以青龙泉(下层)具有若干"边缘"性质的特征。

江汉地区的"石家河类型"遗存的前身,鬲类陶器在这里发生之前的背景是怎样的呢?可能是有两种情况:一种是从屈家岭文化直接发展而来,可以拿天门石家河遗址作代表,这种遗存似乎也可以称作"后屈家岭文化";一种是从具有强烈的屈家岭文化影响的、内容性质互不相同的诸文化遗存基础上发展而来,汉水流域(鄂西北)可拿郧县青龙泉(中层)为代表,长江流域可拿宜都红花套、枝江关庙山两遗址的相应文化层为代表。

"石家河类型"遗存中的鬲类陶器中的鬹(盉)虽是比较普遍

的一种，却丝毫看不到"楚式鬲"有从它发展或派生出来的迹象。"石家河类型"遗存中含有斝类陶器的目前只发现青龙泉（上层）一处。我们从它所含的斝、鼎、釜（或缶）等器类的形制发展变化中不难看出它们同"楚式鬲"的关系。例如：①青龙泉（上层）中出的釜（或缶）类器的发展序列，较为晚出的特征是高卷领，器体的最大腹径下移，圜底近平。②青龙泉（上层）中出的斝类器体除了同釜类相似外，实足部分形制发展序列似乎是类似白薯（红薯或地瓜）到近似圆锥体。③青龙泉（上层）中出的鼎的足部形制以横安在腹底部呈舌状的为主，舌状足的表面有的加捺圆点，或刻画纵沟，或加两道凸棱。所有这些特征，从"楚式鬲"的约当商代早期标本中能看到它们的影响，如较高的领部，腹最大径接近底部，似圆锥体的足部，足根部加纵深刻槽，还发现一件圆锥体足里面加上两窄条纵堆泥的，有的圆锥体足的外面做得较平，略如扁平舌状鼎足等（图二）。

值得注意的是，目前在江汉地区发现出商周青铜器的地点和商周遗址，大多集中在沿京广铁路两侧，在鄂西（包括西北部）则发现较少。在鄂中地区则又没发现过类似青龙泉（上层）的遗存。因此，现在存在于鄂西北青龙泉（上层）的斝类，同主要发现于鄂中地区的较早的"楚式鬲"之间的联结点，还有待于在今后的田野工作中寻找。

存在于鄂中地区商周遗址中的"楚式鬲"同荆州地区出土的东周时期"楚式鬲"之间怎样衔接的问题。据我们对黄陂盘龙城的"楚式鬲"标本初步分析，其中属于该遗址中最晚的那种形制同当阳楚墓中较早的那种形制之间，特征已颇为接近。关于西

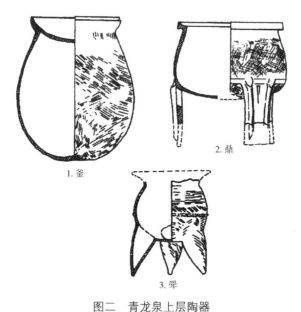

图二　青龙泉上层陶器

周时期楚都丹阳的位置，学者有不同看法。但多认为它的地望应在江汉平原的偏西部分。遗憾的是，在鄂西地区（或河南的西南部），迄今还没有找到一处相当西周时期的像样的都邑遗址。

甚至在整个江汉平原可以确认为西周时期的遗址和墓葬也很少。尽管如此，我们沿着"楚式鬲"这条线索追踪商周时期楚人或楚文化的活跃中心，似可认为是从鄂中转到西部，再从西部向外扩张的。

概括起来，我们从"楚式鬲"发生背景到它的消失这一全过程的探索中，似可看到其间曾经历一个几度反复的像海潮样的进退过程：

1.约当距今五千至四千年间的前期，屈家岭文化晚期，从东向西，影响波及整个江汉平原；

2. 约当距今五千至四千年间的后期的"石家河类型"（或称"湖北龙山文化"，或可称"后屈家岭文化"），其中的青龙泉（上层）一分支基础上发生的"楚式鬲"，从西向东，主要流行于鄂中地带；

3. 约当距今四千至三千年间，"楚式鬲"流行中心地带，从东向西，从鄂中地带转到鄂西地带；

4. 约当距今三千年以后，西周春秋时期，"楚式鬲"从鄂西中心流行区向外扩散。

三、社会发展的阶段性、文化面貌的阶段性变化和诸地区间文化关系的变化

从前一组问题的尝试性探索中，我们似乎可以得出楚文化的主要分布范围是在江汉平原一带这样一个假设。因此，我们对楚文化这一课题的探索范围，从考古学的角度似乎可以归纳为对于这个地区从原始文化起，到楚国灭亡，甚至可以延长到此后一段时间，社会发展的阶段性、文化面貌的阶段性变化和诸地区间文化关系的变化等项目。现在谈这些问题，毫无疑问，只能是"大题小做"，但不妨提出些粗浅的想法。

探索江汉平原一带的原始文化跟它的渊源、特征和发展道路等，可以把它划分为如下的三片：

1. 以淅川下王岗和郧县青龙泉（下层）为代表的，以仰韶文化为基础的原始文化区；

2. 以巫山大溪、宜都红花套和枝江关庙山为代表的，以大溪文化为基础的原始文化区；

3. 以黄冈螺蛳山、武昌放鹰台和京山屈家岭为代表的，以屈家岭文化为基础的原始文化区。

第一片根据发掘者最初简报，淅川下王岗分为七段，青龙泉分为三层（下、中、上）。下王岗一至四段、青龙泉下层属于仰韶文化。两者的时代是下王岗三、四两段同青龙泉下层相当。一段属于仰韶文化前期，二至四段属于仰韶文化后期。

第二片据三处代表遗址发掘材料中具有典型性的层位关系可分为四段：最早的一段同第一片的一段相当，二至四段约与下王岗二至四段相当。

第三片黄冈螺蛳山、武昌放鹰台两处遗址的层位与单位共生关系大约与第一、二片的二至四段相当。

三片各有代表性的典型器类。例如：第一片的长颈小口瓶；第二片的筒状的杯（瓶）；第三片的圈足壶。

就社会发展的阶段性变化而言，第一片材料比较多，比较明显。但由于三者的文化面貌的阶段性变化大致相似，可以从旁证明它们的社会发展进程大致是平衡的。三者都出一些明显地属于中原仰韶文化中庙底沟类型和半坡类型的典型陶器。例如：第一片的二、三两段出有属于半坡类型后期的葫芦口小口尖底瓶，第二片的第二段出有属于庙底沟类型典型器类的双唇小口尖底瓶；第三片的二段（与第一、二两片的第三段的时间相当）出有属于庙底沟类型晚期典型器类花卉图案彩陶盆。第一片的青龙泉（下层）相当于王岗的第三、四段出的平底盉和带三个小鹰嘴形纽的罐，同《大汶口》报告中早期阶段所出的同类器不仅形制相似，而且变化序列一致。

在晚于仰韶文化的阶段，整个江汉平原的原始文化普遍经历过两个相应的时期。前一时期在鄂西地区明显地受到屈家岭文化的影响，后一时期则明显地受到"石家河类型"文化的影响。但是，如果我们试以青龙泉中、上两层同它的下层文化做一次仔细的比较分析，用数字来表示从下到上的三层文化面貌的变化，那么，可以发现当地传统文化特征因素始终占绝对优势，全新的因素，不问它可能来自北方或是东方，毕竟只占少数。

进入青铜时代，中原地区经历过夏商周三代的所谓"汤武革命"，社会的与文化的两个方面都发生了相应的明显变化。这对江汉地区也产生了不小的震动。例如：黄陂盘龙城遗址的文化面貌很像郑州二里岗遗址，汉阳、蕲春、武昌（放鹰台上层）等地的西周遗物同中原相应时期遗址的文化面貌也很接近。从表面现象看来，似乎中原曾经历过夏商周改朝换代，江汉地区也经历过商周楚三代。但认真分析，江汉地区依旧是楚文化的范围。商周文化仅仅是对它有一定的影响而已。不过，"汤武革命"虽然发生在中原地区，在江汉一带也发生了相应的社会、文化面貌上的变革。那么，到底中原的夏商周三代所发生的社会、文化的变革同江汉地区相应阶段的社会、文化的变革有什么区别呢？它们之间的相互影响、相互作用的具体细节究竟如何呢？这又是值得我们探索的问题。

最后，战国时期的楚国几乎统一了差不多南半个中国，除了军事征服手段之外，社会历史文化背景条件究竟是怎样的呢？当然这还是一个有待探索的问题。但从近年发现的考古材料来看，有一个线索值得我们注意，这就是，曾长期流行于我国东南广大地区的几何形印纹陶，到商周时代发展到高峰，大约恰是在春秋战国之交发生了一次急骤变化，从原来多彩多样的图案一下子简化为小"米"字格纹和小方格纹。这一变革不可能是军事征服或政治原因造成的，只能从社会经济文化等方面去找原因。这一现象同楚统一南方的关系是怎样的，似乎也值得我们进一步去探索。

关于"几何形印纹陶"[1]
——"江南地区印纹陶问题学术讨论会"论文学习笔记

一、写作背景

1978年8、9月间在庐山举行的"江南地区印纹陶问题学术讨论会",可以说是1977年10月在南京举行的"长江下游新石器时代文化学术讨论会"的继续。两次会议讨论问题所涉及的范围和侧重点是不同的,但我们不妨说,所要探索的主要课题是一样的,或者说是大体一样的。这就是:从考古学角度,探索中国文化起源,从原始社会到阶级国家产生、到统一多民族国家的形成等课题,为"国家的统一,人民的团结,国内各民族的团结",为实现"新时期总任务"做出贡献。从历史民族文化区系的观点来看,我国东南几省关系密切。对于这一地区到秦汉成为我们统一多民族国家的一部分以前的历史,似乎可以作为一个专门科研项目来进行研究。

1977年的"南京会议"我参加了,获益不浅。1978年的"庐

---

1 原载《文物集刊》第3辑,文物编辑委员会编,北京:文物出版社,1981年;收入《苏秉琦考古学论述选集》,北京:文物出版社,1984年;文中节标题为本书编者所加。——编者注

山会议"我因病未得参加，深感遗憾。读到了会议期间印发的材料，虽然未能亲自听到讨论发言，看到为会议准备的实物展出，但仅仅这些书面材料也足以说明：最近几年，特别是过去的一年中，这一地区的考古工作和对有关问题的探索，大大地前进了一步。我感到高兴，受到鼓舞和启发。这里仅仅就翻阅讨论会的材料随手作的笔记，谈谈个人的一些想法，权当会议的补充书面发言。

二、关于起名

这次会议名称是"江南地区印纹陶问题学术讨论会"。我意不如用"几何形印纹陶"较好，道理很简单，前者含义太广泛，后者照字面解释仍嫌广泛，但总比较贴切一点。

"印纹陶文化"或"几何形印纹硬陶文化"等名词过去用过，现在大家多认为不妥，我意也如此。但是，"几何形印纹陶"，作为一种重要文化特征因素，曾经在我国东南几省，从新石器时代到秦汉以前存在过，却是事实。尽管这样，我还是认为不宜用它作为一个考古文化的名称。不宜把它作为一个考古文化的名称是一回事，把它作为一个研究、讨论的课题是另一回事。从近年考古工作所取得的大量资料来看，恰恰是它，而不是别的，可以当作一把"锁钥"，帮助我们打开通向探索我国这一重要地区从原始社会到秦汉以前的文化史这一重要历史课题的大门。实践证明，我们在这方面已经取得了可喜的成果。可以把它比作一条牵牛的绳索，我们正是沿着它看到了这头牛的鼻子、头面的轮廓。当然，这虽然仅仅是前进中的一步,却是具有决定性意义的一步。

三、图形分类

在这一涉及地域广阔、时间漫长、社会发展阶段不同的范围内,普遍含有的"几何形印纹陶"这一文化特征因素中具有典型性意义的"几何形印纹"是哪些呢?试归纳分类如下:

第一类用印模戳打的阴纹或阳纹的圆点、圆圈、圆点圆圈、重圆圈等。

第二类用印模拍印的阳纹或阴纹的平行线、平行曲折线、雷纹、各种变形雷纹等。

第三类用印模拍印的阴纹或阳纹的方格纹、复线方格纹、回字纹、各种交错重叠的方格纹(包括流行最广的所谓"米"字纹)等。

以上三类不能说包括了全部可以称作"几何形印纹陶"的纹饰,但可以说包括了可以称作"几何形印纹陶"纹饰的绝大部分,而这样的分类方法则便于我们对这种特定制陶工艺技术发展过程的分析研究,从而也便于我们对与它相关的诸学术问题进行分析研究。

四、区系分片

根据目前工作所积累的资料,企图对于涉及如此广大范围内的古文化进行全面的区系类型的研究,还有一定的困难,还难于深入。但我们不应该等待,既不应把它们囫囵吞枣地当作一回事,也不应把它们看作杂乱无章的一群,无条理可循,应该依据现有资料所提供的若干个点作基础,把它们联结成线,联结成面,联结成有机的整体,并以此作为深入研究这一整个地区古文化区系类型问题的出发点。我的初步看法是,可以暂把它试分为如下的几大片:

1. 从鄱阳湖、赣江到北江(即包括江西和广东中部)是它的关键(枢纽、核心)地区。

2. 从太湖流域到珠江三角洲沿海一带(包括台湾省等)是它的东南翼。

3. 从洞庭湖、湘江到西江流域(主要是湖南东半部和广西东半部)一带是它的西翼。

4. 江淮间的一带(大致包括苏北、皖北、鲁西、河南中南部、鄂东部)是它的北邻。

五、江西北部地区的几何形印纹陶

在上述四大片范围内,根据近年工作积累资料,已进行过若干分期、断代以及社会发展阶段的探索,对于它们之间诸不同阶段的相互关系问题也做过若干具有启发性的讨论。参考这些成果,谈些我的初步看法。这次着重谈鄱阳湖周围的江西北部地区。

鄱阳湖、赣江、北江一线是我国古代南北交通要道之一。这一带的四周都是我国人口密度较大的地区。这一地区古文化中"几何形印纹陶"发达,共性较多,但粤北地区和赣北地区又有所

第二章 满天星斗格局

不同，渊源、特征、发展道路各异，应该加以区别。

江西北部围绕鄱阳湖的万年仙人洞、修水山背、清江筑卫城、清江吴城、九江沙河磨盘墩、大王岭等遗址的发掘为我们提供了研究这一地区从原始社会到先秦这一期间古文化编年、分期、断代，社会发展诸阶段，以及文化特征性质诸问题的依据。作为这一地区在一个相当长的历史时期文化特征之一的几何形印纹陶，包括上述三类印纹的发展序列比较完整，比较突出，是其他地区比不上的。

万年仙人洞文化堆积分上下两层。两层之间的连续性是清楚的，阶段性也是清楚的。下层陶器仅有夹粗砂、粗绳纹（有的内外壁均有）、颜色不纯、形制简单的一类，复原了一件直口圜底"釜"，在绳纹上有用工具戳打的圆凹窝，有用工具刻画的方格。上层陶器以夹粗砂红陶为多，但有夹细砂或其他羼和料的，有泥质红陶，还出三片灰陶，一片为泥质篮纹，两片为夹砂绳纹。绳纹比下层出的较细，只外壁一面有，有直口"釜"类器，口沿呈锯齿状，底部形状不明，口沿外在绳纹上也有用工具戳打的圆凹窝，一块平底器底部有用工具刻画的方格纹。曾用下层出的兽骨和上层出的贝壳测过年代，数据与层位矛盾。可以认为两者的误差都较大，也可以认为其中一个误差较大。这无碍于我们把这两层堆积作为江西北部地区新石器时代早期文化的两个发展阶段的代表。下层的陶器制作工艺还接近最原始阶段，上层的陶器制作工艺则有了进步，器类有了分化，但还没有出现作为我国东南部古文化发达地区在新石器早期较后阶段（约距今六七千年间）就已经出现的三足、圈足或支座器类的分化这一特征。因此，上层的年代下限估计要早于距今六七千年。它的上、下两层所代表的两个阶段之间是紧密衔接，或是中间有缺环，还有待于今后的工作加以解决。它与修水山背下层、清江筑卫城下层之间存在相当的间隔看来是比较清楚的（后者的年代上限估计约距今五千年）。这段空白尤其希望早日填补起来。

根据现有资料，在江西北部地区范围内出土的使用印模戳打或拍印的几何形印纹陶中，修水山背下层和清江筑卫城下层出土的较早。

修水山背下层出土的有：夹细砂红陶上拍印细线阳纹方格，夹细砂红陶上拍印细阳纹平行曲折线纹。

清江筑卫城下层出土的有：泥褐陶上拍印粗阳纹方格，夹砂褐陶上拍印粗阳纹平行曲折纹因交错重叠而类似"雷纹"，夹砂褐陶上拍印（或戳打）细线多层阳纹重圆圈，夹细砂红陶上拍印（或戳打）阴纹圆圈（直径约1.2厘米）。

我们现在还不能肯定这些几何形印纹陶能代表这一地区的最初形态，更不能据此确定它们最早发生的时间。浙江吴兴钱山漾下层和邱城中层出土的豆类圈足上拍印（或戳打）雷纹或类似雷纹（还有重菱形或回字纹），说明这种工艺技术的发生时间可能比修水山背下层和清江筑卫城下层要早些，但相差不远。因此，有些同志估计这类工艺技术发生的时间距今五千年上下。这就给我们提出一个问题：这种工艺技术是怎样产生的呢？

苏北邳县大墩子中层墓、山东兖州王因墓、山东大汶口遗址的大汶河北岸墓地中都出有一种三足高柄杯，上面有用工具戳打的阴纹圆圈。它们的年代，在大汶口类型墓葬编年序列中的位置要早于袋足鬶出现的时间。而修水山背下层1号房址中则出有一件袋足鬶。它给我们的启发是：使用竹管或类似工具在陶器泥坯上戳打成行的圆圈的工艺技术的发生要早于修水山背和筑卫城下层那种使用印模拍印的多层重圆圈红砂陶，即要早于距今五千年前。把它和更早的万年仙人洞下层与上层出土的使用圆棍状工具戳刺成圆凹窝的夹粗、细砂粒红陶工艺技术联系来看，这种"由使用圆棍状工具戳刺成凹圆窝状→使用小竹管或类似工具戳打成阴纹圆圈→使用印模戳印成多层重圆圈"的序列似乎恰恰可以说明这类几何形印纹陶工艺技术发生的过程。这种工艺技术的发生时间虽然是新石器晚期，但它的孕育期则可上溯到新石器的早期。

苏北连云港市二涧村出的类似小球拍状陶印模（南京博物院藏）上面有刻画的平行线曲折纹、方格纹，同样也对我们有所启发。试把它放在万年仙人洞与修水山背下层两者中间，在它上面刻画的方格纹可以说同仙人洞陶器上刻画的方格纹是同样的工艺技术，而在修水山背下层（1号房）出土的阳纹方格纹陶也可说就是使用的与它相同或类似的印模拍印的。同样道理，修水山背下层出的平行曲折线阳纹陶也就是使用与它相同或类似的印模（刻画阴纹平行线曲折纹）加工而成的。苏北鲁南发现的这些与几何形印纹陶工艺技术发生发展有关的材料，在年代上和工艺技术上恰恰填补了在赣北地区存在于万年仙人洞下层、上层与修水山背下层中间的空白。今后在赣北地区工作中发现相当这一期间的遗址，发现类似苏北鲁南的那些与几何形印纹陶工艺技术发生发展有关的材料完全是意料中的事。因为以几何形印纹陶为重要特征因素的原始文化的分布范围的重心毕竟是在此而不在彼。因此，尽管万年仙人洞文化堆积同修水山背下层、清江筑卫城下层文化堆积之间，在年代上存在着相当长的一段间隔，我们仍不妨说，二者间在文化传统上是相通的。对于这类"几何形印纹陶"发生之前的"孕育期"未尝不可以上推到仙人洞上、下层——新石器早期，而几何形印纹陶的发生期，在江西北部地区，估计比迄今已知的修水山背下层、清江筑卫城下层要更早一些。

筑卫城下层、中层，清江吴城一、二、三期，九江磨盘墩下层、上层，三处遗址自身层位关系是先后衔接的。根据三处遗址各自层位关系所反映的三类几何形印纹陶的发展顺序，不难看出，三处遗址也是可以依次连接起来的。同样道理，根据第三类印纹（方格纹类）的发展顺序，继磨盘墩之后，可以九江大王岭、临川罗家寨和新干粮仓作为最后阶段的代表。

试将三类几何形印纹陶的发展序列，按照如上所述的几处遗址的顺序举例说明如下：

第一类用印模戳打的阴纹或阳纹的圆点、圆圈、圆点圆圈、重圆圈等。

（一）筑卫城下层——夹砂褐陶拍印六层细阳纹重圆圈（图一，1），夹细砂红陶戳印阴纹圆圈（外径约12毫米）（图一，2）。

（二）筑卫城中层——夹砂红黑皮陶戳印三层粗阳纹重圆圈（图一，3），夹砂红软陶戳印阴纹圆圈（图一，4），泥红黑皮软陶戳印阴纹小圆圈（图一，5）。

（三）吴城一期——夹砂灰软阴纹陶、原始瓷、泥灰硬陶、砂灰硬陶戳印阴纹小圆圈（直径约从10—3.5毫米）（图一，6、7、8）。

（四）吴城二期——原始瓷、釉陶戳印阴纹小圆圈（图一，9、10、11），釉陶、泥灰硬陶戳印阴纹圆点圆圈（图一，12、13），泥灰硬陶戳印阳纹小重圆圈（图一，14）（以上三组直径约从4.5—3毫米）。

（五）吴城三期——泥红陶、原始瓷戳印阴纹小圆点、圆圈（图一，15、16）。

（六）九江磨盘墩下层（新干墓同）——泥灰硬陶戳印阴纹特小圆点、特细圆圈（图一，17）。

（七）九江磨盘墩上层——泥灰硬陶戳印特细阴纹圆圈（图一，18）。

第二类用印模拍印的阳纹或阴纹的平行线、平行曲折线、雷纹、各种变形雷纹等。

（一）仙人洞——夹粗砂红陶上用工具拍印平行绳纹（图一，19、20、21）。

（二）山背下层——夹细砂红陶上用印模拍印交错重叠平行线曲折纹（图一，22）。

（三）筑卫城下层——夹砂褐陶上用印模拍印由平行线曲折纹交错重叠构成的类似雷纹（图一，23）。

（四）筑卫城中层——泥灰硬陶上拍印成菱形格内加细阳纹雷纹（图一，24）。

（五）吴城一期——釉陶上拍印成类菱形对钩稍细阳纹雷纹（图一，25）。

（六）吴城二期——泥灰硬陶上拍印呈菱形格内加中等粗细阳纹（与阴纹粗细相似）雷纹（图一，26）。

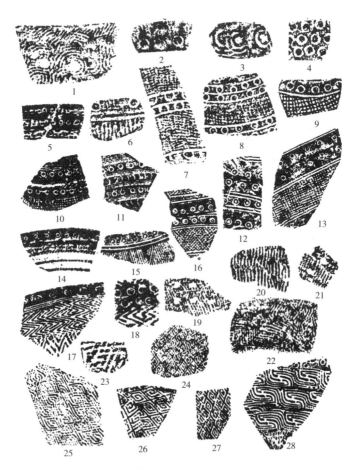

图一　江西地区"几何形印纹陶"纹样

（七）吴城三期——泥灰硬陶上拍印呈菱形格内加阳粗阴细雷纹（图一，27）。

（八）九江磨盘墩下层——由多层N形曲折线构成变体雷纹（图一，28）。

（九）九江磨盘墩上层——泥灰硬陶变形雷纹或称卷云纹（阳纹细阴纹粗）（图二，1）。

第三类用印模拍印的阴纹或阳纹的方格纹、复线方格纹、回字纹、各种交错重叠的方格纹（包括流行最广的所谓"米"字纹）等。

（一）①修水山背下层——夹细砂红陶拍印阳纹细线方格纹（图二，2）。②清江筑卫城下层——泥褐陶拍印阳纹粗线方格纹（图二，3）。

（二）清江筑卫城中层——砂灰硬陶、泥灰硬陶拍印阳纹小方格纹（图二，4）。

（三）清江吴城一期——泥灰硬陶与阴纹小圆圈组合拍印细方格纹（图一，8）。

（四）清江吴城二期——①釉陶、原始瓷与阴纹圆点圆圈组合拍印更细方格纹（图一，13；图二，5）。②泥红软陶拍印阳纹方格内加"回"字纹（图二，6）。③砂灰硬陶拍印阴纹方格纹（图二，7）。④原始瓷拍印重叠交错方格纹（或称"米"字纹）。

（五）清江吴城三期——原始瓷与阴纹圆点圆圈组合，拍印特细方格纹（图一，16）。

（六）九江磨盘墩下层——①泥灰硬陶拍印阴纹方格内加阴纹"口"字（图二，8）。②泥灰硬陶拍印阳纹方格内加"口"字（图

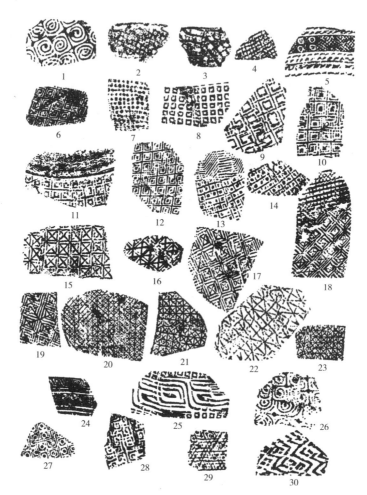

图二　江西地区"几何形印纹陶"纹样

二，9）。③泥灰硬陶拍印阳纹方格内加"口"字，"口"字内再加方块，构成阴纹"回"字（图二，10）。

（七）九江磨盘墩上层——①泥灰硬陶拍印阳纹小方格内加"口"字（图二，11）。②泥灰硬陶拍印阳纹小方格内加"口"字，再加小方块，构成阴纹"回"字（图二，12）。③泥灰硬陶拍印阳纹小方格内加小方块，构成阴纹小"口"字（图二，13、14）。

（八）九江沙河街大王岭——①泥红硬、泥灰硬陶拍印阴纹方格内加"口"字，与阳纹方格交叉重叠（图二，15、16）。②泥灰硬陶拍印阴纹方格内加阳纹"回"字与阳纹方格交叉重叠（图二，17、18、19）。③泥灰硬陶拍印阳纹小方格交叉重叠或称"米"字纹（图二，20）。

（九）临川罗家寨、新干粮仓——泥红硬、泥灰硬陶拍印阳纹大、小方格交叉重叠或称"米"字纹（图二，21、22、23）。

根据以上列举资料，专从几何形印纹陶这个侧面把它们的分期、断代与特征变化，试归纳如下：

分期（一）代表遗址：修水山背（下层）、清江筑卫城（下层）。特征变化：①夹细砂戳打阴纹圆圈，直径较大（约12毫米）；夹砂褐陶拍印阳纹六层多重圆圈，互相叠错。②夹细砂红陶拍印阳纹方格，泥褐陶拍印阳纹方格，互相交错。③夹细砂红陶拍印阳纹平行曲折纹，互相叠错；夹砂褐陶拍印粗线阳纹曲折线，互相叠错，类似雷纹。年代估计：约距今五千年至四千年间。

分期（二）代表遗址：清江筑卫城（中层）。特征变化：①夹砂红、黑皮陶戳印三层粗阳纹重圆圈，交错重叠；夹砂红软陶戳印阴纹圆圈；泥红、黑皮软陶戳印粗阴纹小圆圈。②泥灰硬陶拍印成菱形格内加细线阳纹雷纹。③夹砂灰硬陶、泥灰硬陶拍印阳纹小方格纹。

分期（三）代表遗址：吴城一期。特征变化：①原始瓷、泥灰硬陶戳印阴纹小圆圈（直径约自10—3.5毫米）。②釉陶上拍印成菱形格内加细阳纹雷纹。③泥灰硬陶与阴纹小圆圈组合，拍印细方格纹。

分期（四）代表遗址：吴城二期。特征变化：①原始瓷、釉陶戳印阴纹小圆圈；釉陶、泥灰硬陶戳印阴纹圆点圆圈；泥灰硬陶戳印阳纹小重圆圈（以上三种，直径约自4.5—3毫米）。②泥灰硬陶上拍印菱形格内加中等粗细阳纹（与阴纹粗细相似）雷纹。③釉陶、原始瓷与阴纹圆点圆圈组合，拍印成更细方格纹；泥红软陶拍印阳纹方格内加"回"字纹；砂灰硬陶拍印阴纹方格纹；原始瓷拍印重叠交错方格纹（或称"米"字纹）。

分期（五）代表遗址：吴城三期。特征变化：①泥红陶、原始瓷戳印阴纹小圆点、圆圈。②泥灰硬陶上拍印菱形格内加阳粗阴细雷纹。③原始瓷与阴纹圆点圆圈组合，拍印特细方格纹。

分期（二）至（五）年代估计：约距今四千年至三千年间。

分期（六）代表遗址：九江磨盘墩（下层）、新干墓。特征变化：①泥灰硬陶戳印阴纹特小圆点、特细圆圈。②由多层N形曲折线构成变体雷纹。③泥灰硬陶拍印阴纹方格内加"口"字；泥灰硬陶拍印阳纹方格内加"口"字；泥灰硬陶拍印阳纹方格内加"口"字，"口"字内再加阳纹方块，构成阴纹"回"字。

分期（七）代表遗址：九江磨盘墩（上层）。特征变化：①泥灰硬陶戳印特细阴纹圆圈。②泥灰硬陶拍印变形雷纹或称卷云纹（阳纹细阴纹粗）。③泥灰硬陶拍印阳纹小方格内加"口"字；泥灰硬陶拍印阳纹小方格内加"口"字，再加小阳纹方块，构成阴纹"回"字；泥灰硬陶拍印阳纹小方格加小方块，构成阴纹小"口"字。

分期（八）代表遗址：①九江大王岭。特征变化：泥红硬、泥灰硬陶拍印阴纹方格内加"口"字，与阳纹方格交叉重叠；泥灰硬陶拍印阴纹方格内加"回"字纹，与阳纹方格交叉重叠；泥灰硬陶拍印阳纹小方格交叉重叠（或称"米"字纹）。②临川罗家寨、新干粮仓。特征变化：泥红硬、泥灰硬陶拍印阳纹大、小方格，交叉重叠（或称"米"字纹）。

以上分期（六）至（八）年代估计：约距今三千年至二千二百年。

六、江西北部几何形印纹陶的发展阶段

江西北部几何形印纹陶的发展阶段似可分为：一、发生期；二、发展期；三、变化期；四、简化期。

（一）发生期　对照分期（一）

修水山背和清江筑卫城两地具有类似的文化堆积。由于工作情况不同，使我们对它们的文化堆积的了解也不同，对于后者的层位关系比较清楚一些，但前者下层中发现的1号房址，不仅有较完整的建筑遗迹，而且有与它同时的较完整的、大体可以看出按正当的真实生活布置的一套生活与生产用器物。总的说来，两地能复原的器物还不多，使我们还不可能对它们之间的相对年代

关系，以及文化面貌上的异同，进行深入的比较分析。同时，我们现在也不宜把修水山背下层材料混为一谈，要把1号房址和它所出的器物单独提出来，结合清江筑卫城下层（第四、五层）的部分材料，来观察这一阶段的诸特征及其变化。

1. 几何形印纹陶①阳纹不明显，细线大方格—阳纹较明显，粗线大方格；②阳纹细线平行曲折纹—阳纹粗线曲折纹叠压构成类似雷纹；③阴纹圆圈—阳纹六层细线重圆圈。

2. 圜底、平底器类之外，出现大量各种圈足器，不同器体、不同器足的鼎类，普遍在器口与器腹、圈足上有轮旋纹，较特殊的有高袋足尖裆的鬶、高圈足的杯（豆）等。

3. 筑卫城从下层到上层（第五层到第二层）"丁"字形鼎足变化的完整序列，筑卫城下层到中层（第五层到第三层）的横置扁鼎足变化序列，在修水山背完全不见。

4. 筑卫城从下层到中层（第五层到第三层）的石锛序列是：平面呈长方形，突背—平面呈长条形，有段（起棱呈缓折角）前（上）部短、后（下）部长—平面呈长条形，有段（起棱呈直折角）前（上）部长、后（下）部短。在山背下层同样有以上三种型式，但是否有如上的序列关系不明。

5. 出现黑皮、黑色陶。

（二）发展期 对照分期（二）至（五）

以筑卫城中层（第三层）为代表的分期（二）同比它较早的筑卫城下层（第四、五两层）为代表的分期（一）的关系，文化上的连续性是清楚的，发展的阶段性也是清楚的。它同比它较晚的以清江吴城一期为代表的分期（三）的关系也是如此。它似乎是可上可下，又可以从两者分离独立。我考虑，还是把它放在和吴城一期衔接一起为宜。因为它所含的新出现的较成熟的轮制与施釉新工艺，白或灰白胎质，硬陶，以及模印深刻清晰、比较规整的三类几何形印纹等，已为随后出现的原始瓷奠定基础，也是三类几何形印纹陶随后向多样化、组合化、规范化发展的出发点。

这一阶段的特征及其变化，概述如下：

1. 几何形印纹陶①阴纹圆圈排列成行的泥红软陶或泥红黑皮陶——阴纹圆圈排列成行与弦纹组合成带状饰作为"主纹"，加细小方格纹作为"地纹"的釉陶、原始瓷或泥灰硬陶；阳纹大菱形格子内加细阳纹雷纹的泥灰硬陶——细阳纹连续或勾连雷纹的釉陶。这一步几何形印纹陶的纹饰变化显然是伴随整个制陶加工工艺（主要是轮旋）的发展而发展的结果。②细小阴纹圆点加阴纹圆圈构成阳纹圆圈排列成行，与细小方格纹用弦纹间隔组合而成带状饰纹的釉陶——同上圆点圆圈四个组成方形与细小方格纹"地纹"组合，用弦纹与篦点纹相间组合成带状饰纹的原始瓷——阳纹重圆圈排列成行与规整篦点纹间隔成带状饰纹的泥灰硬陶；由阳纹粗阴纹细的勾连雷纹用弦纹间隔成带状饰纹的釉陶；由阴纹方格构成的近似阳纹凹点的砂灰硬陶；阳纹或阴纹"米"字纹原始瓷或泥灰软陶。这一步几何形印纹陶的纹饰变化，主要是多样化和突出阳纹。③乳丁纹或类似乳丁纹的泥灰软陶或原始瓷或泥灰硬陶，是这一阶段最后一步的印纹变化中最突出的。从这一阶段在三类几何形印纹变化的全过程来看，它始终是随着制陶工艺技术自身条件的变化而变化，是有它自己的规律性的，还看不出明显的模仿铜器的迹象。

2. 与轮制陶技术发展的同时，是硬陶、釉陶、原始瓷的比例逐渐增加，比例数字之高是他处所远远不及的。

3. 和制陶业发展的同时，还出现相当发展的文字和青铜器，有铸造青铜器的石范，都具有自己的特点。由此可见，这里的几何形印纹陶以及青铜器工艺都是有其地方传统的。

（三）变化期　对照分期（六）（七）

以九江磨盘墩遗址上、下层为代表，参考一些其他年代接近的非正式发掘材料。这阶段几何形印纹陶的主要变化之一是，釉陶、硬陶、原始瓷（青釉瓷）所占比例较之吴城大幅度地减少；二是，几何形印纹明显地带有浮雕作风与仿铜器的作风，而这些变化又是沿袭了它自己的传统图案加以改造的。例如：

1. 吴城二期已有用加粗阳纹的手法以产生浮雕效果的勾连雷纹和弦纹间隔组合的带饰釉陶（图二，24）。磨盘墩下层则出现用阳纹粗细相间以加强浮雕效果的勾连雷纹或变体雷纹带饰的泥灰硬陶（图一，28；图二，25）。

2. 吴城三期已有在阳纹大方格内所加雷纹的末端变为圆折的（图一，27）。磨盘墩下层则出现阳纹大方格内加变体雷纹（旋涡纹），纹的末端呈圆凸点状（图二，26）。

3. 吴城二期已有用阴纹小方格形成的阳纹凸点以产生浮雕效果的硬陶（图二，7）。磨盘墩下层则出现用阳纹方格内加阳纹"口"字和圆点或方块，产生似由阴纹"回"字中间一个阳纹凸圆点或凸方块硬陶（图二，10、27）。

4. 江西近年出土青铜器地点很多，大部分属于这一时期，或接近这一时期。这时期几何形印纹陶在器形、纹饰各方面具有青铜器作风的影响是容易理解的。磨盘墩上层有少量铁器，则是江西地区迄今发现铁器材料中最早的。

在新干牛头城出的"勾连云雷纹"硬灰陶（图二，28），构图和富于浮雕感的线条更接近同时期青铜礼器的作风。

（四）简化期　对照分期（八）

代表遗址是九江大王岭和临川罗家寨。前者经过发掘，后者只有采集标本。大王岭遗址的发掘材料没有能够根据层位关系进行分期。我们根据九江磨盘墩上下层流行多样化的方格回字纹，还有的在回字纹上加不规则的交叉重叠线（下层，见图二，29）或规则的交叉重叠线（上层，见图二，30），而大王岭则流行以方格回字纹为"地"加重叠交叉方格的"米"字纹和以小方格纹为"地"加重叠交叉的小方格纹的"米"字纹，估计大王岭遗址年代上限可能和它衔接。临川罗家寨的"米"字纹陶比大王岭简单一些。考虑到大王岭出有青铜剑和铁锸，而临川罗家寨则出铁剑、斧、锸、釜及蹄形鼎足等，估计罗家寨的年代可能比大王岭更晚一些。遂川县左溪河边出土过"（秦始皇）二十二年"铜戈放在一件印纹硬陶罐中。罐上的印纹显然与罗家寨遗址出的都不一样。当然，这件陶罐与铜戈未必就是同时期的东西。但从这件罐的印纹看，不会晚到秦汉以后。因此，我们估计罗家寨遗址年代下限可能不到秦汉。

以大王岭、罗家寨为代表的这一阶段的主要特征：①是"米"字纹成为几何形印纹陶中最流行的一种纹饰；②是伴出的铁器，仅从它包括的种类（不仅有通用工具类的锸、斧，还有普通生活用器类的釜以及专用兵器类的剑）来看，说明当地当时社会经济文化绝非落后，而是很发达的。

七、与邻近地区的关系问题

江西北部地区古文化有它自己的渊源、特征和发展道路。同它关系最密切的，一是北边和它邻近的皖南、江苏的宁镇地区与浙江西北部（大致包括嘉兴地区的西部与杭州地区），二是在它南边的广东北江流域。前者由于工作和资料比较分散，还缺乏比较集中的发掘材料作为进一步探讨的依据，后者工作与资料则比较集中。因此，关于江西北部地区古代社会发展（截至秦汉以前）以及它同其邻近地区的关系问题，虽然南北两边都很重要，但现在可资参考、对照比较的材料、条件，南边比北边好一些。

万年仙人洞堆积同韶关地区始兴玲珑岩洞穴堆积相当。玲珑岩胶结层内含烧土、螺蛳壳、鳖腹甲、打制砾石石器、夹粗砂粒陶片（厚壁、浅绳纹、火候低）。估计距今七千至六千年以前，属新石器早期。

修水山背1号房址出的陶器、石器组合同曲江石峡遗址下层墓后期的墓54、61、57所出的鬶、高圈足豆、矮圈足豆、喇叭口圈足豆、有段石锛、有段石凿等特征一致或非常相似。

清江筑卫城下层（第四、五层）出的"丁"字形足鼎、侧三角形扁平足鼎（器体形制不明），同石峡下层墓末期的墓9、17、16所出平底鼎的足型变化序列一致。

筑卫城中层（T5第三层）出一件陶鬶同浙江嘉兴雀幕桥出的一件形制基本一致。参考修水山背1号房址和雀幕桥一组器物共出木炭测定数据，这一阶段（修水山背1号房址、曲江石峡墓54等—清江筑卫城下层、曲江石峡墓9等）所跨越年代，估计在距今五千年至四千年间。属新石器晚期后段或末期。

修水山背遗址堆积较厚，内容较丰富，不能仅仅根据1号房址的材料概括整个遗址全部内涵的年代。但是，江西北部地区的万年仙人洞堆积同修水山背下层与筑卫城下层之间还有缺环。而广东北部始兴的新石器早期遗存同曲江以石峡下层为代表的新石器晚期遗存之间则是连贯的。两地区之间文化关系密切，探讨两地区的社会发展阶段也可以互相参考。广东北部的韶关地区发现的资料正好可以借来弥补江西北部地区暂时由于工作关系还存在的缺环。列举如下：

1. 始兴澄陂村发现含有打制石片石器与较接近原始陶器碎片的文化层露头。

2. 始兴新村1975年开过两个探坑（T1、T2），并清理了一个残灰坑（H1）。探坑1（T1）分上下两层。根据对比分析，可分为早晚两期：早期——T1下层、T2；晚期——T1上层、H1。早期包含器物：打制石片石器同1、打制石斧、打制石锛、原石材打制成型磨光刃部斧、浅腹粗泥陶钵、浅腹夹粗砂盆（釜）、断面呈方形柱状或在外面刻画浅沟槽鼎足。属于新石器早期。

晚期包含器物：锯解成型全部磨光平面呈长方形厚石锛、平面呈梯形薄体石锛、腹较前者略深钵、腹较前者略深夹粗砂盆（釜）、圆锥形鼎足、瓦形鼎足、印模拍印宽线条阳纹五层重圆圈印纹陶（印纹单元直径约5—6厘米）。属于新石器晚期。

曲江石峡和与它同类诸山冈遗址底层堆积大致同始兴新村探

坑的晚期衔接，举例如下：

1. 龙归葡萄山——有肩薄体石锛（钁）、薄体石矛、薄胎泥灰浅腹钵、泥灰浅腹盆、深腹夹细砂釜、薄底（手制）轮旋器腹浅褐泥陶钵——深褐泥全部轮制（从器底旋起）陶钵、印模拍印曲折纹壶（罐）、器座。

2. 马坝石峡——下层底部出夹粗砂褐陶釜、钵盘豆，印模拍印阳纹圆点、细阳纹五层重圆圈、细阳纹四层重圆圈（径约3.5厘米）、细阳纹四层重圆圈（径约2.5厘米）陶，以及下层墓的前期部分。

由此可见，以始兴新村的探坑（T1）的上下层为代表的两期之间，可以作为这一地区新石器早晚期的分界线，而曲江石峡和同它类似诸山冈遗址的底层堆积以及下层墓的前期部分则是以始兴新村（T1上层）为代表的新石器晚期文化的继续，石峡下层墓的后期部分和江西修水山背1号房址——清江筑卫城下层则应是新石器末期了。

以始兴新村探坑T1上层为代表的、以曲江石峡下层底部或下层墓的前期部分为代表的和以它的后期部分为代表的这一整个过程，反映这一地区在新石器晚期（距今约六千年到四千年）社会发展的三个不同阶段，简单说来，就是从原始公社氏族制解体过程的开始，到它的最后阶段。还有，如果我们根据江西北部的修水山背1号房址和清江筑卫城下层的材料估计，几何形印纹陶的发生期可以上推到约距今五千年前，现在我们根据广东北部的上述材料，并参考前述苏北鲁南出土戳印圆圈纹陶材料，还可以把它再往上推到约距今六千年前。而且，这个时间表还可以说明，从江西北部到广东北部地区，从原始社会到阶级社会的过渡，同我国其他文化最发达地区相比，可以说步调是大体一致的。

八、结论

中国文化起源、古文化区系类型、从原始社会到阶级社会的过渡、统一多民族国家的形成与发展，以及民族文化关系等，都是我国考古学上的主要课题。"几何形印纹陶"的研究，对所有这些方面都会涉及，这是不言而喻的。但深入程度首先要受我们实际工作的制约，这也是不言而喻的。下面再谈谈对这一地区同我国黄河流域古文化发达地区之间的关系问题的一些看法。

我们对于黄河流域（主要指中下游）东部与西部在各个不同社会历史阶段之间的文化关系问题，知道得比较多一些，对于它们与东南几省——"几何形印纹陶"主要分布地区之间的文化关系则所知较少。虽然如此，根据现有的材料所能提供的线索，看来已经远不像过去那么模糊不清了。

使用印模拍印的方格纹，在中原出现和流行的时间，以及它的从早到晚的变化，大致是自距今约五千年到距今约四千年，方格从大到小，线条从粗到细，同江西北部相似。不同的是，在江西北部这种印纹的渊源可以上溯到很远的新石器早期流行的刻画方格纹，特别是这种纹样在这一地区流行的时间往后延续得很长，直到秦汉。

与此不同的是，如修水山背1号房址出的高尖裆袋足鬶同山东同类器出现时间相近，形制相似，而后者乃是从它的前身实足鬶发展而来的。此外，如黑陶、高圈足杯（豆）情况也如此。

以河南二里头、二里岗为代表的夏商时代流行在陶器上拍印雷纹、圆圈、重圆圈，而同类印纹在江西北部则跨越的时间要长得多，变化也复杂得多。

与此同时，江西清江吴城一至三期的陶鬲，形制特征及其变化序列，有同中原同时期同类器相似的一面，也有它自己的特征。

突出的是约当春秋战国之际和战国时代，江西北部从初见铁制工具，到铁器推广应用到制作生活器皿、兵器的同时，几何形印纹陶则简化到以"米"字纹为主，方格纹变为细小方格以至类似布纹。这一现象，一则反映这一地区当时社会经济文化发展水平同中原不相上下，再则说明东南几省恰在这时期几乎全部流行"几何形印纹陶"。我们不妨说，远溯到从新石器晚期或原始公社氏族制刚刚开始解体过程的时候起，在各个不同的社会发展阶段，南北之间不断发展的经济文化交流，互相影响、互相渗透的情况，到这时候（战国时代）更前进了一步，已为此后秦汉时代实现的政治上的统一多民族国家奠定了基础。

# 第三章

方法与器物

试论传说材料的整理与传说时代的研究[1]

我近几年因为研究我国传说时代的古史,深切感觉到史学方法对于此一部分的古史特别的重要。因为近二三十年用科学方法整理古史材料的口号提出以后,贡献最大的,无疑义的是那一班疑古派的先生们。不过他们把事情看得太简单,把真正历史时代限于殷墟时期以后固然不错,可是他们把从前的自炎黄至商中叶的传说时代,一笔抹杀,送它到神话区域里面封锁起来,却是大错而特错的。凡宇宙中间各种现象的分类与分期,全是由于我们研究者的方便,不得不如此分。至于现象的自身,绝无显著的区划,全是由这一区域,渐渐地,几乎不容易看出地,到另外的区域,绝不是由这一区域一跳就跳到另外一区域里面。我们中间的过渡部分,不唯不应忽视,并且特别的重要,因为只有从这渐变的一部分精细观察,才可以看出变化的真实情态。自炎黄至商中叶的传说时代正是我国历史从神话时代到历史时代的实在过渡。自从怀疑派学者把它无条件地送到神话的区域里面,而后我国历史上神话时代过渡到历史时代的步骤遂变成了一跳,同自然不作

---

[1] 本文为作者与徐炳昶合著;原载《史学集刊》第五期,国立北平研究院史学研究所印行,1947年。——编者注

跳进（Natura non facit saltus）的大原则完全违背，任何民族的历史没有这样子变化的。他们因为怕被古人骗，就把流传下来的掺杂神话的或有神话嫌疑的故事完全置之不闻不问，却不知道在历史初期的人民，离开神话，就没有法子思想；离开神话的方式，就没有法子表达他们的见闻。掺杂神话固然足以证明他们的文化发展尚未脱离黎明时期，我们如果把那些神话认为历史经过的真实，固然未免过于天真，但是从另外一个观点看，它那掺杂神话的性质，还足以证明它是真正古代遗留下来的传说，并不是后人伪造的假古董。必须要把这一部分半神话、半历史的传说整理清楚，才可以把我们黎明时期的历史大略画出轮廓，才可以把我们的史前史同真正的历史中间搭上一座联络的桥梁。这若干年来，被过度疑古精神所麻痹了的学者对于此项工作固然无能为力，就是另外一小部分也还在那里努力，可是他们工作的成绩实在是贫乏得可怜，能为学术界公认的结果，可以说还几乎完全没有。但这并不足以证明这条路不能走通，向这一方面的努力完全是白费的。如果我们肯仔细地想一想，就不难看出不能得到公认结果的真正原因，是由于没有预先找出来一个公认的方法。如果不预先找出来一个能公认的方法，却就想得到能公认的结果，那却是南辕北辙，永远没有达到目的的可能。我因为感觉到这一点，就想着把我做研究时所用的方法拿出来同大家商榷，以求得到一个共同的出发点，曾写出一篇《整理我国古代文献方法之商榷》。里面所提出重要的仅有三点：第一，我民族初入历史的时候，也同其他民族初入历史的时候一样，是多元的，不是一元的。这一点本来是近一二十年中我国新历史界之所公认的，不过因为还有些研究者不够注意，所以仍提出来说一说。第二，传说时代的史料可分两类：一为散见古书中的零金碎玉；一为专谈古史的鸿篇巨制。在古书中鸿篇巨制本不多，现存者仅有《尚书》之《尧典》《皋陶谟》《禹贡》三篇（《甘誓》《汤誓》亦属此期史料，但非综合材料，性质与前三篇异，故不计入），《大戴礼记》之《五帝德》《帝系》两篇，《史记》之《五帝本纪》《夏本纪》《殷本纪》而已（最后一篇大部分已入真正历史时代，不属传说时代范围），《史记》三篇大部分材料仍取之于前二书。而在前二书中，从前因《尚书》列于正经，故权威最高。至后书中之数篇因为它可以满足人类心理的需要，所以也有相当高的权威。从前衡量零金碎玉史料的标准，就是上边所说的几篇书：合于它的为真，不合的为伪。他们可不晓得这些零金碎玉的传说全是由西周、春秋及战国时遗留下来，并且还没有经过综合工作，没有经过系统化，所以失真的地方较少，比较可靠。至于那几篇专谈古史的鸿篇巨制，却是做综合工作的人的第二手出品。他们虽说用力很勤，并且也没有作伪骗人的嫌疑，但是因为他们离古已远，对于古代的认识已经比较模糊，而且并无可资比较的材料，方法的精密方面因之也就成了问题，所以经过他们工作以后的材料，可靠的程度较没有经过他们工作者为差。近一二十年来，疑古学派对于这七八篇的专著攻击得很厉害，所以它的权威已经丧失。但是大家对于它不甚可靠的性质很少有人去分析它，所以我又特别地提出谈一谈。第三点是我特别提出的，从前的人还没有谈到过，就是：凡谈批评史料的人全注重史料的原始性（originality），可是研究传说时代的人绝没有这种福气，因为一有原始的史料，那个时期就已经越过传说时代了。虽然如此,我们对于它的原始性,还是不能不管。上面所说的关于这个时代的古史专著,远不及春秋和战国时所遗留下的零金碎玉,也就是这个道理。并且古史的传说,在民众间,在文人学士间,均尚可随时孳乳:民众对于古史有相当的知识以后自然地孳乳,如《三国演义》渗入民间以后,民间自然发生些对于诸葛亮及刘关张诸人的无稽传说。其一,文人学士不住地做综合的工作,或继续将民间的传说搜入典籍,前者可以罗泌《路史》为代表,后者可以沈括《乐史》诸人所记蚩尤神话为代表;其二,文人学者有意地作伪,此事可以王肃或他人造作伪古文《尚书》为代表;其三,因为有这些缘故,所以当我处理我国古传说时代文献的时候,把它分为价值不相等的数等级:以见于金文、《尚书》的今文商周书、《周易》的卦爻辞、《诗经》、《左传》、《国语》、《论语》及其他之先秦著作中者为第一等。上边所述《尚书》中的三篇及《大戴礼记》中的二篇虽属先秦著作,而因其与《史记》之前三篇,全属综合工作,只能降之入第二等。西汉人著作中所保存的古史材料,如果尚未受综合材料的影响,它的价值还相当地高,也可列为第二等。新综合材料如刘歆之《世经》等为第三等。至东汉以后,因为纸已发明,古史的知识逐渐普及于民间,新出的孳乳增多,本应置之不睬,但因谯周、皇甫谧、郦道元所见古书尚多,所以见于他们书内的古史材料,仍不妨取作参考。至于郦注以后书所载的材料全是较后的孳乳,即当一笔勾销以免眩惑。这一种分等次的办法,我姑名之曰"原始性的等次性"。这也就像校勘家对于汉唐以前的古书,既得不着原来的稿本,那宋版的价值就要高于一切。这并不是说宋版书绝无讹误,这是要说，将来的讹误很多是由宋版之讹误处而再讹误；讹误愈远，揣测原来不讹本的真相愈难；宋版虽亦有讹误，而因其去古较近，即据彼讹误之处，揣测原来的真相尚还比较容易。所以想整理我国传说时代的文献，很重要的是把这些等次分别清楚；如果没有其他特别可靠的理由，万不可以应作参考的资料非议第二、三等的资料，更不可以第二、三等的资料非议第一等的资料。至于春秋、战国、秦、汉、三国、两晋、南北朝人所全不知，而唐宋人独知的资料，即当一笔勾销，也就像校勘家对于明后半妄人所妄改之版本完全不睬一样。此文中尚有若干次要之点，这里也不须多谈。文成以后，友人苏秉琦先生就本着我的意思另外写成一篇，其条理尚有愈于余文之处。我们的文章写成已经二三年，也还没有发表。因为在昆明时，耗子太多，我的原稿的后一二页被它们拉去垫窝，遂不完全。现在我们的《集刊》要复刊，我把旧稿找出想补成它，可是看过以后，对于原来的看法虽无变更，对于原来的写法却不甚满意，所以就不愿发表，而重写现在也尚无兴趣，因此就劝苏君将他所草成的稿子发表，我又为之校改一遍，所以这篇文字可以说是我们两个共同拿出来同大家商讨的。希望它能引起大家注意，对于整理此一时代文献的方法问题多加研讨，庶几不久可以得到了一个公认的方法，那将来对于此时代古史的讨论就可以不致浪费工力，毫无结果了。

徐炳昶，民三十六，十一，二十五

一、引言

　　一部理想的中国上古史必须是根据全部可用的文献、传说和遗物，三种材料综合运用，适当配合，写成的。迄今为止，我们还没有看到这样的一部书的主要原因，恐怕多半还是由于基本的准备工作不够。试就以上所举三种材料的研究工作，略述如后。

　　文献，主要是流传下来的古代典籍。其次是各种古器物上的文字。关于古代典籍的研究，即是我国学者所说的国学或国故，海外学者所说的汉学。关于古物文字的研究，即我国学者所说的金石学、文字学，略如海外学者之所谓古器物学、语文学。我们的古代的典籍，经过秦火以后，残缺错乱，达于极点。考订整理，确不容易。幸而经过我们的历代学者，无数人的辛苦经营，才勉强可读。尤其值得称赞的是从有清以来朴学家的考据工作，与海外学者的科学精神与辩证工作，已经使这一门学问确立基础。自然，在这一部门中需要工作的问题还多。不过，未来工作的重心恐怕将由一般典籍的考订而转移到新发现实物材料（如卜辞、金文）和纯粹的语文学（如古文字、古音韵、死文字）的专门研究。两方面的基础都相当丰富，再加上新材料继续不断地发现，其结果对于古史的发明贡献，希望还很大。大体说来，以现有的基础而论，在古史研究中，这一类材料算是最严整的了。

　　传说，即是先由口耳相传，经过千百年后，始被写下来的历史故事。这自然不是一等的史料。但其对于古史的研究自有其重要地位，不可随便抹杀（例如司马迁所述的夏殷世系多半即根据后代的传说材料。现在我们由卜辞证明他所述的殷代先公先王的世系多半是正确的。由此亦可间接证明他所述的夏代世系亦未必妄诞）。所以，这一部分材料亦是研究古史的一种基本材料。我们不敢随便毁谤古人。但我们必须承认古人与我们所处的时代环境不同，对于古代历史的观念不同，所用的史学方法不同。因此，我们不能不引为遗憾者，前代学者对于此类材料的整理研究工作，与他们对于古籍和金石文字的工作，对于我们现在的工作而论，全然不同。后者可以作为我们现在工作的基础与典范，前者则大部分还需要我们很大的剖刮刷洗的工夫，好使这些窜改了原形的材料，尽可能地还原到它们的本来面目，不只是需要从头做起。现在我们要整理古代史料，研究古代历史，除非认为这一类材料根本没有一顾的价值，可以抛开不管。否则，关于这些传说材料的利用和处理，恐怕是最麻烦、最头痛的问题了。

遗物是考古学和民族学的研究对象。近代的考古学，在我国的历史还很短。发掘的工作还少，已发表的材料尤少。研究的工作少，已达到的具体结论更少。关于这一部门的工作可说才开头，将来继续发掘，继续研究，新材料、新结论将不断增加。而许多暂时的结论，将随时需要修正，这都是必然的。将来必有一天，我们可以根据丰富可靠的地下遗物遗迹，和考古学的成就，来描述中华民族的史前文化。即使有文字以后，如商周的历史，亦定可借地下发现的新材料、新事实，大量地充实其内容，改正其史籍记载的错误。此是后话。现在如果就想根据这点仅有的材料，来从事综合的研究，来勉强贯穿论述我们的史前文化，还嫌太早。现在这类材料虽已可应用到古史研究。但当用的时候，需要特别谨慎。引用考古材料的结论（多半是粗枝大叶的、暂时的，或可能的），或再据此结论引申推论，更当小心。现在关于古代的文化系统和民族活动，我们已经由这类材料获得不少的知识和线索。但其与我们由传说材料所早已知道的许多早期的历史故事，两者间纵有或然的关系，亦只是可能而已。互相比附考证，尚非其时。例如，我们可以引用已发表的考古材料，叙述我们的史前文化系统。但我们假如说"北京人"即是"防风氏"之后，自是笑话。说"黑陶""彩陶"即是"夏文化""虞文化"，亦嫌牵强。总而言之，考古材料在古史研究中，虽已可用，但这一部门的工作方才开始，基础未立，辗转征引，须特别谨慎。如步步引申，步步推论，走得愈深愈远，不免错误的机会愈多。

以上所述研究我国古史的三种材料，无疑地，第一种，关于记载文献的研究，已经有了很坚实的工作基础。第三种，关于地下遗物的发现与研究，成绩虽然还有限，应用还有问题，亦已经能够约略说明我国的远古文化和民族背景。唯有第二种，关于传说材料的整理研究，尚无确实基础。亦许有人以为研究古史，传说材料是无足轻重的。殊不知我们的考古材料，即今已经十分丰富，我们由此所能知道的史前文化系统，与有文字以后的历史之间，还缺少一环。这正如我们在前段的举例所说，假定我们日后的考古发掘，果真在殷商文化层的下面，发现若干个真正文化衔接、时间连续的文化层，或文化系统之后，我们由此发现，竟把殷商的历史背景、文化来源、民族的生成等都弄明白。我们甚至可以假定，又发现一种比殷商卜辞更古的原始文字，因而证明了夏朝的世系，可谓至矣尽矣。但存在于我们传说材料中的世次还多，各部族的远代故事还多。要想把它们一一用地下材料来证实或否定，是不可能的。将来我们由地下发现的材料，尽管比现有的再加上十倍百倍千倍，我们由此所能知道的，永不外是些"打制石器""磨制石器""彩陶""黑陶""甲文化""乙文化"。我们永远不会发现哪些是黄帝炎帝；哪个是尧墟舜墟。如果我们把我们的上古史当作一出三幕剧来看，其所遗留下的踪迹，已因出演的先后而详略不同。第一幕，即"史前史"。我们只有从考古材料知道的一些舞台布景、衣冠道具，以及我们由此所能猜想的憧憧人影。有人物而无个性，有活动而无剧情。第二幕，"传说时代"。因为有了代代相传所保存下来的历史故事，有如演员或观众的脑中印象，尚保存在记忆之中。再配合上考古材料所供给的残缺舞台和布景。尽管剧中人的活动已经印象模糊，但人物则已有了个性（或是群性），活动亦有了情节。第三幕，即"历史时期"。有了文字记载，亦即犹如一部真实但残缺的"本事"。再配合上考古材料、传说材料，我们对于这最后的一幕戏剧，纵不可能完全复原重演。但剧中人的音容笑貌，剧情始末，至少已有了部分真实的记录。它的内容形式亦有了一定的标准。我们如果把传说材料删掉，我们的古史将不成为一个整体。我们的传说材料，如不加整理，则其史料价值亦将永远是一个无法计算的"未知数"。

现在国史著作中，关于"传说时代"这一段落，恐怕是最具分歧、最混乱的了。学者对于这项材料的处理方法和态度，恐怕也是最具分歧、最混乱的了。所以如此的原因，据我们想来，一方面固是由于基本工作的欠缺；另一方面，更重要的，恐怕还是由于大家对于工作的先决问题，如工作的步骤、方法、原则等，还没有经过公开讨论和解决的缘故。所以我们认为，材料的整理工作固然重要，而关于整理研究的步骤、方法和原则等问题的研讨，尤为当务之急。因为只有在这一问题获得解决之后，工作的结果才能有确实的基础，才能达到大家一致承认的结论。除非我们根本否认历史科学的存在，否则，此种工作前提的一致，不只是可能的，而且是必需的。因为，只有在共同的方法原则之下，所达到的相似的结论，才足以说明结论的正确性。而结论的偶然不同更足以说明由间接方法所能推考的历史真相必然是"概然的""近似值"。犹如"二次方程式"的答案不止一个。如果说只有某一个答数是正确的，另一个是错的，当然是失之武断了。

二、传说材料的整理

（一）传说材料的一般特征

1. 传说材料的原始形态，大致包括：（1）保存在民间的、口述的歌谣故事；（2）传统的风俗习惯，宗教仪式；（3）古代的遗迹传说。其形式内容均非固定的。

2. 传说材料的写定时期，即最早的，亦已经是当文明进步到文字的使用已非常方便且发达之后。距离传说的起源（如果是真的、原始的，而非假造的、伪托的），已经年代久远。

（二）传说的类型

一切形之于笔墨，著之于简册的传说，从它的本质或来源可分为两种：一种是见之于记载或经过辗转传述的原始传说；一种是由已见于记载的传说再播种发生的传说。前者可以称之为"原生的"，后者可以称之为"再生的"。两者流行的时代不同，形式面貌亦全不相同，极易分辨，不容混淆。这是判断传说的史料价值的一个先决问题。

1. "原生的"，包括一切见于早期记载的传闻异说。此类传说的来源，大部分已经太久远了。所保存下来的，或者是只有躯壳，不明含义；或者只是片段记忆，首尾不全；或者是传闻异辞，互相矛盾。这都是传说的本来特质使它不能不顺着某种自然的趋势，逐渐变化的必然结果。

2. "再生的"，包括一切见于后期记载之假的、伪托的、滋生的传说故事。其来源大都出于某种业已流行很久很广的记载，经传布或倒流到民间以后，才又产生的传说。此种传说大部发生于东汉以后。但东汉以后的记载中却非全无"原生的"传说。

（三）传说材料的等次

关于古史的传说，照前文所讲的，一种是传自远古，有史料价值，但大都早已消灭死去（指被人遗忘），剩下的只是散见于古代或早期各种典籍中之一鳞半爪的遗迹。一种是后起的，甚至流传到现在，或者只见于晚近著述之中，大都是全无史料价值的。现在我们要整理研究的对象不是存在于现在民间的、活的传说，也不是见于晚近著述中之现成的古史系统或记载，主要是近古的，或早期的典籍。我们只有靠这些古籍中的一鳞半爪，来恢复古代传说的原形。再靠这些传说，来推考传说时代的真实背景。由此可知，与传说时代的历史或社会背景有直接关系者乃是"传说"自身，而非"传说材料"；是原始存在于古代社会中的故事或遗迹，而非引用或记述此类故事或遗迹者之主观的批评或整理综合而得的结论。因此，我们对于此类见于典籍中之传说材料的等次观念，或价值的批判，其理论上的标准乃是它们与真实的、原始的、古代传说的关系。由此标准，我们可把一切材料按照其价值、等次，分为三类：

1.第一等直接引用，记述保存于古代社会间之原始的古代传说或遗迹的材料。

2.第二等根据前人旧说，或兼采异说而有所损益，或系整理综合的著述，但或多或少尚存原始传说之一部分真相者。

3.第三等改窜旧说，另成系统；材料晚出，与旧籍抵触；以及一切来源不明，或根据"再生"传说的记述等是。

由以上的等次，或价值的分类，可以说明传说材料之所以必须整理，与我们从事整理工作的目的，就是要由材料的分类与批评，进而探讨传说的本来面目，以为研究传说时代的史事之基础。

(四) 整理传说材料的方法与原则

整理传说材料的方法与原则，简单地说，就是如何把传说材料按照以上我们所假定的等次标准，分类与批评的问题。分别讨论如后。

1.传说材料的分类问题

按照我们假定的等次，将传说材料加以分类的基本条件，是传说材料的写定年代。所以这个问题的工作基础是考据学。近若干年以来，中外学者对于古籍研究的方法与成就可以说有革命性的进步。不过，许多问题，特别是先秦重要典籍中各部分的写定年代，大都还没有达到精细正确的结论。由于工作基础条件的限制，我们现在想把古籍中的传说材料，按照它们的写定年代分类，自然亦还不能达到多么精细正确的程度。按照材料的内容与写定的先后，大概可分为三期。

第一期包括商周到战国前期的作品

甲骨文中完全不见虞夏以前的故事。金文中有二三事与此期有关。但仅可证明此类传说在春秋和战国时代已有。且此二三事语焉不详。据之绝无法得古史的约略轮廓。《尚书》中大致可靠的如《盘庚》以后四篇及《周书》十余篇，偶有谈到古代史事的记载。次是《诗经》中直接保存的古代传说，《甘誓》《汤誓》两篇，或许是周代杞郐宋等国夏商的后裔所保存记录下来的古代传说。以至于《周易》的卦爻本文。这些材料都价值甚高，可惜数量太少。

春秋中叶以后，文化急骤发展，史料始多。《左传》和《国语》两部书中记录保存的古代史事最多，大概都是根据春秋时人的传说。多存原貌，少有损益，最为可贵。

第二期包括战国后期到西汉末的作品

如《周书》及先秦诸子中所保存的古代传说，已经远不及《左传》和《国语》中所保存传说的素朴。至于《大戴礼》中的《五帝德》和《帝系》两篇，《尚书》中的《夏书》三篇，则除了承袭前人旧说之外，又加了些研究者个人的猜测，为多转一次手的综合整理工作。此后权威最高的太史公的《五帝本纪》，主要的也是取材于以上两书，所以也是同一类的工作。可是其中亦并不少直接采自民间的传说。前者的工作虽然没用，后者的材料价值与前期的并无大分别。

西汉时人的著述，大体上是承袭战国晚期的趋势，继续从事古史系统的综合整理工作。不过，其中亦并不少第一等的材料。

第三期东汉以后作品

东汉以后，人文进化愈速。关于古代史事的种种传说，尤其是经过前期的综合整理以后的古史系统，权威已经树立，重回到民间，滋生繁殖。这类材料大概全无价值。可是也有例外，如谯周、皇甫谧、郦道元诸人书中就常保存一部分古代的原始的民间传说，可以补前人著述之不足。至于后人论述古事而最后亦不见于三人之称述者，大概全是汉代以后的"再生"传说。

2. 传说材料的批判问题

批判传说材料的目的，是就传说材料的内容，来分析哪些是原始的古代传说，哪些是后人加减过的、综合整理的结果。除去了后者的成分，剩下来的多半即是前者的成分。所以这也可说是"辨伪"的工作。工作的对象，主要是前边所分的属于第二期的作品。因为第一期大都是基本的、标准的材料。第三期的作品大都是补助的，只能供参考的材料。第二期作品中的古史传说大都是加减过的、综合整理的结果。它们的价值虽然远不如前期材料，可是它们对于后代的影响势力却最大。同时也因为它们的内容尚含有些一等材料，不可一概摈弃。

最重要的作品是：《尧典》《皋陶谟》《禹贡》《五帝德》《帝系》《五帝本纪》《夏本纪》《殷本纪》《世经》《帝王世纪》。试分论如后。

《尧典》

①今本《尧典》似与《左传》所引原文不同：

《左传》文公十八年，引史克言"慎徽五典，五典克从"以下自成段落。如果当时所传《尧典》原文与今本相同，下文当叙述禹、弃、皋陶、垂、益、伯夷、夔、龙诸人的受任，共工、驩兜、三苗和鲧诸氏的放逐。然而他所讲的受任的人却是八元和八恺。所放逐的乃是浑沌、穷奇、梼杌、饕餮。可见《左传》的作者所见的《虞书》不是现在的《虞书》。这一则可以证明今本《尧典》的写成定本已在《左传》成书之后，再则亦可以说明这类综合的工作起源较早，而时有改变。

②文中多战国晚期的思想成分：

例如："女能用命，逊朕位"的禅让思想。"询事考言，乃言底可续，三载，女陟帝位"的帝号。"文祖"的称谓。以及"五载一巡守，群后四朝"的大一统思想。

③与古说古意不合的成分（由于综合工作的结果），例如：以羲和仲叔分处四方，与古羲和一名，未尝分古谊不合。四岳、大岳、伯夷、许由，按古说似为一人名分化。作《尧典》的人却将四岳与伯夷分为二人。依古说，弃与尧舜不同时，巧倕、夔、龙等都时序不明。作《尧典》的人都列入虞廷。尤其州名十二，与古说不合。似乎是《禹贡》《周礼·职方》《尔雅》三书中对于九州名称的三个异说已经流行之后，减去重复，相加的总数。

④可能是承袭旧说的成分：

例如：断"三百有六旬有六日"为一周年。"以闰月定四时成岁"。

《皋陶谟》

文中多载战国晚期的思想成分：

例如："天聪明自我民聪明，天明威自我民明威"的伟大思想，甚至不见于太史公的引述。"弼成五服，至于五千。州十有二师,外薄四海。"明显是战国时人的看法。

《禹贡》

①晚期的知识成分:

例如:"荆州贡铁",当在春秋以后。

②与古说古谊不合的成分:

例如:"五服"之说出于《国语》,而至《禹贡》中则真义已失。

《五帝德》

材料来源不明的可疑成分:

例如:"黄帝轩辕,颛顼高阳,帝喾高辛,帝尧放勋,帝舜重华,禹文命",一套综合整齐的系统名号,除去"颛顼高阳"有《离骚》《庄子·大宗师》《墨子·非攻下》几处可以证明,"帝尧放勋",有《孟子·万章》提到过以外,都不明来源。至于各帝相互间的关系更难凭信。

《帝系》

多与古说不合:

例如:舜前无虞幕,重即句芒不可能是虞的先人。

《五帝本纪》《夏本纪》《殷本纪》

采用《五帝德》《帝系》两篇成说,对于后代影响最大,权威最高。

《世经》

用历法整理古史中的年月日,在原则上是可用的。不过当时的历法还不够精密,结果不能令人满意。这种工作的方法和精神是值得推崇的。

《帝王世纪》

原书已经失传，只见于他书的节录。大概作者搜集甚勤而史识不高明。因为搜集得颇丰富，便于寻检，所以势力很大。

三、传说时代的研究

（一）基本的方法与原则

"传说时代"的史料，如前所说，有两大部分：一是包含于先史考古学中的"地下遗物"；一是包含于各期典籍中的"传说"。我们由先史考古学的研究所得的，譬如是真正的历史开场以前的舞台布景。至于这出历史大戏开场以前的"楔子"或者"冒戏"乃是以传说（包括歌谣古迹）的形态保存下来的。唯有靠了这些"传说"，我们才可能模拟想象出这一段有文字以前的历史的十分或百分之一二的真相，才可能把完全茫昧（不是完全没有文化）的先史文化时期，与有真实记载的历史时期，互相联系起来。

关于传说材料的整理，就是把各期典籍中的传说材料加以分类批评，并决定它们的等次价值，是研究传说时代的先决问题。工作的基础条件，例如，近人有的主张蚩尤属于"西方民族"。我们现在要讨论此说能否成立，必须先问它的根据是什么，而不是批评蚩尤可能不可能，或应当不应当属于"西方民族"。据我们所知，主张此说的论据（就是可以与此说符合的传说材料）只有宋代的沈括和《乐史》的记述。至于《汉书》和《皇览》所记关于蚩尤的传说（祠和冢）都在东方。后者的权威价值自高于前者。汉魏人的旧说如果打不倒，宋人的新说绝不能成立。就是能把前期的旧说打倒，后期的新说能否成立，还是问题。

但我们由前项工作（传说材料的整理）所得的结果，究竟只是作为研究传说时代的准备工作。是手段，不是目的。是先决问题，还不是主要的问题。主要的问题是，如何在这个基础之上来检讨古代传说的内容（就是传说的本来面目）？如何再由这些片断的材料来检讨历史的真相？从"出发点"到"目的地"，不但距离遥远，而且困难重重。

这项工作的困难，古人早已经深深地体会过了。而古人的失败经验也是颇值得我们反省的。因为我们由传说材料中所能看到的远古史事，最多不过是一些若明若昧的模糊印象，一些暧昧矛盾的言辞故事，甚至于含有过多人化、理想化、神秘化色彩的神话。古人去古已远，人文进化，理智发达，对于神秘的故事怀疑，是对的。相信古史年代的久远，亦是对的。应用极少的材料，叙述极长、极复杂的故事，不能不运用想象补充，亦是无可奈何的。他们因为没有失败的经验，缺乏比较的材料，工作的结果自然不能令现在的人满意，工作的方法亦自不足作为我们的典范。但他们在许多工作中所表现的态度的谨严与求真理的热诚是值得赞扬的。他们的失败与错误，乃是受了时代的限制。

我们现在与古人不同的地方，有以下三点：第一，是史学方法的进步。现在人批评史料的标准，不是主观的思想或经验的常识，而是它们的来源问题。第二，是史料的增加。现在除旧有的传说材料之外，增加了考古材料。对于古代的文化背景、民族活动，有了真实材料作为研究的参考。第三，是比较材料的增加。现在对于古代史事的理解、说明，不是凭空想象，也不是靠眼前事物，而是可以借助于社会史或初民社会的研究材料作例证。以上三点可以说明古今凭借不同。所以我们现在的问题，并不是如何以现代人的知识眼光来批评古人或打倒旧说的破坏工作，而是应当如何善用我们现代的知识眼光来重新整理材料，重新研究古史真相的建设工作。如果这件工作是简单容易的，也不致聚讼纷纭，多年不决。如果我们能接受古人失败的教训，如果我们希望把这个问题的研究引到一个新的途径，除了材料的整理应该用史学方法来分类、来批评之外，还应该用整理过后的材料作基础，用考古材料作参考，用社会史料作比较，来研究传说时代的历史问题。推理与想象固然仍是工作的必要的指导原则，但顶重要的是，如何从材料中找论证，如何从论证推到结论。至如何由结论构成假设的时候，自然还少不了推理与想象的帮助。但是仍要特别谨慎，使之愈少愈好。

也许有人从根本上怀疑这种研究工作的方法是否可能达到像普通的史学方法的科学性。也许有人从根本上怀疑这种研究工作的结果是否能够达到像历史时期的叙述的真实性。我们的意思是肯定的。理由如下：

这种研究工作的性质，从种种方面看来，和古生物学非常近似。所以二者的互相比较，颇可供给我们很多有用的启示。

古生物学虽然还是一门相当新的科学，已经体系完备，成为打开一部自然史的锁钥知识了。所以现在当我们外行人走进博物馆的时候，看到陈列的完整的古生物化石标本，也许不免误以为古生物学者研究的对象就是这些现成材料。殊不知这乃是"制成品"，不是"原料"。这差不多已经快到了古生物学者工作的最后一步了。我们都知道,古生物学者的研究对象,主要是化石或化石物。而他们的目的,主要是撰写一部生物的历史。可是古生物学者所能利用的原料——化石标本——乃是一些在非常适宜的环境下保存下来,又借非常偶然的机缘才被科学家所发现、所收藏的,非常稀少而残缺的遗迹。材料既甚少,而目的则甚奢,从化石的发现、采掘、修理、鉴定、完补,到整个古生物标本的复原,整个古生物的演化史的研究,这一大串的工作,可说非常繁复,而且困难重重。古生物学之得有今日,是靠了多少此门学科学者的精心研究,才使方法逐渐完密、充实。所以它的进步史,差不多亦可说是方法的进步史。

"传说时代"的研究,主要应靠"传说材料"。但由传说材料中搜集传说故事,由传说故事中鉴定它的真实成分,再根据种种直接间接的论证推敲历史的真相全貌,自然也是一件非常繁复困难的工作。问题的关键却不在于材料过少,而是搜集与考订的困难。也不全在于直接论证的残缺或参考资料的贫乏,而是如何利用仅有的知识,不怕太少,也不怕太略,所达到的结论不要太走失了原样(像利用古生物化石来复原一样)。古生物学纵然再发达再进步,也不会解决了古生物学上的一切问题。传说时代的历史的研究亦自难完全圆满。这都不成问题。成问题的是这种研究的前途,或者说这种工作结果的学术价值,将完全看工作方法的进步能否达到相当的精密严整的程度。

在种种含有传说材料的典籍中搜集原始的传说,亦犹如在岩洞中采掘古生物化石。所得的材料常常是零星破碎,不相连属,甚至真假难辨。在古生物学的历史中,有不少把真化石不当化石,或把"假化石"当过化石的例子。到现在古生物学的研究室中也还有不少的"疑问化石"。在传说材料中自然更多难解的地方。在传说故事中的真假成分，尤其不易鉴别。不论自然科学、社会科学，对于搜集材料，累积知识，原本都是因工作经验、方法逐渐完备，结果才逐渐正确。我们在前章所讨论的关于整理传说材料的两个原则，亦不过根据一般史学方法与工作经验，提出来的一个比较具体的原则而已。事实上，现在认为可靠的材料将来未必不成问题，现在认为没有价值的材料将来未必完全不能利用。学问本无止境。

在传说故事中鉴别真实的历史成分，由可靠的线索中理解史事的真相，亦犹如在一堆修理出来的化石中选择具特征的部分（例如牙齿），再根据化石的形态鉴定它的种属名称。这在古生物学中是一步非常繁难而专门的工作。第一，由于化石标本的残破，特征难辨，不易完补。第二，需要有充分的古生物学和生物学的知识作基础和够用的标本作参考。在一大堆化石中有一大半是不能辨认它们是牛是马的，其余一小半的种属亦常常不是一望可知的。传说故事中尽多不可理解的成分，亦尽多与考订史事无关的成分。我们要在一堆杂糅的传说中选择哪些是有用的成分，再由此来理解历史的真相，这一步工作也绝不简单容易。第一，我们必须应用基本的史学知识来选取其中的"记述史实"的部分（自然这是假设的说法）。第二，我们尤其需要用历史的观念与基本的社会学知识作基础，来推断它的真实意义。

根据传说来研究传说时代的历史，与用化石来研究古生物的历史，其基本论证虽有直接与间接之不同，两者均须有大量的借助于其他部门研究的结果则是一样的。化石虽是古生物的直接遗迹，因为标本的残缺稀少，要想把它完补复原，专靠化石是不够的，也不是凭空想象可以揣摩出来的，最重要的还是生物学上的凭借，就是形态学或比较解剖学的知识。如果再进一步，想研究这种古生物的生活情形，适应环境，原形外貌，以及它在整个生物演化系统中的位置，形态学的知识是必要的，与它有血统关系的现存生物的关系尤须先弄清楚。地质学中地层学的知识亦是重要的。从前研究化石为的是由标准化石来定岩层的年代，现在则更用地质史的知识和化石群材料来研究各期古生物的分布和历史了。现在我们用可能得到的传说材料先把传说来复原，再用这复原后的传说来鉴定它的"史实"背景。它的真确程度且不必讲，在数量上亦尚不足以作为研究的基础。直接的材料不够，史学的方法也不够，顺着个人的意思推敲猜想只有离真实的历史愈走愈远。所以传说时代的研究，关于直接论证的引用，因为材料的间接性，固需要特别谨慎。至于间接的论证，就是利用辅助科学，如社会学和考古学的知识与原则来补充直接论证的不足，虽是必要的，但亦自有其一定的限度，不能喧宾夺主。一件"恐龙"标本的复原，主要还是靠"化石"不是《进化论》。古史真相的推敲，主要还是要靠史料，不是社会史。否则，恐龙标本的复原可能一人一样。古史的讲法亦将人各一说。

（二）传说中的史实

前章讨论传说材料的整理，其目的乃为探讨各种传说故事的本来面目，这可说是史学方法中的考据工夫。如古生物学者对于化石的搜掘修理，都是研究主要问题前的准备工作。古生物学者对于一堆化石的去取标准,是看它能否作为鉴定种属的材料。而可以作为鉴定种属的材料则是其中最具特征的部分。至于古生物学者如何利用化石的特征部分来鉴定它的种属,亦即工作的基本条件,不外古生物学与生物学的知识。我们对于一堆传说故事的去取标准,当看它是否含有历史的成分。而此种成分的判断,则看它是否含有史实的特征。此所谓史实特征,含有两方面的意义:一、要有内容,就是言之有物,并且意义明白,不是些空洞渺茫的话或抽象的概念;二、要有个性,不是可以张冠李戴的。凡是合于以上条件的传说,虽不一定就是历史,但完全凭空捏造是不大可能的。虽不一定是百分之百地正确可靠,而鱼目混珠却也是不大容易的。至于我们如何利用这些所谓含有史实特征的传说,来考订古代的史事,其工作的基本条件不外后期的历史知识与社会学的原则原理。

大体说来,我们由传说中所看到的传说时代(先去掉古人的带色眼镜),在横的一方面,我们的民族文化,还没有达到混同的境界。当时的社会形态还没有产生国家的组织,是一个林林总总、万花筒式的、氏族林立的局面;在纵的一方面,除了几件最重要,深入人心的大事,例如黄帝与蚩尤之战、洪水之类,只是一些氏族的分合接触与移动的踪迹,还谈不到历史的纪年。因此,我们对于传说时代的史事,虽然可以分期,却很难考订它的绝对的历史年代。此外最可能致力者则是在各期间各氏族的分合、接触和移动等问题。研究此类问题的经纬线索有二:第一是"族姓",第二是"地名"。

传说总是些残缺暧昧和矛盾的故事。唯有其中的"族姓"和

"地名"常常是比较的清楚和一致的。由此可知此类成分多半是在保存期间变化最少的。所以，此类成分几乎可说是传说故事中的"化石"。

古史真相太渺茫，材料少是大原因。材料太乱太杂亦关系甚大。如果我们能把其中关于"族姓"和"地名"的问题大部分都弄清楚，则史事轮廓自然显露，脉络自然沟通。所以，此类成分不只可说是传说中的"化石"，简直可以说是"特征化石"了。

什么是"族姓"呢？在传说故事中有种种人格化的名称，例如黄帝、炎帝、蚩尤等是。不管它们的起源如何，真实的意义如何，从它们在故事中作为一个行为的主体而论，应该当作一个群的代名词。不管这些群的单位大小如何，从种种方面看来，多半是一种亲族团体。所以我们可以概然地把它们当作是代表亲族团体的"族"名（并非完全否认它们的人格）。在这一类"族名"之上又有所谓姓或氏。姓与氏的分别似乎是后起。本意似乎都是代表一种真的或假设的血缘关系。在传说故事中，像以上所说的这类"族姓"关系，虽不完全但非常重要，亦甚少异说。由此可以解决若干使用其他方法所不能考订的问题；由此亦可以推测在传说时代的诸氏族部落之间的复杂关系，诸如文化系统、历史关系等。举例如下：

1. 伯夷、伯益、伯翳三个传说故事中的"人名"，字音相似，到底是一，是二，是三？异说纷纷。但伯益和伯翳都属嬴姓，在传说中亦无分别，似乎是"二而一"。至于伯夷姓姜与伯益无干。

2. 姬、姜、祝融。周代姬姜两姓世通姻媾，其关系密切不成问题。但见于《左传》《国语》中，分布在黄河南北的所谓姬姓、姜姓的"国"（氏族），并不都是周朝的封建。其中姬姓国多偏于黄河以北，姜姓国多偏于黄河以南。由此可以上推，远在周代以前两姓的地域和文化关系，大概从来接近。《国语》所称的祝融八姓与姬姜两姓的关系远不及后二者相互关系之深。由此可以上推前后两者之间大概自来即比较隔离，文化关系比较疏远。

所谓"地名"包括两种：

1. 传说发生、传布和保存的所在。例如，《左传》："陈太皞之虚。"鲁有"大庭氏之库"。因为记录似有实在的根据，传说又是属于原始性的，春秋以后的地名亦大都可考。此种材料，虽然不多，自极可贵。

2. 传说故事中的地名。例如，姜水、姬水、坂泉、涿鹿，究竟当今何地，多成问题。不过以现有的知识，完全没有线索的究竟是少数。例如，汉晋人的解释多半渊源有自。其次，历代朴学家的研究辩论亦贡献甚多。再次，如有一个以上的可能，不能确定的时候，可能由传说中的邻邦关系帮助决定。例如，衡山今全在江南。但即在西汉之初，衡山仍全在江北。此可由《战国策》所载吴起的话；以及吴芮封衡山王，都邾；及改封今日湖南境内反称长沙，不再称衡山之事实以决定之。

（三）传说时代的历史

传说时代的历史，论时间或者竟可与我们有记载的历史一样长，论内容也不少惊天动地的大事。这好比是一座已经毁灭了的阿房宫，剩下的只是一堆瓦砾和一些夸大而不实在的记载。一个文学家也许可以凭借这些材料和他们自己的灵感，构成一幅大厦连云的秦宫图，不过这一幅图画与真的阿房宫恐怕是没有一点相似的。现在我们要研究传说时代的历史，目的自然不是要构成像这样的一幅美丽而完整却不真实的幻想图。我们是要把它"重建"起来。"重建"需要逼真或近真。所以必须要靠真实的材料。

1.引用材料须注意古书原文。

古籍原文，多有讹误。后儒新说，或胜旧义。不过，古籍中的问题是无限的。考据的结果也几乎无所谓定论。例如，《周书·尝麦解》中本多缺文与难解之处。今人引用此篇，缺文全无，文通字顺，显然是忽略了向来存在的问题。犹如辗转引用的话，更常与原书原文不合。如随便引用，不检原书，最易传讹。例如，有人引用《尝麦解》，却说"赤帝命蚩尤宇于少吴（昊）"。他恐怕只见《路史》，未检本文，所以承前书的错误。又如，有人引用《国语》殷人禘喾之说。其实《国语》中何尝有此说！所以我们引用材料，必当检视原书。后人的校订，他书称引，不是不可转用，原委必须明白，出处必须注明。自己也不是不可有所辩证，但原文却必须照录。

2.根据极少数的材料作论证是可以的，用来完成传说时代的纵横剖面图是绝对不够的。

所以即使利用一切可用的材料所达到的结论，仍不过是一种假说。同时在一切可用的材料之中或不只有疑问，而且会有矛盾。所以任何一种假说的提出，除了必不可少的若干下面的论据之外，抑或有若干难解决的问题，或者是相反的论证。这似乎应当作为我们工作的信条，就是，一方面应尽量将与问题有关的材料搜集完全，不使遗漏；另一方面，对于正面的论证自当一一列举之外，对于不能解决的问题或反面的论证应须指出，一点不要隐瞒。这种做法不但不会影响到工作的成就，更足以证明工作者对于工作的忠诚，与对于后来工作者的热忱。

3. 研究古代的社会生活须着重历史的实证。

我们研究传说时代的历史问题，自不能不注意当时的社会生活。我们要想根据历史材料来说明，来研究当时的社会生活，诸如社会组织、风俗习惯、思想信仰等等现象的内容与变化，应先讨论如何才能正确地理解种种传说材料的真实意义。

这种理解的功夫（不是文字的考据训诂）常常是不能不借助于其他民族的历史，以及现代社会学与人类学的种种知识和原则的。但我们绝不可因此忘记了我们研究的对象和目的。历史科学的对象可以说是千变万化，不可想象的复杂。两个民族的历史，不论是它们的形态、内容还是发展过程，没有完全相同的。此话并非否定各民族历史发展的因果关系，乃强调各民族历史的发展。虽自有其因果关系在焉，却并无一定的、共同的"公式"。

人类历史的真相决定了我们研究的目的，亦决定了我们研究的方法。我们研究的目的本不是为证明或否定某种社会学说中的原则原理，亦不是专为社会学或人类学的研究供给一个"个案分析"。所以研究的方法，亦自然不能应用任何一种社会学说的原理原则作"纲领"（就是以上所说的"公式"），硬填上些中国材料就可以说明历史的真相。这样只有蒙蔽历史、曲解历史，我们姑妄名之曰"公式主义"。

采取上述"公式主义"的方法，来研究中国历史的学者（不幸近来其中很有一些），显然是误解了现代社会科学的科学基础。似乎以为历史科学犹如抽象科学一样，亦可以应用公式求得真理。尤其错用了西方社会学者工作的成就。似乎以为西方学者根据西方数千年的真实史料分析研究所得关于西方社会的盖然的变化过程，与其因果关系，亦可以放之四海而无不合。用这种方法研究的结果纵具科学的外表，实际是反科学的，亦是反历史的。

至于西方学者工作的方法和精神本来是对的，亦是值得我们取法的。以我们先民所储积保存下来的丰富史料，如果能用正确的方法，细心工作，便可阐明我国古史中关于原始社会的各方面，以及它们的演化过程。这对于整个人类文化史的贡献，一定是很大的。不过，归结一句话，这毕竟是我们整个的民族文化历史的一部分。对于一个民族文化历史的研究，虽然尽可以采取不同的方法和途径。根据的材料，文献也好，实物也好，古传说也好，语言文字或其他民俗材料也好，总之，都必须是真实的历史的遗留。换言之，研究的既然是历史问题，那么一切推论或臆说的根据就必须是历史的实证。此外别无捷径。

4.研究古代的人民活动须注意文化背景。

传说时代的历史问题中，除去关于社会生活的各方面与其演化问题之外，另一方面，与前者同样重要的，当是关于人民的团体活动。例如，在原始社会组织单位中的诸氏族（或如前所称的"族姓"）部落的分合、分布、移动和接触等问题。这种问题的研究亦如前类问题的研究一样，根据材料自必须是历史的实证。同时亦需要其他各民族文化的历史，以及现代社会学和人类学的知识作参考。当我们进行讨论此类问题的时候，更须注意到隐藏在问题背后的文化背景问题。

因为古代的传说材料大都是春秋战国以后所写定的,当时去古已远,我们的民族文化大体已经形成混同的局面。原始文化的分歧、对立,虽或遗迹尚在,但已不显著。族类的界限虽不至完全没有,大部分已经消灭于无形。所以,春秋战国两汉时人所传所记的古代故事自不免掺杂上后代的统一色彩。再经过后儒的整理传述,愈真相难辨。以致在我国民族文化尚未达到混同以前的重要分野,几乎一直埋没了两千多年。

我们现在的历史知识,比起古人来,广博多矣。现在我们都知道世界上任何一个发展到一定高度的民族文化没有不是多元的,这已经够发人深省了。加上近年来的考古发现,以及由古器物与古语文多方面研究的结果,确定的结论虽然不多,但我们民族文化的始源亦不能例外,亦是多元的,这在原则上可说业已成立,并经多数历史学者承认了。自从此一原则成立流行以后,已经有不少的历史学者,顺着这个方向,重新整理我们的古代史料,果然发现了若干古人所从未梦见过的历史真相。确凿的结论自然还谈不到,尝试的阶段早成过去了。

四、结论

严格地说来,在我们的国史问题中,关于我国民族文化的始源问题,迄今为止大部分还是一个谜。能打开这个秘密之门的钥匙,当不止一把。最有希望的还是地下材料。这要等待我们的先史考古学者去发掘研究。不过,打开这个秘密之门的钥匙既不止一把，就是说，可能达到这同一目标的途径不止一条。目标既然还是一个谜，不论采取哪一条路，在没有达到确定的最终结论之前，都应当保持本来应有的严正方法与态度，追求真理。不必，亦许简直可说不应该，靠牵强附会，希望急切就能达到一个最后的结论。这样的结论，纵然表面圆通，基础还是脆弱的。由近年来国内学者试探研究的结果（多半是不谋而合达到差不多极近似的结论）看来，我们似乎已经颇可相信从传说材料的整理研究来解决我们传说时代的历史问题的可能性了。那么我们由此研究的结果，对于我们民族文化始源问题的解决，必将有所贡献，似无可疑。这又可以从两方面来观察。

第一，从古代传说的保存来看。我国历史记载的始源甚早（西周）。典籍的保存特别丰富。当我们还没有建设起一个"统一帝国"以前的春秋战国时期正是百家并起、学术极盛的一个时代。各家学者互相对立，自由批评。有意无意地，对于当代社会资料与古代传说的搜集传述，都或多或少地有所贡献。这是我们今日研究古史的一笔大资产。

第二，从古代社会的遗迹来看。正当我们古代学术极盛的时候，春秋战国，亦正是我们民族文化经过孕育成长的阶段，已渐臻于混同之境。不过，此种同化的过程还未完成。古代历史的发展过程，在当时社会生活中，还有若干遗迹。蛛丝马迹，可资寻绎。这又供给我们研究古史的许多真凭实据。

顺着这一条路径的古史研究工作，不必讳言，部分地是受了与其他古代民族文化历史互相比较的影响；部分地，亦许更重要地是受了近年来国内考古发现的刺激。不过，这项研究工作的前途，还是系于工作者所采取的方法、态度，与其所能建立的体系如何。而不必永远局限于与其他民族文化历史的比较。它同考古发现是可能互相启发的。后者固可以帮助前项工作的理解，而前项工作，如果做得谨严，也可以对于后者有很大的帮助。将来由此项研究工作所完成的结果，可能发现中国古史发展的"特殊面"，也可能发现由地下材料不尽能说明的史实。这亦正是它的特别使命。只要工作者的方法态度是严正的，体系是完整的，它对于解决我们的接近有史时期的历史问题，以及我们民族文化始源问题的贡献，亦许将不下于先史考古学在这范围内的成就。

时至今日，我们还不惮辞费地把关于整理研究我国古史中的传说材料，与传说时代历史的种种基本问题重新提出来，试图加以论列，似乎已不合时宜了。因为国内学者在这方面的工作已有不少的成就，同时，我们在此所提出来的问题或观点亦多卑之无甚高论。我们的意思，很明白的，不过是因为特别相信此项材料与此项工作似应有其更重要的地位与前途，所以主张应该把它放在一个更坚固的基础之上，如此而已。

地层学与器物形态学 [1]

考古学属于历史科学。考古学和利用文字记载研究历史的狭义历史学一样，担负着真实地恢复历史、科学地揭示历史发展规律的任务。它们都要求以马克思主义的理论为指导，用马克思主义的立场、观点和方法去进行研究。

然而，每个学科由于研究的对象不同，具体的研究方法也各有差异。对于考古工作者来说，为了发掘古代遗址、打开面前的往往是无字可查而价值很高的"地书"，揭示古代历史的面貌，必须运用一套独特的科学的发掘和整理加工的方法。许多事例已经说明，只要方法对头，即使发掘的只是一个遗址或它的局部，也犹如打开了一扇历史的窗户，从中可以窥见古代社会的真实一角，甚至能揭示某些规律性的东西；但若方法不对，工作做得再多，给人看到的如果不是歪曲的，也将是若明若暗的图像。

不能把熟练的技术同科学的方法混为一谈。虽然考古工作的质量与考古技术的熟练程度有一定的关系，但这是两个不同的概

---

1 本文为作者与殷玮璋合著；原载《文物》1982年4期；收入《苏秉琦考古学论述选集》，北京：文物出版社，1984年。——编者注

念。考古工作从获取资料到整理研究，自有其科学的程序。应该把全部工作置于正确的理论指导之下。每项发掘工作应具有明确的学术目的，按科学的规程和方法进行。

开展对考古学方法论的研究，无论对考古工作的正常进行，还是对本学科的发展，都具有毋庸置疑的意义。考古学方法论涉及的范围广泛，在一篇短文中是难以阐述清楚的，本文仅就地层学和器物形态学这两种常用的方法谈一些粗浅的看法，不当之处，请同志们指正。

一、地层学

人们对住地的选择总有一定的要求。要求的共同性，使历代居民常常选择同一个住地，因而在一个遗址内常常包含若干不同时代的文化层堆积。考古工作者在发掘古遗址时，遇到的首要问题，就是要确切地区分不同时期的堆积层，辨明各层的遗迹遗物，准确地判定它们的时代。考古学上称为地层学或层位学的，指的就是地层堆积的层位上下，堆积时代的相对迟早关系的研究。

如果说地层学是考古发掘工作最基本的一个环节，这绝非过分。田野发掘中揭露的任何遗存，一般来说，都需借助于地层关系以确定其时代。如果失却地层依据或层位关系混乱，就会使出土的遗存失去应有的科学价值。

一个时期以来，由于受极左路线的干扰，有些地方的发掘工作不按科学的操作规程，往往对层位关系交代不清，使揭露的遗存失却地层依据。

有的同志在主持发掘时，以为开了一两条探沟，地层情况已经了解，进一步挖掘其他探方时就可不必注意地层了。这是很不对的。一个遗址内各层的堆积既不是水平的，它们的厚度也不会一致。不同探方的层次未必相同；同一层中的不同遗迹甚至一个房基上的不同堆积，也可能有时间早晚。

　　另有一些同志错误地认为只要挖出"珍宝"，就做出了成绩。于是在田野考古工作中出现了很多不恰当的做法，甚至发生了见"宝"就挖、非"宝"就丢、不讲地层、一味找"宝"的现象。必须指出，出土物的珍贵，只说明古代劳动人民的智慧和创造才能，并不说明今天的考古工作水平。真正表明工作水平的，是工作方法是否科学。一件遗物的科学价值，也绝非世俗的价值观念所能衡量。考古学以研究和恢复历史为其任务，出土物的价值高低自应由它在解决历史问题方面所起的作用来决定。从这个意义上说，出土的每一件物品都有其特定的价值，都应作为科学标本妥善地处理。

　　三十年来，我们获得了大量资料，解决了不少历史问题，但是还有不少学术课题已经提上工作日程等待我们去研究。例如，有关新石器时代早期的文化，目前知道的还不多；有关我国农业、畜牧业、制陶业和金属冶炼业的起源等问题，都需要依靠新的资料去逐一说明。每一个学术课题的探索，要求我们付出巨大的劳动，也要求我们运用正确的方法。每一个课题的解决，需要我们提出各方面的证据，其中少不了地层学方面的证据。过去在工作中曾经发现一些很重要的线索，往往因缺乏可靠的地层依据而弄得真假莫辨、是非难断。这是应该记取的。

田野考古中使用地层学的方法，大致经历了两个阶段。最初是以深度划分土层，即每隔若干厘米分为一层。这种方法之不科学是显而易见的，早已为人们所摈弃。以后，依据土层的颜色、质地去区分地层。这是比较准确的方法，目前仍为人们所运用。与后者并行，也注意运用同一地层诸遗迹（如灰坑、墓葬）的打破关系，以区分其时间的早晚。这个过程，反映了中国考古学作为一门独立的学科，正越来越趋向成熟。

无论是依据土层的不同颜色、质地划分地层，还是依据遗迹的打破关系来区分早晚，都是一项认真细致的工作，要求我们亲自动手，仔细从事。在划分地层时，除了辨明各层的差别、变化外，还应对不同堆积层形成的过程及遗迹现象废弃的原因等等一并加以考虑，做出正确的解释。每一个遗址都有比较典型的堆积层。及时掌握该遗址的典型地层，对指导发掘具有重要的意义。

除非遗址内的地层堆积已遭破坏，因而不得不求助于其他手段，一般的发掘工作都须在严格地区分地层的情况下逐层地、有条不紊地进行。即使为配合基本建设而进行的发掘工作，也应要求参加工作的同志及时了解发掘对象在学术上的价值，按科学的操作规程进行。同时，应该把发掘工作与专题研究、综合研究结合起来。要在深入研究的基础上进行有科学目的的发掘，并依据新发现的情况，不断地提出问题和解决问题，以确保学术课题最终获得解决。如果从这样一个高度去认识，那么在田野发掘中要求层位关系清楚、出土标本不乱，是为探索某一特定课题而进行的工作程序的最基本环节和起码要求。科学地运用地层学，对于每一个考古工作者，都是必须掌握的基本功。我们研究的每一种文化以至每一件遗物，既属于某一特定的历史时期，又属于某一特定的社会。我们应该有时间的观念，又有空间的观念。这是互相区别又互相统一的两个方面。对地层学的认识和理解，也必须注意到这样两个方面。

地层学所反映的上下两个叠压层次之间有时间早晚，确切地说，仅仅是对这两个有叠压关系的层次而言。假如这两个叠压层分属不同的考古学文化，譬如说，甲、乙两个文化（型）各包含早、中、晚三期遗存，揭露的地层关系仅是甲文化（型）的早期堆积被乙文化（型）的晚期堆积所压，那么是否能说甲文化（型）一定比乙文化（型）早呢？显然还须作具体分析。这里可以有以下两种可能：①前者确实比后者要早；②两者同时并存或平行而略有交错。在后一种情况下，完全不排除在另一地点发现甲文化（型）的晚期遗存压在乙文化（型）的早中期遗存之上的可能。在讨论仰韶文化的半坡类型与庙底沟类型的早晚关系时发现的两种相反的叠压层次，应是对后一种情况的很好的说明。有关后岗类型与大司空村类型，半山类型与马厂类型文化间的关系，除了考虑它们之间可能存在时间早晚外，似也应考虑同时并存或平行而略有交错的可能。

若把上述情况放到古代社会中去考察，可能更易于理解。有理由认为，在新石器时代，我国的广阔土地上散布着为数众多的族的共同体。虽然考古学文化与族的共同体能否等同尚可讨论，但这两者具有同一性当无疑问。一个族的共同体活动的地域与一种考古学文化分布的范围应有其一致的方面。如果一种文化确是代表一个族的共同体，它的分布绝不会限于一个墓地或一处居址的。族的共同体活动于一个特定的地域内,它的遗迹也将分布于这一地区内的若干地点。同时,不同的族的共同体相互依存于特定的社会之中,它们之间绝不是静止的、不相往来的。马克思早就指出,人们彼此间生产物的交换,首先是在诸共同体接触的地方发生的。事实上,不同的共同体之间除了交换以外,彼此的交往可追溯到很早以前,他们在文化上有所接触和交流是不可避免的。

除正常情况下的交换和交往外,在非正常情况下出现的争斗,由种种原因引起的各共同体力量的消长和迁徙,等等,都可以使共同体活动的地域发生变动。有时这些因素交织在一起,出现极其错综复杂的情形。这是我们观察、研究古代历史时不能不考虑到的。

说仰韶文化、大溪文化、河姆渡文化和大汶口文化等是同时存在或平行而略有交错的几种考古学文化,一般是容易接受的。但在较小的范围内是否存在类似的平行而略有交错的考古学文化呢?已有的线索表明,在一个较小的地域内同时存在两种以上文化(型)也不是不可能的。

既然一种考古学文化有它独特的面貌和一定的分布地域,那么只要进行精细的发掘和深入的调查,当不难找出它的范围。它的中心和边沿地区也可加以区分。同时并存的不同文化(型)和它们之间的交汇地区也因此而得以了解。如果我们已经掌握各文化的分期,那么还可以考察各文化在发展过程中出现的变迁等情况。

当然,实际情况可能更加复杂。因为,即使进入文明时代,中原地区还存在"华戎杂错"的情景，更何况原始社会中氏族林立、部落纵横。民族学材料告诉我们，一些少数民族对住地的选择，还有垂直分布的现象：有的住高山，有的住平地，有的住半山腰。这种现象在新石器时代是否也有，也可以探索。

有些同志总是希望把他所在的那个地区的古代文化排出一个前后（早晚）的序列，而且力图说明它们之间存在直接的发展关系。诸如仰韶文化—庙底沟二期文化—河南龙山文化—二里头文化—商代文化这样的序列，据说后一种文化都是由前一种文化发展而来，一条重要的理由是它们之间有直接叠压的"地层依据"。

我们不准备对这样一种具体的看法进行讨论。作为一种看法，可备一说。但是，类似这样一些地层叠压关系能否构成两种文化间存在继承、发展关系的依据，却是需要讨论的。研究某一考古学文化，不仅要确定其时间属性，推定它是某一特定时期古代先民创造的物质遗存，而且对当时人们的社会生活、经济形态，以及不同的考古学文化间的关系，不管是横向的平行关系还是纵向的发展关系，都应做多方面的分析比较。任何过于简单的理解或解释，都是不可取的。

也许是受了上面那种单线的直接发展论的影响，近年有些简报中常常舍弃通用的文化名称，将遗址中包含的不同文化一概以"第一期文化""第二期文化"……来称呼。我们认为，目前通用的文化名称既已约定俗成，如果认为某一名称不确切，自可提出讨论，如果随意更动，实为不妥。"文化"和"时期"是两个不同的概念，应该加以区别，否则会引起思想上的混乱[1]。

1　夏鼐：《关于考古学上文化的定名问题》，《考古》1959年4期。

对于不同文化（型）之间的关系，应基于对原始材料的分析而具体地、逐一地进行探讨。例如，关于仰韶文化和龙山文化的关系，早在20世纪50年代就曾进行过讨论。但从各地不断发现的新资料看，有关它们之间的关系的探讨，出现了比原来的设想复杂得多的情况。对这两种文化的类型、分期的研究工作，都还有深入进行的必要。就以龙山文化而言，虽然冠以"河南""山东""陕西"等名称而加以区别，但这几种文化（型）之间到底存在什么样的关系？它们是同源还是各有源头？像河南龙山文化，在不同的地区之间，文化面貌存在明显的差异，这些差异又意味着什么呢？这些问题都需要我们具体地进行探索。

但是，地层学凭借文化层的叠压，虽然提供了判断它们之间的相对早晚的依据，而在考察两种文化之间是否存在继承和发展关系时，过分强调地层叠压关系是没有必要的。探索不同文化间的关系，主要的应借助于器物形态学，从文化内涵中去分析。

如果有的遗址的不同文化层间确实提供了可探讨两种文化间存在继承关系的线索的话，那么对这种地层的划分给予特别关注是完全必要的。因为这种层次的划分是否科学，将直接影响有关内涵的揭示，涉及结论的准确性。一般来说，当两种文化遗存叠压时，上层堆积中包含少量下层遗物是常见的。造成这种情形的原因很多：有的是前一代的器物遗留到了后代，或者因后来的居民在那里活动时扰乱了下层堆积而混入，有的是因发掘工作做得不细而混入，或者与层位划分不当有关。分析各层的文化内涵时，必须把遗留或混入的那部分东西加以识别和剔除，做一番去伪存真的工作。选用或参照堆积比较单纯的同类遗存进行排比，将有助于这项工作的进行。绝不可不加区别地使用那些未经剔除的材料。更不能把相混的层位划为单独的层次，把本来相混的东西说成是既有下层文化因素，又有上层文化因素的"过渡形态"，为甲乙两种文化之间有直接发展关系的"地层依据"。

以上对地层学所做的讨论，是试图对它在考古工作中的功用做尽可能合理的评价，以便更好地发挥其作用。应该说，地层学作为田野工作中判断相对早晚关系的一项基本方法，即使在运用自然科学手段测定年代的方法日益广泛的今天，它的作用也并未削弱。

以碳十四测定年代的方法而论，它被用于考古学，对史前考古年代学的建立起到了重要的作用。可是它也离不开考古工作中正确划分地层的工作。事实上，即使测出的数据精确度很高，但若地层混乱，不同时代（或时期）的遗存纷然杂糅，那么这些数据也很难起到应起的作用；反之，田野工作中层位关系越清楚，基于地层学所做的考古分期越准确，在推定年代方面提供的条件也越好。《洛阳中州路》对东周墓葬的分期，每期所跨的时限只有几十年，就是一个很好的实例。至于人们常常指出某个碳十四数据有误，也大多由于与标本的出土地层相背。这样的事例正说明地层学在实际工作中具有很重要的价值。

二、器物形态学

器物形态学，又称标型学或型式学。这是考古工作者在室内整理资料、进行比较研究时常用的一种方法。有一个时期，器物形态学被认为是"资产阶级"的，是"烦琐哲学"。其实作为一种手段，它并不具有阶级性。对这种方法有必要进行总结和研究，以便在实际工作中更有效地发挥它的作用。

诚然，我们注意到过去一些学者在运用器物形态学时曾经出现过一些偏差。例如有的研究者片面强调两种形制不同的实物在一起找着，必定有一种形制恰居另一种之前。这就难免把排比器物以确定时间早晚和器物形制变化序列的工作绝对化，甚至为做到这一点而加进主观臆测的成分，使这种方法表现出神秘而烦琐的倾向。不过，这在今天并不是主要的倾向。

准确地说，器物形态学是比较研究时常用的一种方法。它运用的范围并不局限于对器物形态做比较研究。诸如居址、墓葬或其他遗迹的形制，都可以进行排比研究，从中寻找各种物质文化成分在历史进程中变化的线索。器物形态学则顾名思义，是对不同时代、不同文化或同一文化的不同阶段、不同地区的器物就其形态进行排比，探索其变化规律的。无论陶器还是铜、铁、瓷、石等类器物，都可以采用这一方法进行比较研究。

陶器是古代先民日常使用的器物，在遗址中出土的数量最多，变化也比较快，从形制、纹饰以至陶色、陶质等方面，都易于反映不同时代、不同阶段或不同地区间的差异，能较突出地反映某一文化的特征。所以，陶器可以成为我们识别不同地区、不同时期及不同类型文化遗存的可靠而有力的科学依据，在掌握了它的形制变化规律之后，就为与它共存的其他遗物的研究提供了方便，在地区的差异、年代的区别上，都起着标兵的作用[1]。尤其是其中一

---

[1] 尹达：《新石器时代考古工作的回顾与展望》，《考古》1963年11期。

些常见的、特征明显的器形，在掌握了它的变化规律之后，可以像标准化石那样使用。因此，对陶器的形态学研究给予适当重视，在考古工作中是完全必要的。

但是，如何科学地运用器物形态学，使之有效地进行考古学研究，还有总结和探讨的必要。

目前讨论这个问题存在一定困难。因为有关的论述文章并不多。有的报告中虽也提到某器"发展""演变"为另一器，或者说某器为另一器的"祖型"，等等，但往往未予详述，使人难以评说其是非。

不过，首先要指出的是，不能把器物形制的变化理解为如生物进化那样，存在什么自身演化发展的必然性或有什么量变到质变的规律等。因为两者是完全不同的事物。生物的生存、发展和变化受自然条件（生态学）的制约，外因通过内因起作用，表现出演变的内在规律性，表现出由量变到质变的过程。器物则不同，它们按人们的需要被制造。每个时代生产什么器物，当然也受到某种条件的限制，主要是受各时代的技术条件的限制。一般来说，器物的形制、款式，取决于人们在生产、生活上的需要，部分地受意识形态的影响。但即使同一用途的器物，形制也可以有一定的差异。在特定的情况下，只要人们喜爱，外来的或古代的东西也可以被仿造。因此，器物的制造，旧器形的淘汰，新器形的出现等，与一个时期人的和社会的因素直接相关，而与器物本身或自然界的因素未必有直接关系。正确地区分以上两种不同性质的事物，揭示器物形态学的科学性，使这种方法免受庸俗进化论的影响，有助于在实际工作中充分而有效地发挥它的作用。

我们也认为器物形制的变化是有规律可循的。只是对器物形制的考察不能仅仅停留在器物的表面，而应与人的、社会的因素结合起来。人们在生产或生活中的活动都是有目的的活动，是社会性的活动。人们依据自己的需要而制造的器物，它们的形制虽然存在差异，但是因人们需求的一致性而表现出来的共同性却是主要的方面。对任何一个考古学文化来说，在一个时期内制造的器物，它们的形制相对稳定并具备共同的特点。不同的文化（型）之间，则因创造这些文化的人们的生产方式、生活方式有别，器物在形制方面必然有所不同。

　　不同的共同体，在各自的自然环境内，发现不同的生产资料和不同的生活资料。所以，它们的生产方式、生活方式和生产物是不尽相同的[1]。鉴于族的共同体与考古学文化有其同一性，我们正可从认识考古学文化入手，去探索它们所代表的族属及其历史。不过，首要的工作是确切地分析和认识考古学文化本身的特点，诸如分析代表该文化的独具特征的器物群、它们在各发展阶段上出现的形制变化等等。揭示了文化面貌上的特点，我们就能将不同时代的或不同地区的考古学文化区分开来。

　　由于制造器物的工艺技术不断改进，或由于社会的变革，人们的生产、生活方式发生变化，以及地方性差异等原因，在不同的考古学文化之间或各文化的不同时期、不同地区之间，出土的器物形态也会出现差异和变化。这些，都是用器物形态的比较研究能够认识和鉴别的。

　　这是器物形态学能够发挥作用的原因和根据。

1　马克思：《资本论》第一卷，北京：人民出版社，1956年，423—424页。

我们对出土物形制进行排比研究，是为了从差异和变化中探求规律性的东西。由于一时期内的器物在形制方面可能存在差异，假如着眼于少数几种器形的比较研究，所揭示的变化规律可能难以具备代表性。变化规律应从数量众多、经常出现、有代表性的那些器物中去探求。只有这样，归纳出来的特征才相对地比较真实，作为分期的依据也比较准确。借标型学进行考古分期，在横的方面要顾及共存的器物群中（尤其在那些有代表性的器物上）有关特征的一致性；在纵的方面也要在同类器中找到相应变化的一致性。

运用器物形态学进行分期断代，必须以地层叠压关系或遗迹的打破关系为依据。一般可从典型单位的出土物着手，在同类器中进行排比。排比时，除注意器形外，器物的纹饰、色泽以至铭刻的作风等等，都应在考察、比较的范围之内，并要尽可能联系制造工艺。这里，分类、分型的工作很重要。一定要选择那些形制一致的同类、同种器（尽可能地选用完整器），而不能按同名器归类排比。名同者未必形同、器同，用以排比，难免谬误。

对于不同文化的关系的考察，器物形态学能发挥独到的作用。因为全面的分析排比使我们比较容易地发现不同文化之间的异同（大同小异、小同大异或完全不同），在这个基础上，有可能对这些物质文化遗存做由表及里、由此及彼的研究。不过，考察不同文化（型）的关系与进行考古分期，要求是不同的。在运用这种方法时，侧重点也应有所不同。一般来说，分期工作主要是从不同时期器物形态的差异中寻找反映变化的特征，在某种意义上，是从不同层次和单位的出土物中寻找能代表时间早晚的标尺，所以若能在若干种常见的器物上找到变化的特征，就可以作为分期立论的依据。但在区分不同文化（型）并探讨其间的关系时，既要着眼于常见器物群的特征，也要注意那些虽不常见却很有特色的器物及其特征。因为这些器物，如与礼制有关的器物或反映意识形态的特征的器物，往往是很说明问题的。

当然，即使在进行考古分期时，对各层的出土物做全面的分析比较也是完全必要的。这样做的结果，将使我们有可能洞察各期堆积中器类、器形的兴衰变化，发现其间是否出现了新器型或新的文化因素。这后一种情况，对探讨该文化与其他文化的关系，会提供富有说服力的资料。

假如考察的是某一特定的考古学文化，那么还要考虑到该文化在不同地区间可能存在的差异。通过器物形制的排比研究，能够找到这种差异。对地方性特点的研究，有可能为区分该文化的不同类型找到基本的素材。

总之，器物形态学作为考古学研究工作的一种手段，是室内整理研究时一个很重要的环节。大量的、零乱的原始素材因分类排比、进行形态学研究而系统化、条理化，并因分期断代、确定文化属性以及与其他文化的关系等方面所做的分析，而成为可供进一步研究的价值很高的资料。

因此，考古工作者必须亲自动手，将发掘所得资料仔细排比、反复验证，使对发掘品本质特点的概括更深入、更准确。切不可以为这是单纯的技术工作而由他人代做；更不要以为取别人的卡片进行排比即能奏效。

经过科学发掘，对可靠的资料做过整理研究以后，还应把遗址的文化面貌及其基本特征客观地报道出来。目前有些发掘简报把报道的重点放在已被认识的那些器物上，似乎借此推定了遗址的年代（商、西周……）或文化属性（仰韶文化、龙山文化……）之后，任务就完成了。结果把许多很有特色的、能代表遗址文化面貌的类型品忽略了，造成了不必要的损失。这是很值得注意的。

人们对事物的共性的认识，基于对个性的认识，因为共性寄寓于个性之中。我们研究考古学文化，最好是从剖析某一个遗址的内涵着手，积若干个同类遗址的材料，对其中的共性因素进行科学的概括。某一文化的特征应是从同类遗址的文化内涵中得出的共性因素；但对其他文化来说，又应是特殊的、属于个性的东西。因此，应尽量排除那些在一定发展阶段上往往是先民们共同发明、共同使用的东西。例如人们曾认为陶质支垫是河姆渡文化或裴李岗文化的富于特征的类型品，可是类似的支垫在不同地域的不同文化中多次发现，再把它列为某一文化的特殊类型品就不大妥当了。其次，还应把生产技术的改进在器物形态上反映的某些共同性特征也排除在外。例如制陶技术由手制变为慢轮加工和由慢轮加工变为快轮加工等变化，使一些陶器的器形出现某些特色，这在不同的族的共同体内往往表现为类似的或相同的特征。这也是共性的因素。

关于个性共性等问题比较复杂，限于篇幅，这里就不做更多论述了。

近代考古学由于建立了它的基本理论而成为独立的学科，这个时间可以追溯到 19 世纪下半叶，近代考古学正是运用了地层学和器物形态学这两种方法，才把埋在地下的无字"地书"打开，并把它分出"篇目"和"章节"来。中国考古学出现的时间虽然较晚,发展却很迅速。由于队伍的发展跟不上学科发展的需要,也由于其他原因,中国考古学在发展过程中出现了某些不平衡的现象。在研究方面,对方法论的研究显得比较薄弱。有一个时期,在一些地方出现了把地层学简单化、把器物形态学形式化的倾向。现在,随着我国考古事业的发展和学术探讨的不断深入,强调对考古学方法论的研究显然是必要的。过去积累的丰富经验和今后在这方面进行的总结和探索,一定会使我国的考古学方法论更加完善。我们相信,由于大家的共同努力,我国的考古事业将在科学的轨道上获得更加稳健的发展。

瓦鬲的研究[1]

一、斗鸡台出土瓦鬲的形制与年代

国立北平研究院于民国二十三（1934年）、二十四两年间在斗鸡台沟东区共发现墓葬104单位，其中有殉葬器物者共82个。在此82墓之中，瓦鬲为发现次数最多之器类，共40件，属40墓，分为3类4种，分属于约略衔接之4个时期，按照先后顺序，排列如下：

锥脚袋足类7件，属瓦鬲墓初期；

折足类28件，属瓦鬲墓中期；

矮脚类1件，属瓦鬲墓晚期；

铲脚袋足类4件，属屈肢葬墓初期。

此外，在同一期间内，我们由斗鸡台、南古城（凤翔南）、大

---

[1] 民国三十年（1941年）春，作者曾就当时手下材料，写成研究报告一种，书名《斗鸡台发掘所得瓦鬲的研究》，寄交香港商务印书馆付印，书未出版而太平洋战事爆发，遂致搁浅。原文长约十万字，附图40余幅，付印出版尚需相当时日。此文即就原稿大意撮要重写者，附录于此，以便参考。原文作为附录载于《斗鸡台沟东区墓葬》，国立北平研究院史学研究所：《陕西考古发掘报告》第一种第一号，北平，1948年；后作为单篇文章收入《苏秉琦考古学论述选集》，北京：文物出版社，1984年。——编者注

袁村（西安西南）等地采集或购买的瓦鬲标本亦达三四十件。南古城所得者，为矮脚类之一种，斗鸡台与大袁村两地所得者，则除矮脚及折足两类外，尚有从未见于沟东区墓葬之"联裆类"1种。

统计自斗鸡台所得之瓦鬲共为4类5种，南古城1种，大袁村3种，而年代可考者则只斗鸡台沟东区墓葬所出之3类4种。

斗鸡台的4类5种，虽在其他各地之发现中均有同类或近似之形制，但我们如采用同样的分类方法，来分析其他各地之标本，则除少数之变型器或中间型[1]外，似尚无超出此4类型之范围者。至于一地所出，4类俱备者，似乎还只此一处。试以斗鸡台的发现为代表，将4种类型的类征（指基本的形制特点）及其一般特征（指附带的形制特点）分类说明如下：

（A）袋足类（简称A型，或用A代表）

（一）类征：腹足部分，原为3个分别模制而形态相同之独立单位（看图一，袋足类，半制品）。经将三者互相倚拼，粘合，再增加领部及实脚之后，遂成完器。故领腹之间，三足之间，以及实脚周围，多留粘接、手捏、打磨、补缀，和修整之迹。足与足之间之隔（即裆之里面）特高而成锐角（图一，袋足类，纵剖面）。三足形态，比较规律而大体一致（图一，袋足类，底面及横剖面）。

---

1 属于变型的例子如：浚县大赉店（《田野考古报告》第一册，刘曜《河南浚县大赉店史前遗址》图版陆，2）和万泉荆村（《师大月刊》第三期，董光忠《山西万泉石器时代遗址发掘之经过》图版三，4）的三足器类，似应别立一名称，与鬲鼎平行。属于中间型的例子如：不招寨的AB型和BC型（J.G.Andersson, *An Early Chinese Culture*,Pl.XV,6.Pl.VIII,1）、小屯的CD型（李济《商陶器初论》第十一图，圜络鬲）以及凤翔南古城的鬲（报告插图四〇，4）。

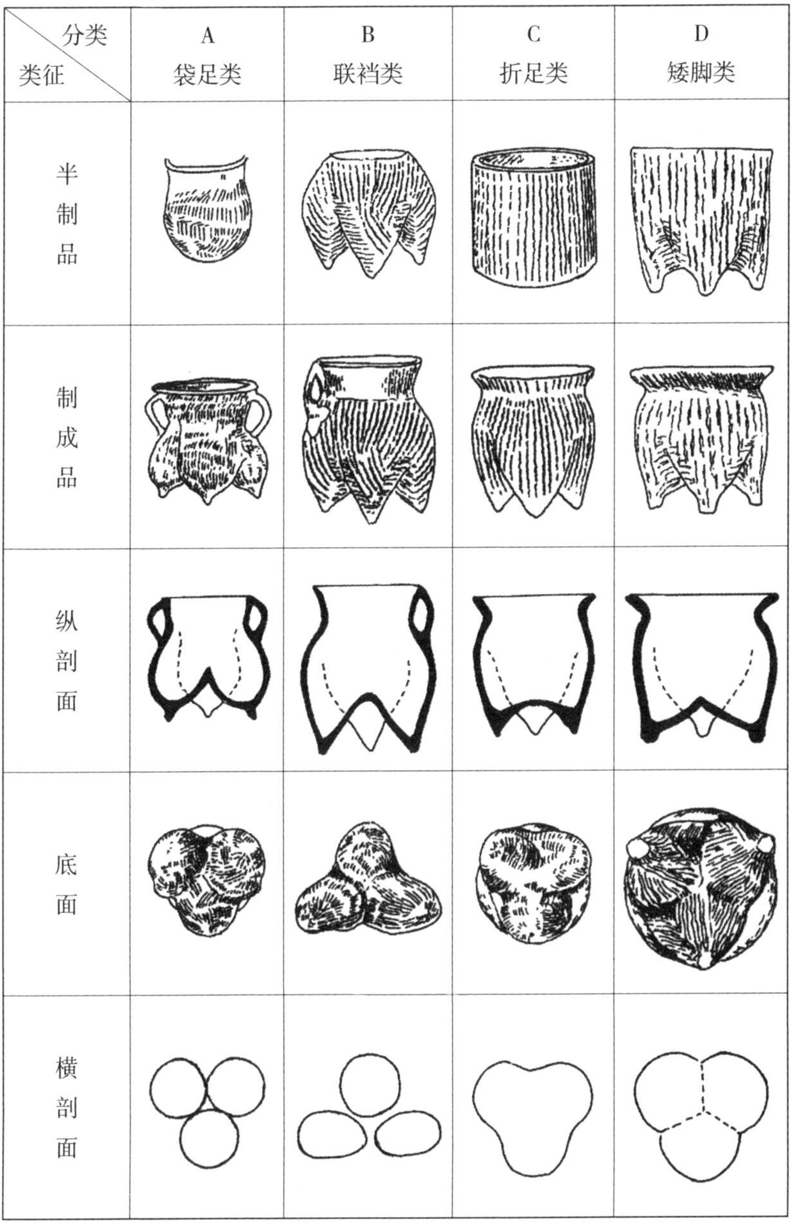

第三章　方法与器物

类征＼分类	A 袋足类	B 联裆类	C 折足类	D 矮脚类
半制品				
制成品				
纵剖面				
底面				
横剖面				

图一　瓦鬲的分类

（二）一般特征：袋足肥硕，横切面近似正圆，圜底，外附实脚。足高（由器高减腹深）与器高比例，在四类之中最大（斗鸡台两种均约 40%—50%）。里壁匀平无纹。

（B）联裆类（简称 B 型，或用 B 代表）

（一）类征：腹足部分（领部除外）系一次模制而成（看图一，联裆类，半制品）。故三足之间及足部，全无粘斗或捏制之迹。足间无如前类之隔形，裆部内外均呈圆角（看图一，联裆类，纵剖面）。三足形态不若 A 型之规律一致（看图一，联裆类，底面及横剖面）。

（二）一般特征：袋足顾长，横切面不圆，尖底尖脚。其标准式样之腹足里面有绳纹或条纹，具口小而无绳纹之高领，带宽平錾。足高与器高比例，平均略小于袋足类（斗鸡台及西安附近者均为 30%—40%）。

（C）折足类（简称 C 型，或用 C 代表）

（一）类征：全器原如一模制而无底之直圆桶形（看图一，折足类，半制品）。经将桶之上下两端用手捏制（或借助轮旋）、粘合、补缀而成领口及三足之形。故裆部呈弧形（看图一，折足类，纵剖面），三足内凹槽浅小，或与腹底中心沟通（看图一，折足类，纵剖面及底面）。

（二）一般特征：足端有加垫实脚。足空徒具形式，其横切面略如楔形。足高与器高比例较联裆类更低（斗鸡台者约为 20%—40%，而以 20%—30% 者为多，参看报告插图三七），腹壁厚薄不匀。

（D）矮脚类（简称 D 型，或用 D 代表）

（一）类征：全器（包括领部）系一次模制而成，仅领口部曾

第三章　方法与器物

经轮旋。腹足部全无用手捏制、粘斗、补缀、修整之迹。裆部内外呈钝角形。三足之横切面有如"三圆相割"之状（看图一，矮脚类）。

（二）一般特征：足肥而浅。足端呈圜底，或外加实脚。足高与器高比例在 4 类中最小（斗鸡台者均在 20% 以下）。里壁匀平无纹。

二、瓦鬲的分布与演变

瓦鬲的分布与演变情形，分为 4 类，列述如下：

（A）袋足类

此类分布之中心区域似在渭河中下游（或包括豫西一带）[1]，而边缘区域则西至甘青[2]，东至山东[3]，北至辽热[4]，南至江淮[5]。试就甘青、陕西、山东与辽热等五个地区的发现，略述如下：

1. 甘青：安特生氏在甘青境内所发现之诸晚期彩陶文化遗留中，似均有或多或少，但均不出此类型范围之瓦鬲存在。按照安氏的分期与顺序，十里铺（西宁）一种最早（属马厂期，晚于仰韶），形态与斗鸡台锥脚类相似。晚于十里铺者为灰嘴（洮沙）的

1　看报告插图三七、四〇及 J.G.Andersson, *Prehistoric Sites in Honan*, Pl.89,5,1947。
2　安特生氏在甘青所得的鬲类标本，可以下列 5 种为例。（均见安氏著 *Prehistory of the Chinese*,1943）（看图二）
3　《城子崖》图版二二之 2 "纵中 43 西支坑深 2.5 公尺处出土。体细而长，上小下大，三袋足颇高，不似他地之鬲。腰部亦残破，褐色，沙质，外有灼痕，内有白灰沉淀，殆即甗之下体也"。腹足形态及外貌（由图片看有细绳纹）均与斗鸡台锥脚袋足类相似。
4　日人由热河（今河北、辽宁和内蒙古自治区交界地带）、绥东（今内蒙古呼和浩特市和乌兰察布市）采集鬲类标本中，其领及腹足形态有与斗鸡台锥脚袋足类颇近似者（如《旅顺博物馆图录》图版六之 2）。日人由高丽寨（貔子窝）所发现之甗（或鬲）在内地尚无相似之例（图二）。
5　据李景聃先生《寿县楚墓调查报告》称，在寿县的陶家祠遗址中有"带锯齿装饰之甗足"（《田野考古报告》第一册，267 页）。

两种（均属辛店期）：一有绳纹，一具彩绘，均带鋬，似曾受 B 型之影响[1]。晚于灰嘴者为寺洼（临洮）鬲（属寺洼期），与斗鸡台铲脚类相似。晚于寺洼者为沙井（民勤）鬲，他处尚无相似之例。

2. 陕西：有斗鸡台两种：一、锥脚类，特征为斜直高领，双环竖耳或无耳，尖圆锥形的实脚，通体一致的细纹和黑褐色陶；二、铲脚类，特征为领腹之际界限不明，双环竖耳，鸭嘴式（或铲形）的实脚，通体无绳纹和灰褐色陶。前者属于瓦鬲墓初期，流行于折足鬲（C 型）在此出现之前。后者属于屈肢葬墓初期，出现于矮脚鬲（D 型）在此业已流行，甚或业已绝迹之后。

3. 河南：安特生氏由不招寨所得之残鬲足一种[2]，形态与斗鸡台锥脚类相似。

4. 山东：出于黑陶文化的龙山期（城子崖下层）者两种：一为光面细泥黄陶鬹；一为褐色含粗砂陶鬲或甗（似有细绳纹）。两者的足形均与斗鸡台锥脚类相似。

5. 辽热：一种（鬲）出于热河、绥东，形态与斗鸡台锥脚类相似。一种（甗）出于貔子窝附近的高丽寨，他处无相似之例。前者时代不明，后者约为战国时物。

在同一区域内，所包含的形态不止一种，而其相对年代比较明了者，有甘青及陕西两地区。陕西的较早之一种（锥脚类）与甘青的最早之一种（十里铺）两者形态近似；而陕西较晚之一种（铲脚类）与甘青较晚之一种（寺洼）近似。陕西的两种，虽同出

---

1 灰嘴（辛店期）所出的两种标本，基本形态似袋足类（A 型），而外貌似联裆类（B 型），与不招寨之"AB 型"者正相反，故不类 AB 的过渡式，而似为受 B 影响的 A 型。

2 安氏由不招寨所得标本中有一件似乎为真正 A 型的残鬲足，见 J.G.Andersson, *Prehistoric Sites in Honan*, 1947,Pl.89,5,P.81。

于一地，中间隔离甚久，所属之民族或文化先后不同，在形态方面亦无任何直接演化之迹。至于甘青的4期5种，假定其先后顺序，果如安氏所说，正确而互相衔接，其所属文化之背景，恐怕亦和斗鸡台两种的情形相似，并非一脉相传。所以，关于此类型的演变过程，现在还很不明了。

只有一点是比较清楚的，即凡与斗鸡台锥脚类形态相似者，除时代完全不明者（如绥东例）外，如城子崖下层、不招寨、十里铺等例均时代较早，而凡与之形态不同者，如高丽寨、灰嘴、寺洼、沙井，以及斗鸡台铲脚类等例则均时代较晚，所以前者大约是一种较古的普通形制，而后者则是较晚的、特殊化的形制。前者试以 A_1 代表之，曾普遍流行于中国北部各省；后者以 A_2 代表之，除一度出现于陕西者外，仅见于西北与东北等边远地区。（图二）

（B）联裆类

此类分布不广，中心区域似在豫西。此外，曾见于豫北的黑陶文化层（后岗中层），亦偶见于关中的西安和斗鸡台一带，唯均发现甚少，似未普遍流行。

试以我们自斗鸡台和西安两地购买所得的两种标本为例。两者虽大小悬殊而形态一致，似为同一时代的流行式样[1]。其特征为：一、腹足部分里外面均有绳纹或条纹（里壁纹理不如外壁清晰）；二、领口较小而高，内外均无绳纹；三、足高约当全器三分之一；四、带鋬；五、灰陶。后岗（安阳小屯附近）中层的一

---

[1] 斗鸡台联裆类鬲一件（40039b），购自当地。器高147毫米，领高40毫米，腹深102毫米。口径96毫米，腹径116毫米，厚4—6毫米。鋬宽28毫米，厚4毫米。灰色陶。泥质。带鋬，切面似椭圆形。足端里外如锥形。领部内外均有旋纹。袋足外被清晰绳纹，内有条状压印纹，三足形态不一律。缺一脚，经修补完整。

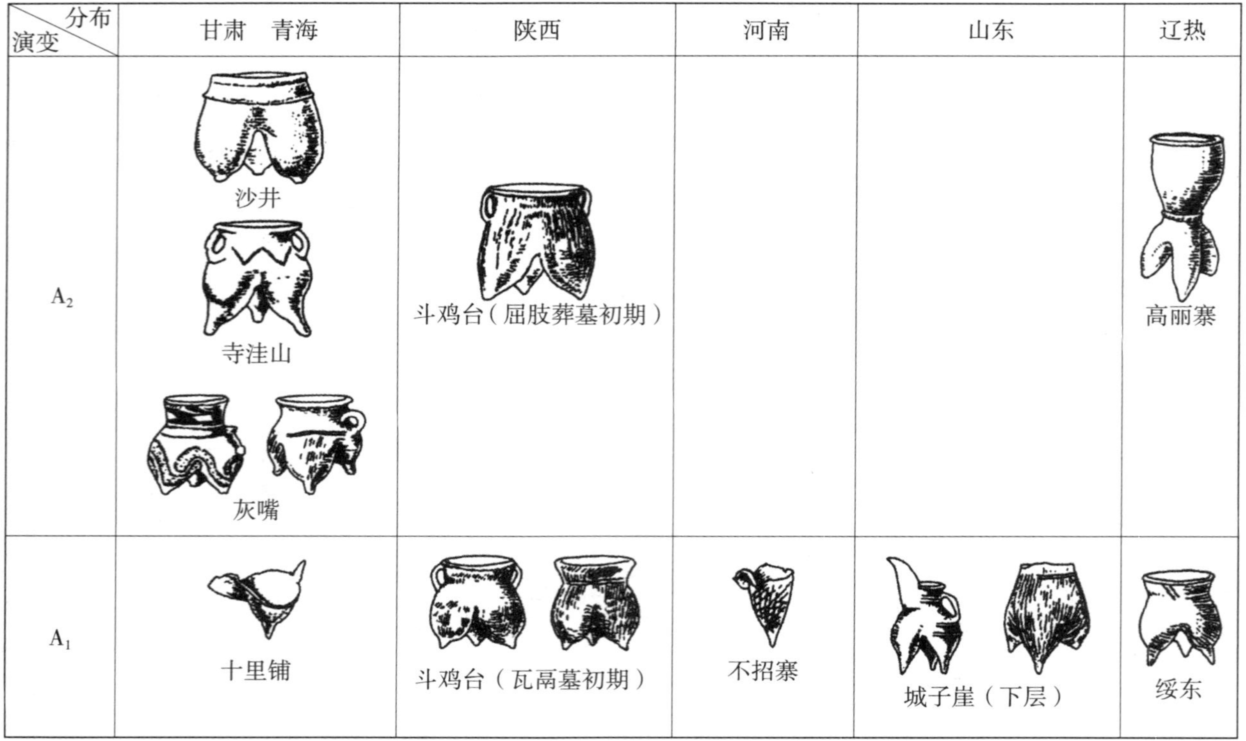

分布演变	甘肃 青海	陕西	河南	山东	辽热
A_1	十里铺	斗鸡台（瓦鬲墓初期）	不招寨	城子崖（下层）	绥东
A_2	沙井 寺洼山 灰嘴	斗鸡台（屈肢葬墓初期）			高丽寨

图二 袋足鬲（A型）

件，就形态而论，大致与以上两种近似（唯内壁有无绳纹或条纹不明）。安特生先生由豫西渑池一带（仰韶村及不招寨等地）所得的瓦鬲，虽形态变化不一，似亦以类此者较多。我们姑定为联裆类的标准式（B 型）。

此外，安氏在此地带的搜集中，尚有似介于斗鸡台锥脚袋足类（属 A_1）与此种（B 型标准式）之间的一种过渡形制，又有似介于此种（B 型）和斗鸡台的折足类早期（属 C_1）之间的一种过渡形制。前者我们姑名之为 AB 型，后者为 BC 型。试各举例说明如下（均录自 J.G.Andersson, *An Early Chinese Culture*）（图三）：

分布 演变	陕西		河南	
BC			 不招寨	
B	 斗鸡台 	西安	 不招寨 	后岗（中层）
AB			 仰韶村 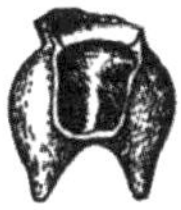	不招寨

图三　联裆鬲（B 型）

1. 属 B 型者一件（出不招寨，原文 PⅠ.Ⅶ，6 及 p.63）：深灰褐色陶。足壁厚度不匀，3—7 毫米。手制。腹足被绳纹（安氏称 mat-impression）。腹足里面亦有绳纹，但不如外面清晰。领部与鋬无印纹，表面粗糙而不规律。领腹之间有清楚沟槽。表面深灰近黑。领内有被熏黑处。口缘不规律，径约 96—99 毫米，器高 166 毫米，颈以下高 124 毫米，领高 45 毫米。鋬长 75 毫米，宽 35 毫米（领高约当器高之 27%，足高约当器高之 30%）。

2. 属 AB 型者一件（出不招寨，原文 PⅠ.XV，6 及 p.63）：足较肥。领下颈内有环带一周。全器，包括领部，被深刻绳纹，领部绳纹上有横行之刻划纹。表面黑色（领较 B 型低，足高约当全器之 40%）。

3. 属 BC 型者一件（出不招寨，原文 PⅠ.Ⅷ，1 及 p.51）：赤褐色陶。腹足表面被绳纹。领部光滑，有平行旋纹，似经轮削，但原有之绳纹虽经磨灭，尚隐约可辨。表面近黑。有鋬，鋬之对面领下有圆片状泥饰。器高 224 毫米，领高 35 毫米，口径 132 毫米（领高约当全器之 16%，足高约当全器之 25%）。

试将斗鸡台的锥脚袋足类及折足类早期与不招寨的三种标本，按照 A_1、AB、B、BC、C_1 的顺序，列表说明其各部形态之重要演变如下：

类型	A_1	AB	B	BC	C_1
领部	外有清晰绳纹及刻划纹	同 A	无绳纹及刻划纹	外面原有绳纹但经磨灭同 B	同 BC

续表

类型	A₁	AB	B	BC	C₁
耳或錾	有双耳或无	无	有錾	同 B	无
裆	内呈锐角	呈圆角	同 AB	特征不显著	呈弧形
腹足	内壁无纹	同 A₁	内壁有绳纹或条纹	内壁无纹	同 BC
足高	约 40%—50%	约 40%	约 30%—40%	约 25%	约 20%—40%
足形	肥圆袋状	肥袋状	袋状	同 B	瘦削
足底	圜底尖脚	尖底尖脚	同 AB	同 B	凹底实脚

试根据上表观察，B 型虽显然具有似乎是介于 A₁ 与 C₁ 两者之间的特征（如足高、足形及足底），但三者的基本形态互不相同，乃采用不同的原则和方法而制造之不同的器物。假如 C 型是出于 B 型，B 型是出于 A 型，A 与 C 之间必须要有过一个相当长的过渡期和多种的过渡形态。不招寨的标本似乎恰好可以弥补以上的缺隙。例如：AB 型一件（除上例一件外，J.G.Andersson, *Prehistory of the Chinese* PⅠ，167，2，亦属此型）即是业已采用（完全的或部分的）新式技术（与 B 型相同或近似者）之后，而尚未发展成为一种全新形态（B 型）之前的一种过渡式，所以它一方面业已具备了与 B 型近似之新特征，如裆形及足形；另方面则尚保留着若干与 A 型相似的旧形态，如领外的绳纹及刻划纹、较肥而高的袋足及内壁无纹等；BC 型一件，同样地，则是业已部分地或完全地采用了另一种的新技术（与 C 型相同或近似者）之后，而尚未发展成熟之前的一种过渡式，所以，它一方面既已具有与 C 型近似之特征，如领外原有绳纹但经磨灭、腹足内壁无纹及空足较低等，而另方面则尚保留着若干与 B 型相同之特点，如袋状的足形、尖

底尖脚及带錾等。

以上的排列方法及解说，充其量不过是为证明，C 型出于 B 型，B 型出于 A 型之可能性而已。至于安特生先生由不招寨一带所得三种标本之时代顺序如何，则尚不明了。同时，我们知道，在城子崖下层的黑陶文化中业已有了同具 A 型袋足之鬶鬲（或甗）共存，而安氏由仰韶村墓 Q 所得的两件鬲形器更显然地证明，在形态和用途两方面，B 型鬲亦有分化之倾向[1]。所以，我们以上的排列顺序（如图三所示）和解释，只不过是一种理论的、简单化的说法而已。事实上，此一演化的整个过程（由 A 型至 C 型）恐怕是远比此为复杂参差的。不过，无论如何，只要我们从形态上证明 C 型是由 A 型、通过 B 型的几种过渡式演变而来的假说成立，那么将不只可以把存在于瓦鬲谱系问题中之最重要的一环（由 A 至 C）联系起来，而且关于鬲的发生问题，至少是在理论上，亦可以迎刃而解了。

（C）折足类

此类在渭河中下游一带，分布普遍而变化甚大[2]，在斗鸡台文化中属于瓦鬲墓中期。在豫北和山东的黑陶文化层中，尚无此类的踪迹。豫西一带，除不招寨的 BC 型一种之外，在安氏收藏中亦有此类的进步式，唯时代不明。小屯的殷墟文化层中似乎只有

---

1 安氏于仰韶村发掘之墓（QLoc. XII）出瓦鬲两件，均带錾。一件袋足细长尖削，颈细有流，腹足表面无普通鬲类所具之绳纹而似原有篮纹，经打磨光平者。一件在三袋足之中间有小圜底。全器，除领部外，均外被粗绳纹。前者似专供汲水及贮水，而后者则似专用于炊爨（J.G.Andersson, *Prehistory of the Chinese*.Pl.200,1,4,PP.246—247）。

2 吴良才先生于民国二十七年（1938）间曾在扶风、武功之姜螺村圪塔庙一带发现瓦鬲标本不少，由写生草图判断，大抵皆属于 C 型或 D 型（吴良才：《陕西扶风绛帐镇姜螺村、武功永安镇圪塔庙史前之遗存》，*The Journal of the West China Border Research Society*.Vol.XVI,Series A,1945，抽印本）。

第三章　方法与器物

此类的进步式，而在殷都废弃后之墓葬中，此类业已绝迹。浚县辛村墓地所出的瓦鬲，据郭宝钧先生说："有早期晚期二种，早期足瘦而高，晚期足肥而矮，皆绳纹灰色。"（《田野考古报告》第一册，193页）郭先生所谓"早期足瘦而高"的一种，大概是属于此类，唯演化程度无从揣测。

我们如果暂把不招寨之一种当作 B 型与 C 型之间的过渡式（或称 BC 型），那么，我们自斗鸡台和西安附近所得的此类标本（约40件）的变化，似乎已经足以代表此类型的主要变化过程了。试以斗鸡台的折足类早、中、晚三期，和报告插图三九中之 1、4、10 三图作为此类型的三种标准式样，并用 C_1、C_2、C_3 代表之（图四）。

分布 演变	陕西	河南	热河
C_3	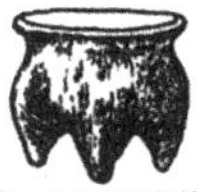  斗鸡台（瓦鬲墓中期）　西安		
C_2	  斗鸡台（瓦鬲墓中期）　西安	 小屯（殷墟）	
C_1	 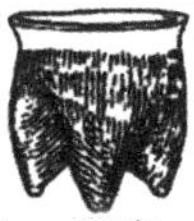 斗鸡台（瓦鬲墓中期）　西安		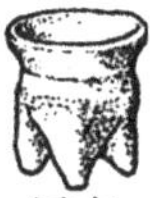 绥东
BC		 不招寨	

图四　折足鬲（C 型）

按照上项标准，我们由西安附近所得的此类十余件标本中，不只三式皆备，而且有比 C_3 的标准式演化更高，酷似周式铜鬲的两件（参看报告，134—135页）。小屯"素鬲"（李济《殷商陶器初论》第十图）的侧面轮廓介于 C_2、C_3 之间（图四）。小屯殷墟文化层的折足类鬲，应该不是这唯一的标本所能代表者。不过，据我的想象（因为除此之外，别无办法），当李济先生写《殷商陶器初论》和《俯身葬》两文的时候，在李先生手下的材料中（指当时自殷墟所得的此类瓦鬲），大概无与 C_1 和 C_3 相似者。否则，李先生在《俯身葬》一文中，恐怕就不会说"18·4墓中（俯身葬）的鬲在形制上与殷墟文化层中所见的差不多完全一样"了。由此推测，在小屯的殷墟文化层中或者根本就没有流行过像 C_1 和 C_3 的式样。

（D）矮脚类

此类型在关中河南以及山东一带，似分布普遍而又有平行一致的演变。在关中一带，除见于斗鸡台的瓦鬲墓晚期者外，凤翔南古城及扶风、武功、西安附近的渭滨诸古址中，均有大量出土[1]。在河南，除见于小屯的殷墟文化层，及殷都废弃后之墓葬者外，辛村（浚县）古墓中所谓"足肥而矮"之一种（《田野考古报告》第一册，193页）约亦属此类，唯演化程度不明。在山东，主要的曾见于城子崖上层。此外，如山东临淄及热河赤峰等地亦均有发现。

在各地发现中之时代比较清楚而可以作为讨论的基础者，为

---

1 据《史记·秦本纪》秦人都雍始自德公元年，据《史记·十二诸侯年表》，为周釐王五年（公元前677），至徙都咸阳则为孝公十二年，据《史记·六国年表》，即周显王十九年（公元前350）。

小屯所出之属于三个时期的三种形制（图五），列述如下：

1. "圜络鬲"出殷墟文化层，见李济《殷商陶器初论》第十一图。其形态虽业已完全具备此类之特征条件，唯尚保留与同址所出属于折足类的"素鬲"相似之弯曲尖实脚与外貌。

2. 俯身葬（18·4）鬲晚于殷墟文化层。见李济《俯身葬》插图十四之一及图版十七。其特征为：于矮袋足外附有乳头状之实脚，及近似直桶形的侧面轮廓。

3. 仰身葬（18·6）鬲晚于俯身葬（18·4）。见李济《俯身葬》插图十四之三。其特征为：圜底矮袋足之外无附加之实脚。

我们试以小屯的三种形制及其演变的顺序作参考，而将其他各地之标本比较分析如下：

1. 斗鸡台的矮脚类三种（参看报告第四章第二节及本文图五）。第一式一件（可能属于墓M6）与小屯（2）有相似之实脚及侧面轮廓。第二式一件（墓K5）无实脚而足端剖面呈尖脚状，其演化程度似介于小屯的（2）（3）之间。第三式一件与小屯（3）完全相似。

2. 南古城（凤翔）一种（参看报告第四章第二节及本文图五）。弇口，具矮而向底中心收敛退缩之尖底袋足，腹足有分化倾向。从一方面来看，可说已经演进到鬲斝的过渡式，或斝的早期形态了。同类的形制又见于山东临淄及热河赤峰等地。

3. 大袁村（在西安西南）一种。西安附近似为此类型的重要分布中心之一，发现甚多而形制规整划一，似为大量生产之工艺品，我们所见到者，只有与小屯（2）相似，唯制作较精之一种。

4. 城子崖（历城龙山镇）上层两种（见城子崖图版

十八,十一,十二。看本文图五)。一件与小屯(2)相似,一件与斗鸡台之第二式相似。

按照形态的演化顺序,我们可以把现有的此类标本分为五组。因小屯的圜络鬲在形态上介于 C、D 之间,而且只此一种,似为两类型的过渡式,故用 CD 代表之,其余四组依次用 D_1、D_2、D_3、D_4 代表之。列举如下(图五):

(1)CD 小屯圜络鬲。

(2)D_1 斗鸡台矮脚类第一式,大袁村,小屯俯身葬(18·4)鬲及城子崖上层鬲第一式。

(3)D_2 斗鸡台矮脚类第二式及城子崖上层鬲第二式。

(4)D_3 斗鸡台矮脚类第三式及小屯仰身葬(18·6)鬲。

(5)D_4 陕西凤翔、山东临淄及热河赤峰等地均有发现。

三、瓦鬲的发生

瓦鬲是怎么样发明的呢?据安特生先生猜想,是由结合三个尖底器而成。支持安氏假说的论证有二:一、仰韶期的彩陶文化中(不限于仰韶村)多有一种尖底小口,如古"酉"字形之陶器存在;二、安氏由仰韶村不招寨一带所得瓦鬲的共同特征之一是尖底尖脚,正与前器近似。自安氏假说提出后,似乎一直还没有人提出过与他不同的假说。

现在我们与其讨论安氏的假说是否应该加以修正补充,或当如何修正补充的问题,似乎不如从问题的本质来重新加以认识。我们如果承认瓦鬲的四种类型乃是采用完全不同的方法或程序制

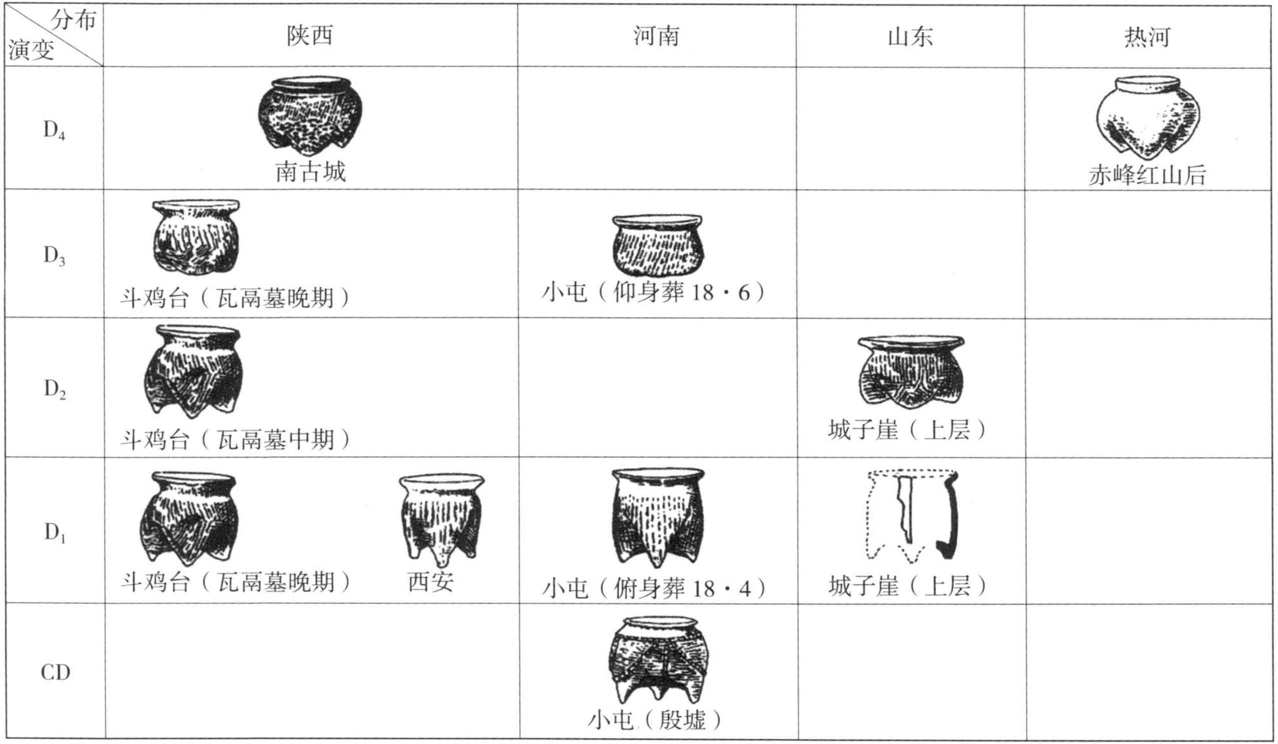

分布\演变	陕西		河南	山东	热河
D₄	南古城				赤峰红山后
D₃	斗鸡台（瓦鬲墓晚期）		小屯（仰身葬18·6）		
D₂	斗鸡台（瓦鬲墓中期）		小屯（俯身葬18·4）	城子崖（上层）	
D₁	斗鸡台（瓦鬲墓晚期）	西安		城子崖（上层）	
CD			小屯（殷墟）		

图五 矮脚鬲（D型）

成者，我们便不能因为它们（四类型）都是具有某些共同的基本条件（如三足，中空，腹足相连）的一种器类（鬲），就认为是一个单纯的发明。犹如"荧光灯"虽是电灯之一种，我们却不能不承认它是一个新发明。所以，我们如果问，瓦鬲是如何发明的，不如问，瓦鬲的四种类型是如何发生的，较为合理。

按照四类的发生顺序，把它们颠倒过来，说明如下：

（一）矮脚类（D型）出于折足类（C型）的证据

（1）D型开始流行的时间在C型流行之后，例如小屯及斗鸡台。其开始流行的时间似以发现于殷墟文化层者（圜络鬲）为最早。（图五）

（2）D型的早期形制与C型的进步式两者外貌近似如殷墟之圜络鬲与素鬲。（图四、五）

（3）D型的制法似由C型改进而来，D型的主要特征为腹足系一次模制而成。其半制品的上半部有如直口桶形，三足内如圜底，裆成钝角，腹底甚低。其初步模制方法与所成之形态均与C型有近似处，其制法似远比后者简易而成品远比后者规整。（图一）

（二）折足类（C型）出于联裆类（B型）的证据

（1）开始流行的时间晚于A、B。在斗鸡台一带，C型的出现晚于A型。在豫北一带的黑陶文化层内（如后岗中层），尚只有B型而无C型。到殷墟文化层内则有C型的进步式（素鬲）而已无B型。C型开始流行的时间，至少在豫北一带，大约不能早到黑陶文化时期，而似当略早于殷墟文化时期。

（2）早期形制与B型近似。以斗鸡台的折足类早期（C_1）与

B 型比较，前者具有与后者相似的体形（如宽高比例较小，足高比例较大）。而见于不招寨的 BC 型例更可以视为两者的过渡式（图三、四）。

（3）制作方法似由 B 型者简化而来。C 型的空足，徒具形式，功用已失。但其制作方法远比 B 型省事（比 A 型更省事）（图一）。

（三）联裆类（B 型）出于袋足类（A 型）的证据

（1）形态与 A 型外貌近似。试以 B 型标准式与斗鸡台 A_1 对照比较，两者具有相似之高领与深长肥袋足（图一）。在 B 型的发达中心区之不招寨，有与斗鸡台 A_1 外貌非常近似者（如陶色近黑，绳纹清晰深刻，上至领部，领外有刻划纹，具锥形尖脚，袋足较普通 B 型为高，裆部外有补缀之迹等），可能即是两者之间的一种过渡形制（图二，不招寨 AB，其裆部形态及足形均与 B 类相同）。

（2）制法比 A 型简单。此类具有与 A 型近似之深长袋足，但三者乃一次模制而成（与 D 类方法亦不同），并非真正可以分离，而形态对称之三个独立单位。故从形态方面来看，此类为由 A 型简化制法后而产生之新型。

（3）流行时代似晚于 A 型。此类流行范围不广，中心似在豫西一带。至豫北与关中虽有发现，似均数量不多，未普遍流行。现在不招寨遗址的年代尚成疑问。我们只能根据豫北后岗的发现推测，此类在河南的主要流行期间大约与豫北的黑陶文化时期（或称龙山期）相当。A 型在河南是否曾经流行过？流行的时间较 B 型或早或晚？关于前一问题，我们从安特生氏在豫西一带的发现看起来，A 型的踪迹（如不招寨的 AB 型鬲或鬲及 A 型袋足等）尚依稀可辨，答案恐怕是正面的。关于后一问题，我们知道在豫北一带的黑陶文化层中和殷墟文化层中均未见过 A 型的踪迹。所以，假如 A 型曾在河南流行过，至少开始流行的期间恐怕要比豫北的黑陶文化时期略早。关于 B 型初现的时间要晚于 A 型的假说，时下虽尚缺乏直接的证明，旁证则尚不止此。例如，安氏由甘青境内发现之鬲类，最早的一种为十里铺鬲，属于 A 型；晚于十里铺者为灰嘴鬲，后者虽仍属 A 型，却显然似曾受 B 型作风的影响。假如说，甘青的鬲形系有东方传入之成分，则灰嘴鬲两种纵未必即与中原的 B 型同时，似乎多少可以从旁证明，B 型的发生是晚于 A 型，所以其传布到西方的时间才迟到一步吧。

（四）袋足类（A 型）是怎么样发生的？

可以从两方面来看。

（1）形态的证明

试看图二，A 型的分布及演变情形，我们可以归纳为如下的结论：凡有 A 型踪迹的地区，便有与斗鸡台锥脚类相似之例。由此推论，像斗鸡台锥脚类的圜底袋足，外附锥形实脚及三个独立单位结合而成等特征，似乎并非是一时一地的特殊式，而是 A 型早期的普通式。所以，此类的发生问题，亦即是此类普通式的发生问题。此类普通式究竟如何发生的呢？它们自身就是鬲的原始型呢，还是由另外一种原始型蜕变而来的呢？我们试把斗鸡台的锥脚类加以解剖，把袋足的原形恢复。与图一袋足类的半制品，形态及器体完全相同而单独存在者，我们亦曾自当地获得一件。墓 D_2 的瓦鼎（看报告插图四一），如果把它的三个矮圆锥形实脚去掉后，亦正与此相同。所以，像斗鸡台锥脚类之 A_1 普通式的发生或发明，似乎不必经过多么复杂曲折的过程。此外，在如是广泛之地区内，既曾普遍地流行过类此的普通式，却从未发现过一种时代较早而形态更具原始性特征的代表。此一事实亦足以支持以上的假说。自然，斗鸡台的锥脚类业已是非常定型化之一种地方代表，时代并不很古。以上假说，乃认为最早的 A 型鬲大概也不过是与 A_1 普通式具有相似类征的一个古种罢了。

（2）年代的证明

在甘青一带之早期彩陶文化遗址中，如半山及马厂沿，似均无瓦鬲。我们在西安宝鸡渭河两岸所见到的彩陶文化遗迹中，中央研究院发掘过的几处豫北彩陶文化层中，亦均无瓦鬲。安特生先生在仰韶村所发现之瓦鬲墓（Q）中则并无彩陶。可知即在瓦鬲分布与演变的中心区域，其出现年代亦似尚不能早至仰韶期（仰韶村的彩陶所代表者）。由此推测，瓦鬲的发生年代似比仰韶期略晚。但在略晚于仰韶期之彩陶文化中（如十里铺）则业已有 A 型鬲出现，在仰韶期后之龙山文化中（如后岗）则更已有 B 型。由此推测，A 型的发生年代，无论如何，似比豫北的龙山文化层略早。换言之，即瓦鬲的初现与 A 型的发生均当在仰韶期（仰韶村彩陶所代表者）与龙山期（豫北诸黑陶文化层所代表者）之间的过渡时期内，两者（鬲之初现与 A 型鬲之发生）的时间互相吻合。

四、瓦鬲的消灭

瓦鬲是怎么样消灭的呢？所谓瓦鬲，自然是指一切名实相符，具有三足，中空而腹足相连的陶器而言。所谓消灭，自然是指制造与使用而言。不过现在所要讨论的,还不是瓦鬲到什么时候才完全停止制造和使用的问题,而是瓦鬲怎么样被淘汰的问题。

瓦鬲四种类型中最后发生的是矮脚类（D 型）。矮脚类是怎么样消灭的呢？试先看图五,D 型的演变过程。

（1）自 CD 至 D_3 此一阶段的演变为足端的实脚消灭。由此证明,当炊爨之时,其支持的方法似业已发生变化。支持的功用既失,实脚便成赘疣,故由退化（D_2）而消灭（D_3）。但全器的支持点似尚未改变,仍在三个足端。全器的功用似亦尚未变,仍为炊具而兼食器。

（2）自 D_3 至 D_4 此一阶段之演变为足端收敛,领口缩小,腹部膨胀。不仅证明其支持的方法业已改变,其支持点似亦已由三个足端而移向腹部,其功用似亦已由兼充食器的炊具转变而为专门化的炊具。

斗鸡台未见 D_4,但距此不远之凤翔南古城一带即为此一阶段的演变中心之一。继矮脚类之后,好像是一个"插曲",与甘肃寺洼鬲相似之铲脚袋足鬲曾在此一度出现。再继之而起的便是与南古城 D_4 型鬲的上半截相似之圜底醽。所以自 D_3 型鬲至圜底醽的演变过程,在斗鸡台虽无相当之代表品,但我们如试把南古城的 D_4 型加上去,便可以清楚地证明,此一阶段不过是继续 D_3 以前的倾向,更进一步,由支持方法的改变转为支持点的改变,由形体的改变而导致用途分化。所以,我们如自 D 型的演变过程来看瓦鬲是怎么样消灭的,与圜底醽是怎么样发生的,正为一事的两面,不可分离。

此一大转变（由鬲至醽）的原动力是什么呢？从表面上看起来,鬲消灭后,醽即代之而起,前者的淘汰似乎是由于后者的发明。但从形态的演变过程看起来，后者乃是由前者逐渐演变的结果，而非促使前者发生变化的原因。真正促使前者发生变化者，如上所述，乃是支持方法的改变，而非后者的发生，不能倒果为因。试拿 D_2、D_3 来与 CD、D_1 对照比较，前者三足的支持功用既已失去大半，必须另有代替的方法产生，其代替品似乎不会是随便捡几块石子搁置足下之类比附加实脚更原始的办法。晚期的矮脚鬲（D_2、D_3、D_4）和早期的瓦甗是用什么方法把它们支架起来的呢？似乎尚未发现过什么可靠的实物或遗迹。但我们可以相信，像汉墓所出之瓦灶模型，即便是最古朴的，也不完全是灶的原始形态。灶的原始阶段，虽尚无实物证明，我们却可从矮脚鬲 D_3、D_4 两种形式的演变来推测其发展过程。灶的最早形态，大概仅只是从矮袋足的下面把它（鬲）支架起来。所以，D_3 的器底宽度尚大于腹部。到 D_4 的阶段，足端距离已远比腹宽为近，如果仍是从下面支架，势难稳定，其支持点大概已由下面的足端向上移至腹壁的最宽处，就原则而论，这时的灶恐怕已与汉代无大分别了。

如上所说，应与 D_3、D_4 鬲共存之灶，虽尚未发现过类此实物踪迹，《礼记·丧大记》中却有一段类似的描写，说："甸人为垼于西墙下，陶人出重鬲，管人受沐，乃煮之。"（《四部丛刊》本，卷十三，第五页）"垼"是什么东西呢？《仪礼·即夕》说："垼用块。"（《四部丛刊》本，卷十三，第十三页）注："块，墣也。""墣"是什么东西呢？《说文》土部"墣，凷也"。又"凷，墣也。从土凵，凵屈象形"，很清楚，垼即是用土做成的凵形灶。何谓"重鬲"呢？注："重，直龙反"，为重叠之意。我们由此可知，原始灶即是用土做成 U 形，用来把矮脚鬲架起的一种设备。

其发明乃在鬴之代替瓦鬲以前，不言而喻。

由鬲的最后形态（D_4）蜕变为鬴是在什么时候呢？第一，我们可以由秦人都雍的时代来推测南古城的时代，由南古城遗址的时代可以推测 D_4 型鬲的流行时代，大约在公元前7世纪到公元前4世纪之间。如此，似乎未免把由 D_4 至鬴的一段时间拉得过长了一点。第二，为了想把这一段过渡期间能再缩短一点，我曾在古文献中找到两段与此有关的有趣的故事，摘引如下：

1. "鲁有俭者，瓦鬲煮食，食之而美，盛之土铏之器，以进孔子。孔子受之，欢然而悦，如受大牢之馈。弟子曰：瓦甋陋器也，煮食薄膳也，而先生何喜如此乎？孔子曰：吾闻'好谏者思其君；食美者念其亲'。吾非以馔为厚也，以其食美而思我，亲也。"（《说苑·反质篇》）

2. "陈相见孟子，道许行之言曰：……（孟子）曰：许子以釜甑爨，以铁耕乎？……"（《孟子·滕文公章》）

由前一故事，我们可以推测当孔子的时代，至少在山东，瓦鬲还流行。如果不嫌过于穿凿附会，我们还可以猜想孔子时代的瓦鬲大概是近于 D_4 的一种。因为，否则那位"俭者"就简直可以不必"盛之土铏之器"了。例如，在斗鸡台的矮脚类（D_{1-3}）流行期间便尚无瓦盂殉葬（屈肢葬墓时期才有）。由后一故事，我们可以推测，至迟到孟子的时代业已用釜。我们如姑且据此传说故事，把鬲釜的过渡时期定在孔子与孟子的中间期（即当公元前5世纪左右），虽稍嫌牵强，却与我们从其他方面所得的推论巧合。

五、结论

现在考订瓦鬲年代的参考资料有下列几项（均按先后顺序颠倒排列）：

1. 安特生氏由甘肃青海所见，属于四个时期的标本：

沙井期　A_2 型鬲出沙井（民勤）

寺洼期　A_2 型鬲出寺洼山（临洮）

辛店期　A_2 型鬲（或可称 BA 型）两种出灰嘴（洮沙）

马厂期　A_1 型鬲出十里铺（西宁）

2. 斗鸡台墓葬所出，属于五个时期的瓦鬲和瓦鬴：

屈肢葬墓中期瓦鬴

屈肢葬墓初期　A_2 鬲

瓦鬲墓晚期　D_{1-3} 鬲

瓦鬲墓中期　C_{1-3} 鬲

瓦鬲墓早期　A_1 鬲

3. 后岗与小屯之四个连续时期的瓦鬲：

仰身葬（18·6）　D_3 鬲　　出小屯

俯身葬（18·4）　D_1 鬲　　出小屯

殷墟文化层　D_2，CD 鬲　　出小屯

龙山期　B 鬲　　出后岗中层

4. 城子崖的两个时期的鬲类：

上层　D_{1-2} 鬲

下层（龙山期）　A 型鬲（或甗）及鬻

5. 瓦鬲的发生与消灭的约略时限：

鬲斝的过渡时期：春秋战国之际（或公元前5世纪）

鬲的发生时期：仰韶期后

根据上项资料，按照瓦鬲的发生顺序，试分期如下：

第一期，自原始鬲（A）发生至 AB 型发生前，约当仰韶期后与龙山期前，尚无可靠代表标本。

第二期，自 AB 型发生至 BC 型发生前，约当龙山期，代表标本有不招寨两种（AB、B），后岗中层一种（B）。

第三期，自 BC 型发生到 CD 型发生前，约当龙山期后至殷周之际，代表标本有斗鸡台瓦鬲墓中期 C_{1-3} 三种，小屯殷墟文化层 C_2 一种。

第四期，自 CD 发生至瓦斝发生前，约当殷周之际至战国，代表标本有斗鸡台瓦鬲墓葬晚期 D_{1-3} 三种，小屯殷墟文化层 CD 一种及殷后墓葬 D_1、D_3 两种，城子崖上层 D_{1-2} 两种，南古城 D_4 一种，赤峰红山后 D_4 一种。

瓦鬲最早发生在什么时候，出现在什么地方，是什么样子呢？一、瓦鬲似乎不是仰韶期彩陶文化的发明。自甘青到陕豫，所有的早期彩陶文化层中（仰韶期）似无瓦鬲踪迹。二、瓦鬲似乎亦不是晚期彩陶文化的发明。甘青的晚期彩陶文化中虽不乏瓦鬲，但数量不多，变化畸形，其使用情形似远无陕豫之普遍。三、瓦鬲似乎又不是黑陶文化的固有成分。龙山期的黑陶文化层中虽有瓦鬲，不只数量太少，时有时无，而且其含有的比例，如将豫西的不招寨包括在内，自东而西，愈西愈密，恰与黑陶文化的发展方向相反。四、瓦鬲的分布与演变中心似始终不出陕豫两省，尤以两省的邻近地区最为发达。这一带与海滨的黑陶文化中心和甘青的彩陶文化中心两地区，均距离甚远。根据上述四点，推测瓦鬲的发生，大约是出于陕豫之间的一种古文化，其年代则约当仰韶期的彩陶文化衰落后，龙山期的黑陶文化未繁盛前的一段期间。在现在所知道的一切 A 型标本中，似乎还没有一种能从年代上证明，确实早于不招寨的 AB 型或后岗的龙山期者；也还没有一种在形态方面，具有比其他各种特别显著的原始性者。所以，迄今为止，真正原始性的 A 型鬲，还是一个理论上的"missing link"（缺环）。

A 型在河南，大约当龙山期前，或龙山期之初，即首先消灭；在陕西存在较久，直到 C 型流行后才逐渐消灭；在山东流行期间的久暂不明；在西北的甘青和东北的辽热均存在甚久，一直到战国时期还有。至于当 D 型几乎业已消灭之后，才随屈肢葬又突然出现于斗鸡台之 A_2 型鬲，恐怕只能向西北去找它的渊源线索了。

B 型大约是当龙山文化发展到河南的初期，豫西一带的发明。向东北传布到豫北，向西传布到关中（似均未普遍流行），最西的影响曾远达洮河流域。

C 型大约是豫西一带、B 型发达中心的发明。其发生时代约当龙山期之末。其分布及演变中心似不出陕豫两省。其时代主要的约包括殷商一代。其在关中一带的流行期间似比河南较久，故关中一带的 C 型多有比殷墟所见演化更高者（C_3）。当殷周之际，C 型的进步式与 D 型早期似曾在河南一带同时并行。

D 型约发生于殷周之际、小屯一带的殷人文化中心。其流行到关中的时期，恐距殷周之际已远。此可以关中的 C 型流行较久

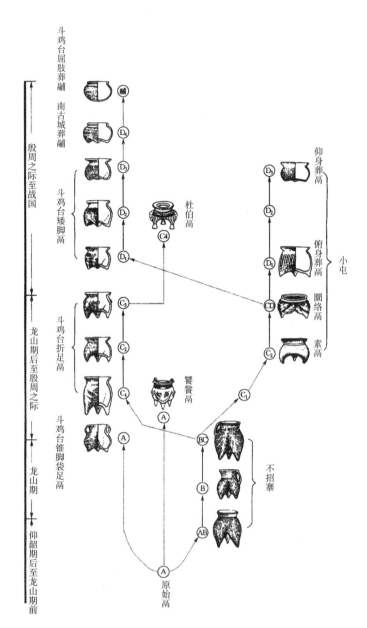

图六　鬲的谱系

及关中从未发现过如殷墟之 CD 型为证。至于 D 型的演变，特别是在它的后半段，似乎西起陕西，东至山东以及东北，均有平行的发展。所以，像由 D_4 至鬲一阶段，虽是关中一角的变化，恐怕亦即是北方各地同一时期的变化（图五、六）。

此改写短稿之完成与发表，多蒙裴文中先生和王静如先生之鼓励与督促。裴先生的《中国古代陶鬲与陶鼎之研究》（《现代学报》第一卷第二、三期）是一篇结构细密而极富于创造性的作品，我已经详细地拜读过了。我们两个人的出发点相同，都是从形态的分类着手。但我们两个人的结论却有一些出入，其主要的分歧点，恐怕亦即由于分类方法之不同。原因据我看，恐怕多半是由于环境的限制，少半是由于战时的影响。例如，裴先生颇以未得利用陕西的材料为憾，同样的，像小屯和不招寨两地的重要标本，我也恨未得机会用自己的手和眼摩挲观察过。因此项工作，特别是开始时的分类一阶段，是很难专凭图片文字来揣摩真相的，何况图片文字又常常是片段不完整的呢。我想，假如有一天，我们能把一切有关系的标本汇聚在一地，或者让我们彼此都能接触得到大部分真实材料的时候，每个人的看法即便还是有些不同之处，恐怕结论是不会太悬殊的。

作者于北平，三七，七